读不够的秦汉史

DU BU GOU DE QIN HAN SHI

鸟山居士 ◎ 著

第一部 崛起

中国文史出版社

图书在版编目（ＣＩＰ）数据

读不够的秦汉史 . 第一部 , 崛起 / 鸟山居士著 . －－
北京 : 中国文史出版社 , 2023.10
　　ISBN 978-7-5205-4097-1

　　Ⅰ . ①读… Ⅱ . ①鸟… Ⅲ . ①中国历史－秦汉时代－
通俗读物 Ⅳ . ① K232.09

中国国家版本馆 CIP 数据核字（2023）第 085696 号

责任编辑：刘　　夏
装帧设计：欧阳春晓

出版发行：中国文史出版社
网　　址：www.wenshipress.com
社　　址：北京市海淀区西八里庄路 69 号　　邮编：100036
电　　话：010-81136606　81136602　81136603（发行部）
传　　真：010-81136655
印　　装：廊坊市海涛印刷有限公司
经　　销：全国新华书店
开　　本：1/16
印　　张：22　　字　数：323 千字
版　　次：2024 年 1 月北京第 1 版
印　　次：2024 年 1 月第 1 次印刷
定　　价：58.00 元

目录 Contents

那天，我结束了一天的工作，入夜后躺在沙发上拿着一本《后汉书》不停地翻看着。也许是太累了吧，不知不觉我就睡着了。结果，我做了个梦，这个梦做了好久好久……

第一章

黑阳帝国

1.1 不知疲惫的帝王

一睁眼，我进入了一座金碧辉煌的宫殿，四周没有一个人，全都是密密麻麻的兵马俑。就在这时，一个声音打乱了我的思绪。

"呵呵，好久没见有活人来我这里了，你大概是一个历史发烧友吧，要不然也到不了这，来，过来，和我说说话，我会告诉你你想知道的一切。"

这突如其来的声音惊得我一激灵，循声望去，一位身穿皇袍的中年汉子正在看着我。这汉子身材魁梧，目光如炬，被他盯着的我竟然浑身颤抖，有想要跪拜的感觉。

在这陌生的环境中，我不敢有任何异议，只能遵从这中年汉子的话走到了他的跟前。

陌生汉子："坐。"

我听话地坐在了他的对面。

这中年汉子看我如此紧张拘束，微笑着挥了一下手，在我们二人之间突然出现了一张桌子，在桌子上还有一些小菜和酒。

陌生汉子微笑道："不必紧张，你现在是在梦境之中。自我介绍一下吧，我叫嬴政，你也可以叫我秦始皇。你呢？"

听了这话，我浑身一颤，惊得不能自已，赶紧道："我的笔名叫鸟山居士，可在您的面前我哪里敢称什么居士，我姓宫，您叫我小宫即可。"

秦始皇点了点头继续道："好，我知道了，现在开始，小宫，你不要问我为什么你会在这，只需要问你想知道的历史便可。"

我默默地看了一会儿秦始皇，紧张的心情也渐渐地舒缓了下去。于是，我给自己打了打气，鼓起勇气问道："好，秦始皇帝，有一个问题一直困扰着我，哦不，不只是我，还有很多的史学家。"

"什么问题？"

"您爹到底是嬴异人还是吕不……"

话还没说完，秦始皇突然跳了起来，一手抓住了我的领子，眼神充满杀气地道："这个问题你不要问，我也不会回答你，再问，死！"

话毕，他收回手，又坐回了原处。

这时候我哪里还敢问，开什么玩笑，动不动就要人命这谁受得了？于是我弱弱地道："不敢，我不敢再问了，还是您老来叙述吧，我就在一旁记录就可以了，咱就从公元前221年您吞并了六国以后开始吧。"

秦始皇微微一笑，看着我一副孺子可教的样子，然后开始了他的长篇大论。

"呵呵，那一年（前221）我大秦帝国吞并了六国，完成了大一统，终于结束了纷繁的乱世。那些马屁精成天在我面前说什么千秋万代，说什么我的功绩更胜三皇五帝。

"可这些都不是我的功劳，我只不过是在前人留下的强大国力下完成了历史的必然进程而已。所以，你以后不要再说是我统一了全国，而要说是大秦统一了全国，懂吗？"

我赶紧点头。

秦始皇继续道："国家虽然统一了，可这还是一个乱摊子，我华夏有史以来就是以诸侯的形式存在于世，就是说，最高统治者只会直辖一片区域，其他的区域则全由其他的诸侯统治，他们有自己的法规制度，除了每年向中央上供一点儿贡品以外，俨然就是本国的皇帝。而历经春秋战国，更是出现了群雄割据的局面。

"可以说，那时我虽然统一了天下，可并不是完全的统一，战国时期的齐、楚、赵、魏、韩、燕统治的地方，有很多人在心里依然不服我大秦的管制，也不认为自己是一个秦人。

"然而，这一年我已经三十九岁了，为了我大秦的千秋万代，我一定要在有生之年巩固大秦的威严。

"于是，我定下了制度，并且强制天下人服从。

"第一，为了让天下百姓都知道我的功绩，为了彰显我绝对的权威，我创造了皇帝的称号，并称自己为'朕'。

"我的手书命令拥有至高无上的执行力，我将其称为'诏书'，还将我已死去的老父秦庄襄王尊为太上皇，并颁布诏书告诉天下人，从此以后，再也没有后人给死去君王定谥号的制度了，因为这是儿子议论爹，臣子议论君王，实在是没有什么意思。要知道，我统治的手段是中央集权制，皇帝要有至高无上的权力，是这个世界上任何人都不能诋毁的。

"第二，我在自己皇帝称号的前面加上了一个始字，意思就是我是秦帝国的第一个皇帝，在我以后便称为二世、三世以至于万世，甚至无穷无尽地传下去。当初战国时期有个叫邹衍的，研究创立了金、木、水、火、土周而复始的'五德相运'学说，我很赞成这一套说法。

"按此说法，周朝应该属火德，而我大秦取代了周朝，那就一定是水德了，所以我下令更改岁历，更十月为岁首，而我秦国的衣服、旗帜、符节等全部都要用黑色的，计数也要以六为一个单位。

"第三，我大秦帝国是因为用商君的以法治国才做到强盛的，所以我秦国人一切都要以法来做准则，儒家所谓的忠孝礼义也要用法度来强制！总的来说，就是我大秦朝的一切都要和以前不一样，想身为我秦国的国民必须要改！毫无怨言地改！

"第四，我废除了原来的分封制，将所有的地盘全都收归中央管制，这样……"

没等秦始皇说完，我插了一句嘴："陛下！请恕我无礼，您那时候的通信可是相当困难的，貌似只有设置诸侯王才是最合理的吧？如果不设置诸侯王怎么管理地方呢？要知道，如果什么大事儿都要交给您来裁决的话，那工作量，我想想就心烦。"

听了这话，秦始皇微微一叹，自顾自地说："你说得对，当时因为这件事我也召集众人商议过。丞相王绾就否定了我的想法。他说：'陛下，如今各国诸侯刚被消灭，燕、齐、荆地遥远，如果不在那里立王，便会成为祸乱的根源，我请求陛下将自己的儿子立为王，这样就可以将问题解决。'

"说实话，当时王绾的提议我是很动心的，毕竟诸侯王是我自己的儿子，这样他们应该就会很老实。可是廷尉（管理国家刑罚，相当于现在的最高人民法院院长）李斯的话却更对我的心思，他对我说：'此举不可！当初周文王、周武王所封立的直系血脉很多，这种情况在最初是没有什么问题的。可随着时间的推移，血脉的淡漠，野心就会不停向上蹿升，最后导致互相攻伐，如同仇敌！春秋战国群雄割据不就是这样产生的吗？陛下想一想，当初周武王获得天下以后何等地不可一世，可最后呢？随着诸侯王的强大，谁还会在意周王？我大秦现在依靠着陛下的英明神武而统一海内，正是继承我秦国郡县制的最佳时机，怎可舍近而求远乎？'

"于是，我采纳了李斯的建议，将天下分为三十六个郡，他们分别是汉中郡（今陕西省南部及湖北省西北部，郡治南郑）、上郡（今陕西省北部，郡治榆林）、北地郡（今甘肃省东北部，郡治庆阳）、陇西郡（今甘肃省东南部，郡治临洮）、河东郡（今山西省西南部，郡治安邑）、上党郡（今山西省东南部，郡治长治）、太原郡（今山西省中部，郡治太原）、代郡（今山西省东北部及河北省蔚县一带，郡治大同）、雁门郡（今山西省西北部，郡治平鲁西）、邯郸郡（今河北省西南及河南省北部，郡治邯郸）、巨鹿郡（今河北省西南，郡治平乡）、渔阳郡（今河北省北部，郡治怀柔）、上谷郡（今河北省西部及中部察哈尔长城以南地区，郡治怀来）、辽西郡（今河北省东部及辽宁省辽河以西之地，郡治卢龙）、辽东郡（今辽宁省东南部，郡治辽阳）、右北平郡（今内蒙古赤峰南部、河北省东北部及热河南部，郡治宁城）、云中郡（今内蒙古自治区中部，郡治托克托）、齐郡（今山东省东部及东北部，郡治临淄）、薛郡（今山东省南部及江苏省北部，郡治滕）、琅玡郡（今山东省东南部，郡治诸城）、东郡（今河北省南部，河南省东北部及山东省西北部，郡治濮阳）、三川郡（今河南省西部，郡治洛阳）、颍川郡（今河南省中部，郡治禹）、陈郡（今河南省南部，郡治淮阳）、南阳郡（今河南省西南部及湖北省北部，郡治南阳）、砀郡（今河南省东部，山东省西南部，江苏省西北部及安徽省北部，郡治砀山）、泗水郡（今江苏省北部及安徽省东北部，郡治沛县）、会稽郡（今江苏省东南部及浙江省东部南部，郡治吴）、九江郡（今江苏、安徽省两省江北一带及江西北部，郡治寿春）、障郡（今江苏省西南部，安徽省东南部及浙江省西北部，郡治长兴）、巴郡（今四川省东部，郡治重庆）、蜀郡（今四川省中部和西部，郡治成都）、南郡（今湖北省中部、东部和南部，郡治江陵）、长沙郡（今湖南省东半部，郡治长沙）、黔中郡（今湖南省西部及贵州省东北部，郡治黔城）。"

秦始皇："除此之外，我还在每郡设置了郡守、郡尉和郡监，凡是每郡重大事务都要由中央裁决，而非像土皇帝一样自行决断。如此，便达到了中央集权的目的。"

说完，秦始皇看了看我，问道："说了这么多，你有什么不懂的吗？"

我对秦始皇拱了拱手道："我想请问陛下，郡守、郡尉和郡监他们的具体职责是什么？那时候的县到底是什么意思？"

秦始皇："郡守为一郡之长，俸两千石，主管治理其郡。

"郡尉为郡守属官，两千石，主管本郡军事，详细点儿说就是本郡的征兵、遣兵、铠甲兵器制造以及打击土匪强盗都是他的责任。其虽为郡守下属，但为中央直管，郡守不可擅自命令其做僭越职权范围的事情。

"郡监为御史，所以也称为监御史。他只对我负责，不听郡守调遣，并且也有一定的兵权，能领兵作战。设置郡监的作用就是防止郡守和郡尉谋反，说白了就是我对人心的不信任。

"那什么叫县呢？郡之下便是县，设县令或县长。万户以上的县设令，俸禄数量各不等，就是在六百石到千石之间的样子。万户以下的县则设长，俸禄为三百石到五百石之间。县令或县长之下还设有县丞与县尉，职责和郡丞、郡尉大同小异。

"县以下则有乡、亭之构建，每十里有一亭，设有亭长，主管这十里内的大小事务，配备两名手下，一为亭父，主要责任是辅助亭长主管本亭内务，一为求盗，主要掌管军事、治安，相当于你们那的派出所所长。

"而十亭则为一乡，乡有三老（官名）、有秩、啬（色）夫、游徼。

"三老主管教化人民；有秩主管人民杂事；啬夫主管审查诉讼和收取赋

税；游徼则主管治安，捉捕盗贼。相当于你们那的公安局局长。我这样说你明白了吗？"

我赶紧点头。

秦始皇："好，你明白了我就继续说。为了让天下人完全成为秦国人，我还统一了文字、度量衡、货币和法律。就像之前我说的，现在天下人对于秦国的归属感还不强，很多人依然认为自己是六国人，再加上我秦法苛刻，徭役繁重，所以便构成了一定的不稳定因素。

"基于此，我将全天下民间的兵器全部收缴销毁，用它们造成十二座巨大铜人安置于宫中，这样不但减小了民间造反的概率，还能在有紧急状况时销毁铜人来铸造兵器，不得不说，我真是个奇才。"

我："……"

秦始皇："还有，我将全天下大约十二万的土豪全都强迁到了咸阳，这样做的好处有二：第一，促进了京都（咸阳）地区的繁荣和发展；第二，防止这些有钱人私铸兵器，带领无知的刁民造反。

"做完这些，我一刻都不敢怠慢，每天都不停地批阅堆成山的奏折文书，一天的文书批阅完毕之前我是绝对不会睡觉的。但就是这样我还是不放心。你知道，我没有童年，从小就生活在被憎恨和被鄙视的环境中（身在赵国为人质的那一段悲惨童年），所以这天下人我都信不过。

"于是，在公元前220年的时候，我从咸阳出发，巡视了陇西和北地等地区。这一段的巡视让我比较满足，因为我能感觉得到，所有百姓在我秦国的严厉法制下都不敢造次，就连儒家所谓的忠孝二义都在我秦国的法制下强制执行得很顺利。

"那时我大秦可真是如日中天，四海之内全部臣服。基于此，我发现可以进行下一步的工程了，也因为这个工程我被全天下甚至后世人所漫骂。"

我插嘴道："是修建长城吗？"

秦始皇："不，修建长城是在这以后，我现在想要做的便是在全天下修建驰道！"

我："哈！修路啊，确实算个工程，但也不至于被全天下的人骂吧？"

秦始皇："你知道什么？我们那时候没有你们的高科技，所有工程都是纯手工，工程量能不大？再说，我所要修建的驰道范围是你无法想象的，这需要无数的钱财和劳动力才能完工，天下将会有很多人因为修建驰道而妻离子散、家破人亡！"

我咽了一口唾沫，问道："这么夸张？这条驰道究竟有多大啊？"

秦始皇冷笑："一条？你太小看我了，我要修的是九条！并且每一条的工程都是你无法想象的。

"我以咸阳为中心，建造了东方大道（由咸阳出函谷关，沿黄河经山东定陶、临淄至成山角）、西北大道（由咸阳至甘肃临洮）、秦楚大道（由咸阳经陕西武关、河南南阳至湖北江陵）、川陕大道（由咸阳到巴蜀等），此外还有江南新道（南通蜀广、西南达广西桂林）、北方大道（由九原大致沿长城东行至河北碣石，以及与之相连的从云阳至九原的长达九百余公里的直道）等。

"并且我对驰道的要求也是严格的，我要求驰道宽度必须达到五十步，两旁每三丈便要有一树，毕竟绿化也是很重要的嘛。只要这些驰道建成，我秦国的军队执行力和情报传送能力都会飞一般地增长！"

我插嘴道："可是我在史书上看到的却是这驰道是你为自己而修的啊，别人根本是不允许上的。"

秦始皇："呵呵，我当然要这么说，此驰道在天下太平的时候当然只能我用，如果谁都上去踩一脚，谁的车都能上去碾一下，那这驰道没多少年就得废！"

我："怪不得天下人都骂您，可您为什么不再等一段时间再做这些大工程呢？要知道，那时天下刚刚平定，人心还不是太稳，您就不怕他们起义吗？"

秦始皇："起义？他们敢吗？"

我："……"

秦始皇："你知道吗？自从我懂事以来，没有一日不是活在提心吊胆之中，小时候在赵国怕被赵国人整死，继位秦王之后怕被吕不韦谋朝篡位，成为秦始皇以后一天到晚地批阅奏章，我当时已经有些身心疲惫的感觉。而那一段时间我才多大？

才三十九岁！可我已经两鬓斑白。我问你，我这种生活状态可能长寿吗？"

我："……"

秦始皇："所以我必须要在有生之年完成所有有利于秦哪怕会得罪百姓的事，好给后来人留下一个好的底子。"

我："您真不容易。"

秦始皇："谁又容易呢？当然了，我也不是一味地为国家做贡献，该享受的也要享受，那一段时间我的心情不错，于是在那一年修建了甘泉宫，这是专门为我打猎娱乐而建造的。

"一年无事，到了公元前219年，我感觉我是伟大的，我是第一个真正一统天下的君王，所以，为了让全天下以及后世记住我的功绩，我东巡天下，在泰山给自己封禅。封禅懂吗？这是全天下最高层次的祭祀，只有极伟大的兴国之君才能进行的祭祀，是向天祷告，接受天的任命而治理天下的伟大君主。

"封禅这个东西我应该是第一人，虽然在远古的时候传说有人进行了封禅，可那毕竟是传说，只有我一个人是真正的封禅。那一年，我登上了天下第一山（泰山）的山巅进行了封禅，为自己刻了石碑来歌功颂德。

"说来有趣，当时还来了一场大雨，我随便挑了一棵树，在树下避雨，后封它为五大夫，没想到只是一个随意之举却使得这棵树成了泰山最出名的风景之一，这真是让我始料未及。

"离开泰山以后我向东抵达芝罘山巅，向南登上琅邪，在这些地方都留下了石碑来赞扬我的功绩。那一段时间我真的非常开心，不管是不是装的，琅邪当地人对我的顺服都让我无比开心。我将三万户百姓迁到了琅邪台下，免除此地十二年的徭役。

"可就在我要启程回京的时候，有个叫徐市（徐福）的骗子突然出现在我的面前，对我言之凿凿：'陛下，在那极东的海上有三座神山，分别是蓬莱、方丈和瀛洲，这些仙山上有仙人居住，长生不死药遍布于山上的各个角落，我愿沐浴更衣，向天祈祷，得童男童女三千前往神山为陛下求得长生不死药。'

"知道吗？听了徐市这话我的心跳得怦怦的，长生不死？如果能长生谁愿意死呢？于是我给了徐市三千童男童女，还给了他大笔的资金去寻找神山。我就在那等啊等，等了他整整三个月！可他回来之后我连不死药的影子都没见到。

秦始皇："正当我要向他发怒的时候，这个大骗子却和我说，他已经看到了神山，但因为'诚意'不够，这才被仙人用大风给吹了回来。

"我是多么愚蠢才会信了这无稽之谈啊。

"最后，我又给了徐市无尽的财宝，让他主要负责这事儿。然后，我启程回京了，毕竟中央不能久无国君。

"可当我到达湘山祠附近的时候，天空中忽然刮起了大风，那风大得几乎让我不能渡过湘水。

"那天我怒了，因为这风一定是湘山祠供奉的神给我弄的！"

我："……"

秦始皇："于是我问随行博士：'这湘山祠供奉的是什么神仙？'

"博士和我说：'湘山祠供奉的是尧的女儿，舜的妻子，死后就葬在这里的。'

"听了这话我更加愤怒，女流之辈，就是成了仙又能怎么样？怎么敢和我现在人世的九五之尊相抗衡？

"于是，我命士兵将整个湘山的树木全都砍伐殆尽。

"结果，湘山露出了红色的泥土和石块，这一定是我将那个娘们儿给弄死了，哈哈哈，神又能如何，还不是被我说杀就杀吗？"

我："……"

秦始皇："就这样，我回到了京师，又开始日复一日地批阅奏折。时间匆匆而过，转眼又过了一年。"

1.2　豪侠张良

"这一年我四十岁了，看着我那越来越白的头发，我的心里十分恐惧。

"于是，我又想起了那远在琅邪的徐市。我寻思着整个一年他都没找到神仙，是不是我的心不够诚呢？

"所以，我再次东巡，打算到琅邪祭拜天地。可让我万万没想到的是，这次出行差点儿就让我去见了阎王。"

我："这话怎么说？"

秦始皇："因为有人提前埋伏在了我东巡的必经之路——博浪沙（河南郑州东北）刺杀我，并且差点儿得逞。"

我："我的天，是谁这么大胆，敢刺杀英明神武的您？"

秦始皇眼神阴郁地道："说到此人你们这些后辈都应该很熟悉，他就是张良。"

我："……"

秦始皇："通过之前的东巡，我天真地以为现在天下人都已经臣服于我，甘心做一个秦国人，可通过这件事，我发现我错了。

"张良，字子房，祖先是韩国人，他的爷爷和他的父亲都是韩国的宰相，张氏家族在韩国绝对是权倾朝野，张良这孺子从小就聪明绝顶，看书过目不忘，还能够举一反三，如果让他继续成长下去，这绝对是韩国第一贤相，秦国的一大劲敌。

"可我不会给他这种机会了。

"我大秦将韩国灭掉以后，张良带着张家人和三百来仆人小隐于世。

"正所谓年轻气盛，他对灭掉韩国的我非常仇恨，变卖了全家财产雇佣勇士来刺杀我。你知道吗？这个猥琐男为了杀我报仇竟然连弟弟死了都不去安葬，就为了省下钱来杀我！我真想问问他，我掘他家祖坟了吗？

"那张良用全部财产找到了一个大力士，并给他打造了一个重一百二十斤的大铁锤，尾部用长长的铁链子拴住，然后成天在博浪沙附近练习投掷。我敢说，如果他生在你们那个时代，一定是链球的世界纪录保持者。"

我："……"

秦始皇："就这样，我在不知危险的情况下依然向琅邪行进。也许是那个壮汉当时太紧张了吧，没能投到我的车上，而是投到了距离我不远的随从的车上。那天真的给我吓坏了，我在马车里就听见轰隆一声巨响，我随从的马车被砸得粉碎，我那随从整个脑袋都被砸没了。

"但惊慌之后就是愤怒，我当时命令军队全歼埋伏我的刺客。

"秦军的执行力你是知道的。最后将那些想杀我的人全都弄死了，只有一个人跑了。"

我："谁？"

秦始皇明显有点儿尴尬："张良。"

我："……"

秦始皇："那小子自从逃走以后不敢再露头，从此隐姓埋名，逃到下邳躲藏了起来。"

我："那他最后怎么样了呢？"

秦始皇："呵呵，谁都没能想到，就是因为他这一逃逃出了一个千古无二。多了我不说，你自己看吧。"

秦始皇话毕一挥手，我直接置身于下邳城中。

在嘈杂的下邳闹市中，有叫卖东西的商人，有匆匆赶路的行人，到处生机勃勃。

可就在这时，一个没落的身影出现在人流之中，显得非常突兀，这人漫无目的地游荡着，眼神遍布着无奈和绝望。

慢慢地，他走到了河边。不知道的还以为他要自杀呢。

这便是那张良了。

自从逃往下邳以后，看着强大的大秦帝国，其自知复仇无望，便只能在下邳过着东躲西藏、如同行尸走肉的生活。然而今日，他却遇到了一个改变他一生的人。

当张良走到下邳城中一处偏僻小桥之时，突然看到一个穿着粗布短衣的老人冲他走了过来。

张良也没怎么在意，就想绕过他，可老人就是堵在张良面前不放他过去。想那张良贵族出身，从小学习剑术，手上的人命也不是一条两条了，怎能受得了老人如此侮辱？便冷冷地道："有事儿？"

老人呵呵一笑，将脚下的鞋脱了下来，直接往桥下湖里一扔，之后指了指："去，给我捡回来。"

"我……"

张良一愣，紧接着大怒，多日来的憋屈和愤怒一下冲上心头，直接就要上去打这个老人（《汉书·张良传》"良愕然，欲殴之"）可转念一想却讪讪一笑："我一个天下闻名的豪侠和一个老人较什么真儿呢？"

于是便走下了桥，蹚着水将老人的鞋子捡了上来。这还不算，张良还跪着将鞋子递给了老人。

关于张良为什么这样做，我有两种猜测：

第一种，是因为张良尊老爱幼；

第二种，张良看出了老人不是一般人，所以才如此懂事，毕竟一个老教授和一个普通的老人往那一站气质还是不一样的。

老人看着跪下的张良，将脚伸过去穿上鞋，微笑道："孺子可教矣，你小子记住，五天后的拂晓相约此地再会。"说完，头也不回便走了。

到这，张良更加坚信这老人一定是个大隐士，便在五天以后的拂晓准时到达。

可当他到达桥头以后却发现老人已经在等他了，没等张良说话，老人便气愤地道："身为一个年轻人却比我这个老头还要慢，这是为了什么？今天我不想和你说话，五天后再见吧。"说完，转身便走。

张良这个郁闷，你说的拂晓相见，我又没有迟到，你对我凶什么凶。

如此，又过了五天，这回张良可长记性了，公鸡一打鸣便匆匆地赶到了桥头。可让张良崩溃的是这个老人又比他先到了一步。

老人瞪了一眼张良："又比我后到，你尊老爱幼的心都被狗吃了？不想跟你废话，五天后再来吧。"说罢，转身便走。

张良直接风中凌乱。

于是，又过了五天，这次张良也是拼了，天一黑就在桥上蹲守。他就不信这次还比老人晚。

果然，没过一会儿老人便来了，看到张良比他先到，微笑着点了点头道："嗯，年轻人就是应该这样。来，你过来。"

听了这话，张良赶紧跑到了老人身前一拜。

老人递给了张良一本书，笑道："小子，这本书你要好好地研读，一旦你把它研究透了便可以做帝王的老师了。我料想你十年以后定会成功。如果你还想报答我的话，就在十三年以后来济北谷城山下找一块黄石吧，那就是我了。"

说罢转身走了。

天亮以后，张良看清了手中的那本书，这便是《太公兵法》了。

1.3　帝国的扩张

到这，画面又转回了"现实"。

我好奇地问："陛下，这世界真的有妖魔鬼怪吗？那个老人真的就是一块石头吗？"

秦始皇一声冷笑："哼！哪里有什么妖魔鬼怪，那老人是真实存在的，世人都喜欢叫他黄石公。他本是被父母抛弃在黄山的一个弃儿，所以也叫黄公。他之所以让张良去找一块黄石头是不想让张良报答他而已。毕竟他都快一百岁了，过两年就得归西了，哪还有时间等个十来年。

"可没想到这老人一忽悠还真把这个张良忽悠着了，他到死都是抱着那块大石头和他一起入棺的。"

我："……，那为什么您又说张良千古无二呢？"

秦始皇："通过《太公兵法》，使本来就聪明的张良更上了一层楼，更因为这本《太公兵法》让以后的一个'畜生'盯住了张良，然后他们两个……行了，不说他了，我继续往下说吧。

"被张良一行刺客蹲了一次后我是不敢再往琅邪走了，只能再次前往芝罘山颠，向天来表达我的功绩和虔诚。

"然而呢，这根本没有用，老天还是不理我，徐市的不死神仙药依然没有找到。我无奈之下只能再次回到了咸阳。

"于是又过了一年。这一年我勤勤恳恳地工作，老老实实地做人，对政务从来没有懈怠过。这还不算，我还让全国的人实名上报各自所占的田亩。为的就是让那些多占田亩的土豪们多交税，甚至让出地来。这样才会让百姓们得到更多的实惠。

"可我没想到，就因为这样，我得罪了这些豪强，他们甚至要为了这事儿弄死我！

"有一次我带着四名贴身武士微服私访，在深夜的时候遇到一伙强人，他们竟然想杀了我！要不是我的四名武士武艺高强，我肯定就魂归西天了。于是，愤怒之下的我动员全关中的官吏，以地毯式搜索整个关中长达二十余天。本想继续搜索下去，可因为关中总有大兵来来回回地走动，使得关中百姓恐慌，以为国家又要动荡，粮价竟然涨到了一石一千六百钱。无奈之下我只能放弃继续搜索。

"于是，下一年我又开始东巡了。"

我："……"

秦始皇："小子，你不用那么看着我，在我们那个年代所有人都是信奉鬼神的，帝王也不能免俗，能够长生不老，谁想去死？所以我再一次东巡至碣石，在此地向天祭祀，并刻石碑宣扬我的功德。

"但就在我想继续往琅邪走的时候，本地有一个十分厉害的相术师却通过占卜得出'亡秦者胡'的四字真言。

"这话真的把我惊得够呛，我的第一反应就是远在塞外的三胡（林胡、楼烦、东胡）或者匈奴。毕竟他们在我统一天下之前趁着赵国空虚侵占了不少地盘（主要是河套地区）。并且这些'胡子'的机动力和运动战能力都能对我大秦构成威胁。

"可是，谁能想到这个'胡'说的并不是三胡和匈奴，而是我那个不争气的逆子！胡亥！

"所以，我放下了继续前往琅邪的打算，而是掉转车头回到了咸阳。

"回到咸阳那一天，整个咸阳的百姓全都对我的车队行跪拜之礼，但有一个乡巴佬明显没见过什么世面，竟然呆立当场。

"我轻轻地看了他一眼，这把他吓得，赶紧跪到地上。那哆哆嗦嗦的样子着实可笑。我走了以后他竟然还感叹地说：'大丈夫理当如此。'

"说实话，我很享受被如此崇拜的感觉，可当时我不知道他是谁。如果我知道他就是以后那个颠覆我秦朝的刘邦的话，我当时就抓来弄死他。

"回到皇宫以后，我马上开始着手准备应对三胡和匈奴的侵略。你知道三胡和匈奴是什么吗？"

我摇头。

秦始皇说："三胡和匈奴的起源我就不说了，你就记住在远古（夏商那会儿）时候天下蛮夷主要分为东夷、西戎、南蛮、北狄便好，以后其他的有很多都是他们的分支，咱现在就单说匈奴和三胡的实力。

"这些游牧民族生活在我大秦北边塞，从陇西郡一直到东北的辽东郡边塞到处都能看到他们的身影。他们没有坚实的城墙，也没有能保证温饱的农田。他们完全以放羊为生，一日三餐不是羊肉就是奶制品。

"因为生活在极北之地，所以这些野蛮人的婴儿成活率并不高，可只要这些男孩儿能够长大成人，他们毫无例外的都是值得夸耀的战士。

"那时候北方的寒冬根本不是你能够想象的，并且没有暖气地热什么的，能够在这种环境下长大成人，你说他们的身体素质能差得了吗？"

我赶紧点头。

秦始皇："并且，这些游牧民族都是以武为荣，每家每户在男孩儿四五岁的时候就让他们骑在羊背上练习骑术，到他们十岁以后便开始尝试骑马，十五岁以后就开始在马背上练习骑射。

"这些'胡子'有的时候吃饭睡觉都是在马上进行，所以，他们的骑术根本不是你能想象的。

"此外，三胡和匈奴的骑兵每个人都拥有两匹马，马上绑的全都是奶酪、肉干等食物。当然了，在马鞍下也有一大块生肉，长途奔袭以后，这些生肉接触了马的体温自然便会变得半熟。你要知道，我们那时候肉的质量可要比你的时代强多了。

"基于此，这些'胡子'行军打仗根本不需要辎重，他们会运用自己无与伦比的机动力歼灭你，打了就跑，跑了再打。如果战事实在不利便会向四面八方溃逃，你追，追不上他们，打呢，找不到他们的踪影。

"所以说，和三胡以及匈奴人战斗的主动权永远都在他们手中。"

我："听您这么说他们无敌了。"

秦始皇冷笑："哼，无敌，他们不配。这些游牧民族虽然野战能力很强，但是他们的人口非常少，也就相当于我大秦的一个郡而已。再加上他们没有能力制作先进的攻城器具，所以只能在野外求战。想当初赵国的胡服骑士比他们还要厉害，不照样被我大秦歼灭了吗？"

我问："可塞外都是平坦的草原，正适合骑兵作战，您用什么办法在野战中消灭那些强悍的轻骑兵呢？"

秦始皇"啪"地一拍手掌，然后慢慢分开："对付他们一共有两种方法：第一种，配备精锐的轻骑兵团，以和游牧民族相同的机动力来摧毁他们的有生力量，进而全歼，就像战国时候的赵武灵王一样；第二种，大屯田战术，便是用绝对兵力集中一点，呈集团式向前慢慢推进，等推进到一定距离便构建要塞城池，在此地开荒生活，以防三胡、匈奴。

"而我，就是选的第二种。

"于是，朕命我大秦上将蒙恬领三十万锐士北逐匈奴、三胡，我大秦锐士精锐无比，人人配置强弩精戈，他们既能远距离打击匈奴骑兵，还能近距离摆防骑兵阵来应对匈奴突骑的冲锋。

"这还不算，我还给蒙恬配置了上千床弩，只要这些游牧民族敢和我大秦雄狮硬碰硬，我保证让他有来无回。

"而蒙恬这小子也没让我失望。他将三十万大军分成两部，一部由上郡经榆林进入河套北部，另一部由义渠萧关之道进入河套南部，呈南北之势共同夹击河套地区的游牧民族。

"一开始，这些游牧民族还派出轻骑兵来和我在野外对决，可在我密集的箭阵下，他们除了死或逃没有任何出路。

"就这样，我大秦军队且战且走，慢慢将大军推进到黄河南岸。

"之后，蒙恬率一部主力由九原（今内蒙古自治区包头市西）渡过黄河，攻占整个狼山山脉；另一部西渡黄河攻占贺兰山。我大秦兵锋所指，这些游牧民族全都望风而逃。

"不久，匈奴和三胡的原住民在我大秦的强大压力下全都退出了河套地区，向北各回各家。

"我大秦至此占有了整个河套地区，并在此设立九原郡四十四县。

"可是……"

我问："可是什么？"

秦始皇说："可是这些野蛮人在本次战争中并没有受到实质性的伤害，三胡、匈奴主力还在，我担心他们还会卷土重来，不停地骚扰边境。

"于是，在我心里又有了一个庞大的工程。这也是我被后人漫骂的第二个工程——万里长城。

"公元前214年，我命蒙恬从狼山山脉开始修建长城，之后经由阴山山脉一直连接到云中的原赵国长城；又命新建由狼山至贺兰山再到榆中之长城，以此为北及西北方的屏障。"

我："我的天，好大的工程。"

秦始皇："呵呵，这就大了？不不，这只是一个开始，为了彻底防守北方游牧民族的寇掠，我还命云中郡、代郡、上谷郡、渔阳郡、右北平郡以及辽西、辽东各郡郡守在原燕赵长城的基础上继续修建长城，直到将整个北边隘口全部堵上才算告终。

"因为这个工程有许多家庭家破人亡，妻离子散，民间因此怨声载道。这些我都知道，可我不能停。

"还是那句话，为了大秦帝国永世不灭，我必须把脏活累活全都干了，并留给后代一个太平盛世。当然了，要是能长生不老就更完美了。"

我："……"

秦始皇："北方搞定了，我的下一个目标就是南方的蛮族和百越族群。"

"百越和南蛮？那是啥？"

秦始皇："就是生活在现在贵州、湖南、广西、广东和越南一带的土著。

"这一片在当时未经开发，且四季如春、土地肥沃，简直就是第二个天府之国。而这些地方的原住民基本都是以部落的形式生存，并且各人自扫门前雪，甚至连一个像样的部落联盟都没有。

"可以说，那地方的人比我大秦帝国落后千年。

"你说说，一堆如此落后的部落竟然占着这么好的地方，那不是找打是什么？

"所以，我根本就没将这些部落放在眼中，打算以扫荡的方式平定南方。

"我计划将大军分为五路：

"第一路由鄱阳湖东侧经余干进入闽中，略定闽地。

"第二路由鄱阳湖西侧经豫章南康进入粤北，与第三路会师略定番禺全境。

"第三路由长沙宜章进入粤北，与二部会合。

"第四路集结于零陵蓝山，主导中枢，策应第三路和第五路。

"第五路由黔中进入桂林，略定桂林全境。

"怎么样，我的排兵布阵不错吧。"

我赶紧点头。

秦始皇："公元前214年的下半年，我三十万劲旅聚集完毕，分五路向南进军，每路大军都有五六万人，并用下贱的商人、入赘者和刑徒组成了一支十万人的队伍当作炮灰在前开路。

"我第一路大军进行十分顺利，没过多久便进占闽中全境。那些胆敢抵抗的蛮子都被我杀得干干净净。当地抵抗势力全部臣服后，我设此地为闽中郡。

"进攻番禺的第二路、第三路秦军起初行军非常顺利，胆敢抵抗的酋长全都被我秦军杀戮干净。

"可当他们进入番禺境内的时候，那些越族人的抵抗开始强烈起来，他们自发组成了百越联盟来和我大秦抗衡。

"可他们装备没有大秦劲旅精良，训练没有我大秦劲旅有素，所以也逃脱不掉被征服的命运。

"最后，我三部主帅屠睢杀死了百越联盟的盟主，占领了番禺全境。

"可这些可恶的蛮子到这种地步还不投降，一个个全都藏在深山老林中与我秦军相抗争。

"这些百越人别看野战水平不怎么样，可山战林战那真不是吹的。一时之间我秦军也拿他们没有办法，两股势力就这样僵持起来。

"之后，这些百越人共同推荐了他们最勇猛的酋长为联盟首领。

"这个酋长抓住我秦军大意轻敌（秦军认为百越不敢出山林主动迎战）之机，突然主动出击夜袭我三路秦军军营。

"大军当时毫无防范，结果屠睢被砍掉脑袋，大军顿时大乱，百越则趁着这个机会对我秦军放肆砍杀！

"如果事态继续下去，我三路大军很有可能会全军覆没。而一旦全军覆没，便会给百越极大的鼓舞，那些之前臣服于我大秦的部落很有可能会再度反叛，到时候再想夺得南方就没那么简单了。

"可好巧不巧的是这时候由任嚣所率领的二路大军正好由大庾越过南岭，出现在了百越联盟的后方。

"他见三路即将被全歼，便指挥全军对百越背后发动了突袭。这些百越士兵顿时大乱。三路大军见状也反扑起来，和二路大军合兵一处攻击百越。

"如此，抵抗最激烈的百越联盟告破。那些百越联盟的鹰派全都被我揪出来一个个斩杀！任嚣便收纳了三路残军，使自己实力大增。

"就这样，第二路、第三路大军平定了番禺继而南进，一直打到了南海海滨，将南海一带全部平定，我便在此设置了南海郡。

"第四路、第五路大军行动非常顺利，他们在零陵会师，然后进入桂林北，将桂林一带的蛮子和百越人全部平定，并继续南进到如今越南的红河流域，我在这两地分别设置了桂林郡和象郡。

"至此，整个南方之地全都归我大秦所有。

"战后，我将那些还活着的商人、入赘之人和刑徒全部留在了南方，并迁中原之民与南方的土著杂居，以尽快让他们融入我大秦的文化中。

"可以说那时候是我大秦帝国的巅峰时期，四面八方谁都不敢反抗我。天下谁敢对我嬴政说一个'不'字？"

我："那是，肯定没有。"

秦始皇："哼！你还别说，真有一个。"

1.4 焚书坑儒

秦始皇："那人叫王次仲，是一个很有名望的书法家。当时民间字的种类很多，但是大部分认字的人用的还是隶书。

"可你也知道，古时候的字都是很复杂的，就连我有时候都不愿意去批阅那些复杂的奏章。

"可这个王次仲了不得，他改进简化了当时的隶书，使得隶书更加简略径直。

"此种改进传到咸阳以后我非常满意，便下令传召其进京，想要给他个官职什么的。

"本来我是喜欢这个人才的，可这个给脸不要脸的东西因为厌恶我秦国的酷法竟然敢折了我的面子，非常生硬地拒绝了我的任命。

"你知道，我们皇帝都是好面子的，他这么生硬地拒绝我，让我的脸往哪放？

"于是，我又派了三批使者前去请这个老东西。

"可你猜怎么着？这老东西到最后竟然连见都不见我的使者。他的这个举动让我火冒三丈。

"于是，我派遣官方的书法家程邈带着士兵冲进了王次仲的家里，将这老货的作品全都抄录，然后焚毁，后经过程邈的整改使得隶书更加规范。

"哼！我就是要让这老东西看看，没了他，我大秦也有人能在他的基础上使隶书更上一层楼！

"可让我没想到的是，这次的事件却成了天下儒家对我进行批判的爆发点。

"之前的郡县制、修建驰道、修筑长城、鲸吞百越、远逐三胡、匈奴，这些全都成为这些儒家人对我进行人身攻击的批判点，竟然还拿什么三皇五帝来和我进行比较，甚至有的还说我是个战争狂，不符合古代圣人的道义。

"他们这都是通过批判我来给自己的脸上贴金！我大秦帝国始强于法家，只有彻底的法才能震慑天下，那些儒家口中的仁义道德全都能用法来强制维持！既然法是万能的，我凭什么还要用什么劳什子的儒家来治国呢？

"既然法是万能的，这天下为什么还要出现儒家呢？

"所以，儒家可以彻底消失了。我可没有给自己的帝国立潜在敌人的嗜好。

"于是，我召来了丞相李斯，对他布置了一些任务。

"给李斯布置完任务以后，又过了一段时间。那天正好是我的寿辰，我自然要摆酒宴招待百官。

"然而酒过三巡之后，七十余个博士前来向我祝酒，其中仆射（主管祭祀射礼）周青臣趁机对我溜须拍马，对我说了一些太阳和月亮都不如我的事儿，反正只要是我做的都是对的。

"虽然知道他是在溜须拍马，可我还是很高兴的。

"当然了，这天下事都是矛盾的，有助兴的就会有败兴的。这不，周青臣刚刚说完，有个叫淳于越的便对我进谏道：'陛下！我听说殷周称王天下一千多年，分封自己的直系血脉和有功之臣作为自己的辅助势力。而现在陛下坐拥天下，但您的直系子弟却都如同平民百姓一般，没有任何辅助势力来衬托您的伟大。试问，您能永远这样勤劳下去吗？陛下啊，这天下事如果不效仿古代的圣人是没有一件会成功的。'

"说完，淳于越指着周青臣道：'如今，这个周青臣当着满朝文武的面阿谀奉承陛下，助长陛下的过错，这是大罪！希望陛下给周青臣处罚，以服满朝文武！'

"话毕，这个淳于越便退下去了。

"呵呵，你别看他说得大义凛然，却是指桑骂槐之举，明面上是在说周青臣，可实际上是在抨击我郡县制的种种不是。但是我没有生气，只是微微一笑，让下面的百官来讨论这个问题。与此同时，我给李斯使了个眼色。

"要不说李斯就是我的得力干将呢，人家就是时时刻刻都关注着领导的眼色，所以一见我一个眼神儿，他直接就蹿了出来，先是冷冷看了一眼淳于越，然后对我道：'陛下，武帝时期的制度不互相重复，三代时期的制度不相互抄袭，然而他们都将天下治理得井井有条。所以，不是后代一定要效仿前人，而是要因时而异，毕竟事物总是在发展的。如今陛下开创了千古事业，建立了伟大功勋，本就不是那些愚蠢的读书人所能够理解的。况且淳于越说的又是三代之事，这又有什么值得效仿的呢？他们才持续了多少年？而我大秦帝国又怎能像他们一样才存在千百年？'"

我插嘴："对，确实没千百年，建国一百年都不到就被灭了。"

秦始皇冷冷地看着我。

我赶紧低头东张西望。

秦始皇继续道："李斯说：'从前的时候，各种学派百家争鸣，各路诸侯相互竞争，他们会用最优待的条件来招揽游学之士。但是现在天下已经太平，且颁布了统一的法令，百姓们在家努力从事生产和家庭手工业，士人们则学习法家禁令。这是多么完美而又幸福的光景啊。'

"说到这，那李斯猛地转头，死死地盯着淳于越道：'可笑有一些读书人却不向现实学习，不能与时俱进，反而用那些古代的陈词滥调来限制皇帝、迷

惑百姓。'

"说到这，李斯也不再去看那个气得都快岔气的淳于越，而是又看着我正气凛然地道：'臣李斯今日冒着死罪向陛下进言！古代的时候天下分散混乱，征战多年而无法一统，所以各路诸侯兴起，不知道是谁起的头，从那时候开始便有人通过古代的政策来诋毁自己当时的政策。他们的言论花哨而无实质，只会非议君主创造的制度，搅乱事务本来的面目，使得整个社会退步。并且这些造谣生事的人都认为自己的学说是最完美的。现在陛下统一了天下，分辨了是非，确立了至高无上的地位。可这些不知进退的迂腐书生们还在私自传授自己的学问，批判国家的法令教化。听到有新的法令上台就要在背地里去诋毁，在陛下面前吹嘘，以此来沽名钓誉、标新立异。这还不算，他们还带着自己的学生组成团伙来诋毁国家的政策，进而使国家动荡不安。这种情况如果不加以制止，上则陛下权威下降，下则形成朋党相互勾结。我觉得，禁止出现这种状况才是正确的。我希望陛下能够下令，将非秦国官方所著的典籍全部焚毁，民间收藏的《诗》、《书》、诸子百家等著作全都要送到郡守、郡尉那里焚毁。有胆敢相互私语《诗》《书》的，要在闹市区处死以示众人。有胆敢以古代非议如今的，便杀死他全族之人。那些本地官吏知情而不检举的，和他们同罪论罚。而命令下达后三十天还有未能烧掉书籍的，就在他们的脸上刺字，让他们成为刑徒。当然了，也不是所有的书籍都要焚烧。像那些有关医药、占卜、农业、算术、兵书等对国家有益处的书籍可以不用烧毁。'

"说完，李斯就退下去了。

"呵呵，这些话就是我示意说的，可我没想到他说得这么彻底。

"不过，我喜欢，便准了他的建议。

"所以从那天开始，整个国家，除了学习法家的文人外，天下书生基本都是在哭爹喊娘的环境中度过的。因为现在的博士杂七杂八，有很多都不是学习法家出身。我也取消了博士议事制度，但凡国家大事都可以按照帝王的观点来决断。当然了，我有时还是会和百官们商议一下的。

"好了，现在天下太平，国库充盈，那些酸腐的书生们也逐渐消失在我的视野中，我也终于可以休息了。

"就在焚掉那些杂书的这一年，我征调天下七十余万刑徒来修缮我的骊山陵（皇帝死后的陵寝，古代的皇帝总是会在死前就将自己的陵寝修好）和上林苑里的阿房宫（秦朝宫殿）。毕竟宫殿代表的是我的体面，所以我必须将它们修缮得无比豪华才可以。"

我问："那陛下为什么不在咸阳城中建宫殿呢？"

秦始皇说："咸阳的宫殿已经老旧，并且那地方人口太多，我身为天下的管理者，怎么能和那么多百姓住在一起呢？"

我："……"

秦始皇："可是，不管我如何富贵，如何有权，也逃不出生死轮回。我想长生不死，可我也知道，这种好事儿应该落不到我的头上了。所以我在死之前就给自己修建了豪华的陵寝。我记得《韩非子》中说过，一个君王不能流露出自己的兴趣爱好，否则身边的人就会争着通过你的爱好来讨好你，进而蒙蔽你的双眼。

"这话我以前不信，但我现在信了。因为天下人都知道我秦始皇想要长生不老，所以这时候的方士多如狗，骗子满地走。之前的徐市就不说了，这不，正当我想放弃长生不老药的时候又有一个骗子来给我希望了。

"这人是谁呢？就是之前和我说'亡秦者胡'的那个方士卢生。

"其实我这个人还是很阳光的，虽然有时候挺残暴，但是那都是为了国家的安定。可是和大臣之间的相互交流还是不少的。可就因为这个卢生，使得我性格更加孤僻残暴。

"这货忽悠我说我之所以现在还没能求得长生不死药，就是因为我身边的恶鬼和小人太多，如果我能深居简出，尽量不让人知道我身处何地，便能驱散小人和恶鬼，进而便能找到长生不死药。

"多么夸张的谎言！而我竟然信了！"

我："……"

秦始皇："于是我命令把附近二百里内的二百七十多座宫殿，用空中架设的道路和地面上的甬道连接起来，把帷帐、钟鼓和美人全都安置到里面去，各种布置都不得移动。我所临幸的地方如果有谁胆敢暴露出去，那我就会杀他全家。

"可让我没想到的是，真正的小人就在我的身边。就是那个卢生！

"话说一次我去临幸梁山宫，正好从山上看到了丞相李斯庞大的车队。因为他车队的规格都快赶上我了，所以我有些不爽，就嘀咕了一下而已。

"可让我没想到的是，第二天李斯的车队减少了一大半！这说明了什么？说明我昨天话刚一出口就传到李斯耳中了。那就证明在我身边一定有小人！

"于是我非常气愤地问我身边的人，到底是谁将我那天的行踪和言论泄露出去的。

"呵呵，结果这些人没有一个敢承认的。那我还能说什么？全杀了呗！

"可让我没想到的是我这一举动竟然让卢生心生不满。我不知道为了什么，这和他有一毛钱关系？这货竟然听信了一些儒生的妖言，和他的同僚（方士）侯生私下里诋毁我，说我喜欢杀人，说没有人对我真心忠诚，说我只喜欢阿谀奉承，天下官僚都在欺骗我，没人对我说心里话，竟然还说我这种人没有资格得到仙药。

"当我听说卢生的这些话以后我气得是七窍生烟，就想马上弄死他。可这家伙不知从什么地方得到我要杀他的消息，竟然瞬间跑没影了，我怎么找都找不到他。

"后来我寻思着卢生怎么说都算是一个有本事的方士，没准他和各路神仙还真有神交，于是我就停止了搜索，让他自己自生自灭去吧。

"可对于一天到晚诋毁我的儒生我却是恨之入骨。如果不把这些人弄死我简直就不是个爷们！我这暴脾气的！"

我："……"

秦始皇："于是我就命我手下的那些酷吏在咸阳大肆搜索那些曾经诋毁过我或者有诋毁嫌疑的儒生，然后将他们全都抓了起来。

"我点了点，一共四百六十多人。于是我将这些儒生全部坑杀于咸阳，借此让全天下的人都知道，诋毁我秦始皇是一种多么愚蠢的行为！

"可让我没想到的是，我的这种行为反倒是让天下儒生更加诋毁我。甚至我的大儿子扶苏都跑过来和我说：'父皇，现在天下刚刚平定，远方的百姓还没有真心安服，儒生们都效法和学习孔子，这其实并不是什么太大的错误，您用如此严厉的刑法来惩治他们，我担心这些儒生非但不会害怕，反倒会更加敌视您，进而在民间用夸张的言论来攻击您，到时候就怕民心浮动，进而天下大乱啊。'

"说实话，我这个儿子还是让我很满意的，他敢于直谏，一生为国，除了性格稍微耿直一点儿以外没什么缺点。我也承认他说的有点儿道理，可当时我正在气头上，这小子竟然说儒生没有什么太大的错误，那他是什么意思？那意思就是说错的是我喽？

"于是，气愤的我当即就让这小子去边塞跟蒙恬将军去历练，正好也长长这小子的志气和勇气。

"可让我没想到的是，我这一举动却毁了整个帝国！"

我："这话怎么说呢？"

秦始皇："唉！我的本意是想让扶苏出去历练的，可没想到我手下的这些大臣竟然以为我有'废'他之心，遂将重心全都移到了我那个小儿胡亥身上！这真是让我始料未及！"

我："……"

1.5 胡亥登位

秦始皇："自从扶苏走了以后，我这心神总是不得安宁，再加上徐市那边的长生不死药长期没有进展，这便使得我更加暴躁不安。可就在这时候又出事儿了，可谓在我火大的时候浇上了一把油。

"公元前211年，在东郡落下了一颗陨石，这本来是一件好事，可好巧不巧的是有一个人当时正在陨石附近。有可能是他对我大秦的政策很有些不满，便用刀在陨石上刻了'始皇帝死而地分'这几个字。

"这使我大怒异常，遂派御史前往该地，将陨石附近的百姓全都叫了出来，审问他们到底是谁刻的。可这些刁民没有一个敢于承认。于是愤怒的我便将他们全部斩杀！这也使得天下人更加痛恨我。

"可我不在乎，我也不想在乎，现在我只想一件事儿。那便是长生不死！"

我插嘴："您真魔障了。"

秦始皇："滚！"

秦始皇说："那天，看着自己越来越苍老的双手，我知道我的时间不多了。于是，我再次起驾向东出巡，并让李斯和赵高全部跟从我。我的儿子胡亥说他也想去，我没想那么多，便带着他去了。对于这个孩子我还是很娇惯的。"

我问："陛下，您的脾气全天下都知道，可您为什么对扶苏那么严厉，但却对小儿子这么好呢？"

"因为我把扶苏当作我的继承人，只有严厉地教育他，才能使他以后能更好地治理国家。可胡亥却不是继承人，再加上他很像我，我平时便不怎么管教他。可让我没想到的是，他最后竟然……唉！算了不说了。"

我："……"

秦始皇："就这样，我领着一帮心腹东巡。这次的行程很长，我也是虔诚的。为了能够显示我的诚意，我先走到云梦，祭祀了尧、舜。之后又登上了会稽山，祭祀了大禹，并刻立石碑，向上天表述我的伟大功绩。

"最后，我到达了琅邪，并召见了徐市，问他长生不死药现在到底是个什么进展。

"说实话，那时候我已经没有什么耐心了。如果徐市再给我拖延时间或者推脱责任的话，我就直接杀了他！可那徐市却对我说他已经找到了仙山，可却因为在仙山的必由之路上有蛟鱼阻拦才没能成功登山。

"于是，我亲自率领船队作为徐市船队的护卫队，护卫他去寻杀所谓的蛟鱼。

"你还别说，当我到达芝罘山附近水域的时候还真碰上了一条所谓的大蛟鱼（鲸鱼）。

"于是，我大秦锐士弓弩齐射，将那条蛟鱼给射死了。

"杀死蛟鱼以后，徐市对我说现在已经没有任何阻拦了，希望我回去琅邪等候好消息。我信了，率领船队返回琅邪，虔诚地等候着长生不死药的消息。

"可是我又被骗了，并且被徐市骗得太过凄惨。这混账和我分别之后，率领着他的船队和无尽的财宝远赴东洋，登上了一个岛国，并扎根住下，从此再也没有回来过。

"他和他那三千童男童女将大秦先进的文化和科技全都带到了那个地方，让当地的土著迅速发展。可以说，因为徐市，使得这个小岛国发展进步近千年！唉！我真是千古罪人啊！"

我："……"

秦始皇："我在琅邪等啊等，等得花儿都谢了。

"也许是忧郁成疾，也许是我大限真的到了。我生病了，并且病得很重。而这时候我也终于发现，我被那个徐市给骗了，他是绝对不会再回来了。

"于是我起驾回都，并且写了信给扶苏，让他回都城治理丧事。

"可我千不该万不该将这封信交到那个太监赵高手中。这赵高见我生命垂危，便豪赌一把，将我的信件暗中扣下，以便进行他那更大的图谋。

"我真的没有想到，我大秦帝国最后竟然毁在了一个太监手中！我不甘，真的不甘！"

说到这，秦始皇的身影开始渐渐变得虚幻。

见此情景我大惊失色，可还没等说话，秦始皇便对我做出了一个"停"的手势，并且对我说："你就在这看着吧，到时候自然有人代替我来向你叙述接下来发生的事情，我走了。"

说罢，手一挥，我便置身于另一个环境中。

沙丘，此时秦始皇的车队还在不停地行进着。赵高还是和往常一样手捧着一堆奏折走进了秦始皇的车帐。

然而没过一会儿，赵高突然从车帐中探出头来，那表情明显有着些许慌张和一丝兴奋。

只见赵高对下面的传令兵道："你，去！将丞相和胡亥皇子叫来，陛下宣他们觐见。"

"是！"

传令兵说完便去寻那李斯和胡亥去了。

过了一会儿，二人匆匆赶来，可当他们进了车帐之后却大惊失色。因为此时的秦始皇已经成为一具冰冷的尸体。

本来有些惊慌的李斯迅速恢复了镇定，他看着赵高道："此事还有何人知晓？"

赵高摇了摇头："只有你、我和皇子三人。"

李斯沉默片刻："此事先不要声张，因为陛下从来没立过太子，还死在了外地，如果这消息传出去的话，极有可能引起兵祸。"（注：《史记·李斯传》："李斯以为上在外崩，无真太子，故秘之。"）

赵高和胡亥点了点头，算是认可了李斯的说法。因此三人秘不发丧，每日的公文饮食还是如往常一样送入车帐，四周之人也并没有什么怀疑。

可就在这时，赵高却瞒着李斯偷偷地前往胡亥处，并将秦始皇的书信拿给胡亥观看。

胡亥看完很困惑，不知道赵高究竟是何用意。

赵高嘴角一抽，然后道："殿下，皇帝驾崩，没有诏令封立任何儿子为王，唯独赐给长子扶苏书信，这是为了什么？"

胡亥还是一脸蒙。

赵高继续道："那是因为陛下想要立扶苏为二世皇帝，此书信一旦到了扶苏手中，他就会正式成为二世，而您呢？到时候您却没有半尺封地，只能一辈子做别人的臣子。"

胡亥愣愣地道："对呀，本来就该如此啊，明智的君主了解自己的臣子，明智的父亲了解自己的儿子，父皇去世，不封其他的儿子而封我大哥，那就证明我大哥才是最优秀的，他也理应成为秦二世，这又怎么了？"

看着眼前这个"白痴"，赵高别提多恨了，只能继续劝说道："我的殿下啊，事情可不是这样的。当今天下的权柄存亡就在你我以及丞相手中而已，只要您想当皇帝，概率绝对大大的，再者，有谁愿意一辈子当别人的臣子呢？我希望您能认真考虑此事。"

听了这话，胡亥不愿意了，马上说道："你这话说得不对！废黜长兄而立幼弟，这是不义；不尊奉父皇诏令而贪生怕死，这是不孝；我能力浅薄，才质低劣却要勉强依仗他人来取得成就，那就是无能。这三者都违背道德，天下人是不会服从我的，社稷也会因我而败坏！"

说到这儿，赵高沉默一瞬，然后接着说："殿下说得不对，当初商汤、姬发杀死了他们的君主（夏桀、商纣），天下共称为义举，不算不忠。卫君杀死了他的父亲，卫国记为德行，这不算不孝。并且优秀的君主不必拥有太强的能力，只要放心大胆地将任务分配下去，自然会有人帮您完美地完成。当初的魏文侯也没有多大的能耐，但是人家敢放权，不是依然将魏国治理成天下霸主了吗？所以殿下不用犹豫不决，只要您敢干，那鬼神都会躲着您！但如果您不敢的话，多年以后您是一定会后悔的。"

这话说完，胡亥明显是犹豫了、动心了，过了一会儿，胡亥犹犹豫豫地道："可现在先皇丧事还没办呢，就这么……"

没等胡亥说完，赵高直接插嘴道："我的殿下啊，时机！时机您懂吗？还葬礼，这种时机转瞬即逝！我们应该像赶路的人那样，备足干粮、策马扬鞭，绝对不能耽误了时机啊！"

经过赵高连番的怂恿，胡亥终于下定了决心："那好！你说怎么办就怎么办吧！我都听你的！"

赵高继续道："这事儿没有丞相李斯的首肯恐怕难以成功，臣下现在就去劝谏李斯，您就瞧好吧！"

于是，赵高又前往了李斯处。

和李斯对话可不比胡亥，李斯聪明得很，所以说什么都是虚的，于是赵高单刀直入地道："丞相！皇上去世前曾经赐给长子扶苏遗书，命他前来治理丧事，这信中是什么意思您懂。现如今信件在我的手中，除了殿下和你我外没有任何一人知晓。所以，秦二世应该是谁就在您和我赵高的一张嘴上！您说这事儿该怎么办吧！"

李斯听了这话以后心中一颤，然后却义正词严地道："哪儿来的这派亡国之言！这是我们这些做臣子的应该议论的事儿吗？"

看着李斯的"模样"，赵高冷笑："行了，我的大丞相。大家都是聪明人，有些事儿不需说得太明白。自从扶苏出京师以后，您对他态度的转变大家都看在眼里。您当扶苏是瞎的吗？然而现在扶苏和蒙恬打得火热，到时候扶苏成为二世，您觉得他会重用谁呢？"

李斯沉默。

赵高继续道："我在王宫辅助先皇二十余年，从未见过罢免的丞相功臣有受封及于第二代的，他们最后的下场基本都是被杀身亡。那扶苏登台以后必用蒙恬为丞相，到时候您的下场是什么我想不用多说您也应该知道。可殿下（胡亥）就不一样了，殿下宽仁慈孝，善良重义，你我二人要是辅佐他成为二世，那以后等待着我们的便是光辉的未来啊。所以，我希望您能够谨慎地考虑。"

李斯思考了一会儿道："你还是安守本分吧，不要再去想那些有的没的！我李斯是一定尊奉皇帝的诏令，听从上天的旨意的。"

赵高继续道："呵呵，还听从上天的旨意。您李大丞相是圣人没错，可最后连自己的人身安全都保护不了，还提什么圣贤之言呢？"

李斯道："我李斯原本只是上蔡乡里的一介平民，有幸得到先皇的赏识，提拔我当大秦的丞相，给我封侯加爵，子孙都得到了上天的庇护。所以，我绝对不能辜负先皇的恩德，背信弃义。你不要再说了，要不然我翻脸了！"

赵高没管那个，继续说："您别在这跟我说什么没用的国家大义，这天下没有什么事是固定的。我就知道如果天下的权柄在胡亥掌中，你我就会飞黄腾达。况且从外部制约内部叫惑，从下面制约上面才叫贼。现在没有合法继承人，先皇陛下的手书也没有说一定要立扶苏为秦二世，这个道理您怎么就不懂呢？"

李斯："哼，晋献公改立太子，结果晋国三代不得安宁；齐桓公兄弟争夺君位，结果公子纠身败名裂；这二人违背天道，结果祖宗神庙都断绝了祭祀。而你现在正在做的和他们有什么区别？

"我李斯还算是个明白事理的人，怎么能参与到你谋划的事情中呢？"

李斯这话说得正气凛然，可赵高依然不输气势："这话说得不对！只要君臣上下同心协力就能让国家长治久安，并且还能永享富贵。我的李大丞相啊，您想一想，大秦帝国在您的手中越发强大，这是一件多么完美的事情啊！可如果扶苏继位，到时候我怕您连棺材盖儿都找不到了，还谈什么治理国家？还谈什么忠义无双？这种思想是最要不得的！我言尽于此，如果您还是这么顽固的话，到时候大家就一起死吧！"

听罢，李斯久久不能言语。

最后，他仰天一叹："唉！我本励志辅助我皇匡扶天下，可怎么就偏偏碰到了这种事，我还能到哪里去托付身家性命呢？就听你的吧。"

就这样，李斯和胡亥全都被赵高给说服了，这个千古第一死太监终于完成了他人生目标的第一步。

于是三人共同策划，假称接受了秦始皇给丞相的诏令，立胡亥为太子，假造秦始皇的书信给扶苏。

信是这样说的："朕巡行天下，祈祷祭祀名山众神来延年益寿。如今你扶苏和将军蒙恬领兵几十万驻守边境都多少年了？你们非但不能进兵向前，反倒是损兵折将，没有丝毫功绩，你扶苏还屡次上疏，直言不讳地诽谤我的所作所为，就是因为不能让你卸去边防重任而回来当太子。你作为我的儿子非常不孝，就用我的佩剑自杀了断吧！还有蒙恬，你也跑不了。你和扶苏居住在塞外，非但对他的行为不加以规劝，反而助长他的气焰。我看你也别闲着了，扶苏死后你也用他的剑自杀吧。"

就这样，使者到上郡边塞将信件交给了扶苏和蒙恬。扶苏看了信以后深信不疑（有秦始皇帝的印信），直接就要去内室自杀。

可蒙恬却对这封信有很深的疑虑，他拉着扶苏的手道："殿下，这事儿不对吧。陛下身居在外，一直都没有册立太子，派我等率领三十万军队镇守边疆，而公子担任监军，这是关系天下存亡的大事啊。哪怕要杀了你我也不能就派一个使者过来吧？凭陛下之英明就不怕引起兵变吗？我感觉这其中有诈，殿下不如和我回京一趟，确认这事儿是真的再自杀也不迟啊。"

蒙恬不愧为谨慎持重之人，说的句句在理。可扶苏实在是太过迂腐，竟然直接和蒙恬道："当父亲的命令儿子去死，哪还有再请示的道理！"说完就立即自杀了。

我想如果扶苏真的成为秦二世，那秦国的命运还真不好说呢。可历史没有如果，扶苏就这样死了，蒙恬也被使者直接囚禁在了阳周。

之后，这个使者便飞速将消息报告给了赵高、李斯和胡亥。三人听得扶苏已死，高兴得无以复加，便更加快速地往咸阳赶。

可此时正值夏季，天气十分闷热，秦始皇的尸体开始加速腐烂，恶臭的尸气已经开始蔓延，赵高、李斯等大恐，生怕事情泄露，便弄了一车又一车的鲍鱼来混淆秦始皇的尸气。

终于，三人有惊无险地返回了咸阳，公布了秦始皇死亡的消息，并伪造诏书，定胡亥为秦二世。

胡亥成为秦二世以后，赵高害怕蒙氏还有翻盘的机会（蒙恬之弟蒙毅还在朝中担任重职），便骗二世说当初秦始皇就想要立他为太子了，就是因为蒙毅从中捣鬼才一直没能得立。

秦二世并不聪明，所以他毫无根据地信了，并当即下令将蒙毅囚禁在代地。

可这一举动令子婴（注：子婴，胡亥的侄子，史书未记载具体血缘，但人说其为扶苏的儿子可能性较大）大急，当即道："陛下，从前赵王迁杀死李牧而失败，齐王建杀死了他前代的忠臣而灭亡。这两位国君都是因为放弃了有才能的忠臣才使得国家败亡。如今的蒙氏一族在我大秦属于中流砥柱，如果陛下将蒙恬、蒙毅二人斩杀，势必会凉了整个秦国军队的心，到时候将士离心离德，我大秦恐怕就不复当年之勇了，还请陛下三思啊。"

子婴说的不无道理，可是此时的赵高俨然成了胡亥的爷爷，基本上说啥是啥，再加上蒙氏家族原本就是扶苏的死忠，所以胡亥肯定是不能留着他们的。

结果，蒙恬和蒙毅这两名杰出的统帅全都死于狱中。

虽然他们死前说了很多为自己申辩的大道理，但那又有什么用呢？

消灭了自己的敌对势力，胡亥松了一口气，终于可以为自己的父亲送葬了。

为了显示自己的"孝道"，胡亥将后宫那些没有生育的佳丽和修缮骊山陵的工匠奴隶们全都扔进了骊山陵，最后关掉石门，让他们统统陪葬，死者不计其数。

因为胡亥继承为二世的时候年龄还小，恐怕天下人心不服，便用庞大的军队去巡游天下，以此来彰显自己的武力。并在秦始皇之前刻的碑上加上了当时的随从官员，以此来确认秦始皇的功绩。其间大军粮草、临时行宫以及铺张花费不计其数。

到外面祸害一圈儿之后，胡亥终于回到了咸阳。可此时他依然不想消停，在胡亥心中，自己在外秀了一圈以后这天下的百姓一定是对自己极为畏惧的，那么现在剩下的潜在危险便只有皇宫之内了。

这个潜在的危险是什么呢？便是自己的那些哥哥姐姐们。因为这些公子哥在咸阳的势力也算不小，和很多大臣也走得比较近，这便使得胡亥对他们起了杀心。

于是，在赵高和胡亥的统一策划下，二人弄了个"欲加之罪"将十二个皇子以及和他们有关系的官员统统诛杀，甚至连自己的姐姐妹妹都没有放过，整个皇宫在那一天被鲜血所染红。

那这个"欲加之罪"到底是什么罪呢？

给你举个例子你就知道了。有一个皇子名叫将闾，也在秦二世必杀名单之中，当把这个将闾囚禁以后，将闾便问前来杀他的官员："我犯了什么罪？你们为什么要这样做？"

官员说："你根本就没有个大臣的样子，所以罪该当诛！"

将闾反驳："这是什么话？宫廷的礼仪方面，我从来没敢不服从司仪的指挥；对于比我官职大的，我从来不敢因为自己的皇子身份而有任何的骄纵；回答陛下的问题，我必须要思前想后才敢开口，言语之间从来没有过任何错误，怎么我就没有大臣的样子了？我希望知道自己为什么会死，起码我也能瞑目啊！"

官员冷笑，指了指上面道："你和我说这些都没有用，我只是遵从上面的意思来办，这个上面是谁？你应该懂。"

话毕，将闾看着那个所谓的"天"怒吼："天啊！我根本没有罪！我根本没想过要任何东西！"说完便自杀了。

由此可见，胡亥残暴到了什么程度。

杀尽一切自认为对自己有威胁的人以后，胡亥开始了他的"二世"人生。

大家还记得之前秦始皇修建的豪华"别墅"阿房宫吧？那个宫殿虽然大致已经完成，但是还有很多细化工程没有完毕。

基于此，胡亥打算再次"重建"这个宫殿，将阿房宫修建成天上地下第一宫。

为了修建此宫殿，胡亥征调五万锐士驻守此地来看管那些从天下征调来的徭役。

秦始皇那时候，国家政策虽然苛刻，但是起码会负责这些徭役的口粮，并且干一段时间就让他们回去，然后换另一批人上来。

可胡亥呢？他的做法简直就是骇人听闻。

胡亥认为，现在天下全都是自己的囊中之物，没有任何人能对自己造成威胁，哪怕自己让百姓去死，他们都不会有任何的反抗。

因此，胡亥令前来修缮阿房宫的徭役们自带口粮，口粮如果吃完了国家不管。

而那些驻守阿房宫的大兵们肯定不能让他们自带口粮，但他们的食物也不会从国库来拿。

那怎么办呢？胡亥便命令咸阳附近三百里内所有百姓为这些大兵准备豆

类、谷物和给马吃的饲料，并且规定，一直到阿房宫修完，这三百里内的百姓都不能以此类食物为口粮，只要抓到谁敢私自窝藏的，直接诛族。

在这种残酷的压迫下，百官和百姓人人自危，很多人的心里都开始躁动起来。

照此继续发展下去，整个天下过不了多久便会大乱！李斯和一干大臣自然看出了秦国所潜藏的巨大危机，于是他们组团前去求见胡亥，请求胡亥取消这种苛刻的制度。

然而没有用，胡亥根本不理他们。

结果，有人起义了。

02

大风起兮云飞扬

2.1　王侯将相，宁有种乎！

公元前209年七月的某一天，屯长陈胜和吴广领着九百百姓前去渔阳驻守边境。

然而，当他们走到大泽乡（今安徽省宿县西南）附近的时候，突然天降大雨，导致道路不通，使得这些人滞留于此。

按照秦国的法律，国家大事误了时间是要斩首的。

于是，在这种情况下，陈胜找到了吴广，并和他道："兄弟，如今因为大雨你我误了期限，我们到了渔阳是死，不到也是死。如此，还不如造一把反，也不算咱爷们白活一回！"

陈胜，字涉，阳城人，他家境贫苦，帮别人做苦工养活自己。但志向并不低，总想有一番作为。

曾经有一次，他和别人一起被雇佣耕田，中间休息的时候，陈胜和这些被雇佣的苦力在一起聊天。

大概是聊兴奋了，陈胜直接站起来和大伙吼道："各位！苟富贵，勿相忘！"

听了这话，身边的那些人都哈哈大笑道："你一个被雇佣的苦寒雇佣工有什么前途？还富贵呢，你能养活自己就算天大的幸事了，哈哈哈。"

听了那人的话，陈胜气愤地道："哼！燕雀安知鸿鹄之志哉！"话毕，转身便走。

而如今，陈胜成为鸿鹄的机会来了。

听了陈胜的话，吴广沉默良久，陈胜则继续道："兄弟！你有什么好犹豫的？天下人受苦于暴秦统治太久了。我听说二世皇帝是始皇帝的少子，根本没有资格继承皇位，应该继承皇位的是公子扶苏，然而最后却莫名其妙地死了。这些百姓都知道扶苏贤能，但却不知道他已经死了。而项燕身为原楚国将军，曾经力敌秦国劲旅，挫败嚣张的李信，其威望在楚地无人能比。他现在虽然已经死了，但还是有很多人都不知道。如果现在我们假冒这二人的名义来反对秦朝的暴政，我相信一定会有很多人来响应我们！"（注：楚国有四大氏族，项氏为其中之一，项燕正是战国晚期楚国项氏的族长，也是当时楚国的第一大将，在楚国有很高的威望）

吴广又想了一会儿，终于答应了陈胜的提议。

于是，此二人便打算利用鬼神的威望来达成自己的目的，毕竟那时候人们对于鬼神的信奉程度根本是现代人无法想象的。

陈胜将自己的谋划分成了三步。

第一步，陈胜将一张写上了"陈胜王"的布条塞进了鱼腹之中，让自己的心腹在吃鱼的时候"无意间"发现此布条，并在众人之中大肆宣扬。

第二步，命吴广藏到驻地树丛的神祠之中，在深更半夜的时候学着狐狸的声音怪叫道："大楚兴，陈胜王。"

因为吴广学的声音实在太过瘆人，导致当天夜里的人都没睡着。大家都在讨论着陈胜的事儿。

第三步，也是最后一步，那便是利用吴广来激怒所有人，以此一锤定音！

那吴广一向善解人意，很多戍卒（守兵）都愿意为他效死命，所以陈胜利用他在戍卒酒过三巡以后当着将尉（这里的将尉泛指官方派来监视九百戍卒的人，人数根据戍卒人数各不等）的面怂恿大家逃跑，借以激怒将尉。

果然，那个将尉听了吴广的言语非常愤怒，直接抽出了马鞭对吴广进行殴打。

下面的戍卒看着此种情况恨得牙痒痒，可由于秦法之严酷，这些愤怒并没能代替理智，所以戍卒还是忍了下来。

可就当将尉抽出宝剑要弄死吴广的时候，吴广突然奋起。

他在将尉还没反应过来的时候一把夺过了那将尉手中的宝剑，并反手一击，将此将尉击杀。

剩下的两名将尉一愣，抽出宝剑就要击杀吴广。

这时，陈胜趁势冲了上来，与吴广合力杀死了剩下的两名将尉。

杀掉了三人之后，全身是血的陈胜趁机大吼："兄弟们！我们本次前往渔阳守边，不幸遇到了大雨阻道而延误了时辰。你们都知道，秦国酷法，凡是延误国家之事全都要被斩首！你们甘愿就这样死吗？"

也许是情况太突然，大家没反应过来；也许是惧怕秦国的酷法；也许是大家认为秦国会饶他们命，这些被征调的戍卒并没有回应陈胜。

陈胜进而继续道："我知道你们还抱着侥幸的心思，可你们要知道，那些前去戍边的人十分艰苦，就算没有什么罪名，最后死的人也是十之六七。再说你们什么时候听说秦国饶恕了犯法的人呢？秦国的法度不容情啊！所以你们不要再有那些天真的想法了。兄弟们！我们都是七尺男儿，我们就是死也要死得惊天动地！况且，王侯将相，宁有种乎！凭什么我们就不能拼出个诸侯王啥的？"

陈胜真是一个完美的演说家，在他的煽动下，这些戍卒被忽悠得热血沸腾，全都嗷嗷喊着："王侯将相，宁有种乎！"

于是，陈胜便冒称这支队伍是公子扶苏和项燕领导的队伍。他们露出右臂，号称"张楚"（一说"大楚"），并修建祭坛，祭祀天地，用被杀的三个将尉的头来充当祭品。

而陈胜自立为将军，吴广为都尉，毫不停留，直接以突袭的方式攻陷了大泽乡，然后在此地招兵买马，趁着秦政府还未得到消息的时候以迅雷不及掩耳之势攻拔蕲邑，之后派葛婴前去攻打蕲邑以东地区，自己则亲率大军一路西行，连下铚、酂、苦、柘、谯。且每攻下一地便尽收其地的勇壮青年。

等他们一路打到陈邑（今河南省周口市淮阳区）的时候，已经有兵车六七百乘，骑兵千余，士卒数万之众。

当时陈邑郡守和县令全都已经落跑（一说本来就没有郡守和县令），独留守丞于此。

那守丞也是个汉子，不惧陈胜之众，死守陈邑，可最后因为寡不敌众，陈邑终于陷落，英勇的守丞也被陈胜枭首。

陈邑乃是春秋时期的陈国，后来战国末期又成为楚国的都城。其规模到现在还依然有所保留。

陈胜见此地城郭坚固，还有现成的宫殿居住，便有了称王的想法，正逢此地三老和乡绅们全都来找陈胜溜须拍马，希望他能在此地称王，建立新的朝代。

而当时很多有能力的人都在陈邑避祸，其中张耳和陈馀二人就十分反对这项建议。

2.2　四面出击

张耳，魏国大梁人，他年轻的时候曾经是豪侠公子魏无忌的门客，后来因为丢掉了自己的户籍而隐姓埋名流浪到外黄。

那外黄有一有钱人家的女儿长得非常漂亮，可因为这家是商人，所以在社会上的地位非常低，为了提升自己的地位，便将自己的女儿嫁给了一个小官的儿子。

可无奈这小官的儿子是个脑瘫，所以如花似玉的小美女便偷偷逃离了丈夫家，跑到当初父亲手下的家里面躲藏。

这人与张耳有些私交，知道张耳是一个很有才能的人，便和小美女道："如果你一定要嫁给一个有才能的人，那就嫁给张耳吧，他现在虽说落魄，可有一天定会一飞冲天。"

于是，这个小美女断绝了与前夫家的关系，嫁给了张耳。

因此，这个女子的娘家出血本资助张耳，帮助张耳贿赂魏国的高官，再加上张耳个人的才能也确实优秀，便在外黄做了县令。

值得一提的是，这个张耳和平民时的刘邦也有交集，并且据说关系还不错。

陈馀也是大梁人，从小便爱好儒学，和张耳意气相投，遂结为生死之交。因为二人都是魏国名士，所以秦始皇在灭魏以后曾经出五百金悬赏捉拿二人。

二人因此改名换姓，到陈地充当地位低贱的守门小卒。

曾经有一次，一名里中小吏认为陈馀犯了过错，抄起鞭子就要打他，陈餘也是个暴脾气，直接就要抵抗，幸得此时张耳就在身边，暗中踩住了陈餘的脚，并不停对其使眼色，陈餘这才忍住没有动手。

等到里中小吏打爽走掉以后，张耳非但没有安慰陈餘，反而一把抓住陈餘的领子，恶狠狠地道："当初我是怎么对你说的？咱们俩的志向是什么？如今你为了一点小小的侮辱就想和一个小吏拼命而暴露身份，你的智商呢？"

陈餘听罢吓得一个激灵，赶紧和张耳道歉。

就这样，二人安安稳稳地度过了几年。

终于，陈胜起义攻陷了陈邑之后，二人通报姓名投奔了陈胜。

陈胜、吴广等人素闻张耳和陈餘的贤名，赶紧将二人请入宫中，正好赶上陈邑的三老等土豪前来拜会，撺掇陈胜称王。于是陈胜遂问张耳和陈餘的看法。

张耳直接拒绝道："将军您英勇仁义，将自己的生死置之度外而为天下的百姓除害，天下的人之所以跟着将军，就是因为您的贤德。可现在刚刚起义没多久您便自立称王，这无异于在天下人面前暴露自己的野心，展露自己的私心，所以，我认为您现在不宜称王。"

听了这话，陈胜沉默，陈餘又站出来道："所以说现在根本不是称王的时候。将军所要做的是赶紧带领部队西进，派人立六国后裔称王复国，为自己树立党羽（挡箭牌）。这样的话，不用打仗就能消灭暴秦，您便可常驻咸阳来向天下发号施令，到时候天下谁敢不从？可若您现在就在陈邑称王，那么天下人就会对您离心离德，更可怕的是，秦国大军一定会以您为主要击点进行军事打击。"

张耳和陈餘这些话说得实在是太有道理，并且满满的腹黑。大家可以仔细想一想，陈胜举天下大义除暴秦，并立六国后裔为王，那样的话，秦朝首先攻打的一定是这些立王的人，陈胜便可坐海观鹬蚌，以收渔翁之利。

这可谓当时最好的出路。可陈胜呢？说来说去也只是一介匹夫，稍微有点儿成就便想要身份和地位。

他直接否定了二人的建议，自立为楚王，并将陈邑立为国都。

成为楚王以后，陈胜打算按照自己的想法继续侵占秦朝的土地，便开始整军备战，打算和秦朝玩儿一把大的。遂命武臣为将军，北上攻打赵地；命假王吴广向西攻打荥阳；令邓宗向南攻打九江；令周市向北攻打魏地（战国时期魏国的领地）；令周文向西攻打函谷关。

荥阳方面，郡守正是李斯之子李由，其领兵打仗的才能颇为不凡，再加上荥阳从春秋开始便为中原之重镇，也是秦三川郡治所在，所以城高墙厚，使得吴广一时无法攻破，双方便陷入了一场长时间的僵持之中。

向南攻九江的邓宗非常顺利，因为楚国零星造反的势力很多，所以邓宗一路收编，使得队伍非常强大，且连战连捷。

向西攻打函谷关的周文更是打得顺风顺水，他一路攻城略地，边打边收编。等打到函谷关的时候已经有兵车千辆，士卒数十万（别管质量好坏，起码人数够吓人的了）。

向北攻打魏地的周市更加顺利，没过多久便平定了整个魏地。

而平定魏地以后，陈胜便想立周市为魏王。周市却写信拒绝道："我感激大王的知遇之恩，您的心意我十分明白，可天下大乱的时候方能看出忠臣气节。现在天下全都背叛了秦国，照理应立魏国后裔才是正义，怎么能找我一个外姓来充当魏王呢？我希望大王能让魏咎来魏地充当魏王，这也算是了了我一番心愿。"（注：魏咎是纯正血统的魏国公子，号宁陵君，秦国灭魏之后才被贬为的庶人）

然而陈胜并不买账，依然想要立周市为魏王。可是周市好像是王八吃秤砣铁了心，就是要魏咎前来魏国当魏王，和陈胜竟然相互拒绝了五个来回。

最后陈胜到底耗不过周市，只能勉勉强强地封魏咎为魏王。

最后让我们来详细地说一下向北攻击赵地的武臣军吧，因为张耳和陈馀见自己之前的建议不得陈胜运用，所以不想继续在陈胜身边逗留，遂决意和武臣一起前去赵地发展，因为赵地是所有地盘中好处最大的，如果将此地拿下，不但可以得到勇猛的赵兵（注：赵国百姓的尚武精神在战国可以说是数一数二的，特别是靠近边塞的赵国百姓更是勇猛，著名的胡刀骑士就是出在赵国），更能得到优质的代马。

于是便和陈胜道："大王，我二人曾经在赵国待了很长一段时间，那里的土豪和我们的关系都非常牢靠。所以，我二人请求协助武臣将军一起出兵赵国，希望得到大王的允许。"

陈胜当时也没想那么多，觉得张耳和陈馀说得很有道理，便命二人为武臣的左右校尉，并领兵三千前往赵国协助武臣。

于是，武臣大军在张耳和陈馀的协助下打得非常顺利，不久便渡过黄河，打到了河北各县，并且一边打一边让张耳和陈馀忽悠各县豪杰。

张耳和陈馀也真是厉害，在路过的郡县振臂高呼："各位！秦国施行的暴政残酷无情，他们在北边修筑长城，在南边增加兵役，还永无休止地征集百姓修建阿房宫，天下被暴秦搞得内忧外患、民不聊生。现在，陈王高举义旗，想要推翻暴政，天下百姓纷纷响应！秦国的那些郡守、郡尉被诛杀殆尽。在这种形势下如果还不能有效利用而封侯富贵的人就不是个爷们！"

在二人的怂恿下，各县的豪杰们全都跟着武臣的大军，没过多久士兵的规模便蹿升到数万之众。

而武臣也在张耳和陈馀的建议下自封为武信君，一路破关斩将，连下十余座城邑。

战事虽然顺利，可赵地依然有三十余座城邑顽强抵抗，誓不投降。

那赵人勇猛，武臣一时之间很难攻下，便有了绕过这些地方的想法。

就在此时，一名为蒯通（原名蒯彻，因为姓名和刘彻犯冲，所以史家将其改名为蒯通）的人却来投靠了武臣。

武臣正在烦恼之时，当然不见。

然而传令的士兵听了这话却突然一愣，然后继续道："将，将军，那个蒯通跟我说他料定您现在心情不好一定不会见他，所以让我和您说，他要送一份大礼给您，一共有三十来座城邑。"

"什么？"

一听这话，武臣一下站了起来，然后严肃道："快请！不，还是我亲自去迎接吧。"（注：蒯通，这个人大家一定要记住了，这是一个超级谋士，一个可以和张良、陈平媲美的能人。）

就这样，蒯通被武臣恭恭敬敬地请到了营中。

进了中军大帐，双方入座，武臣乐呵呵地道："那个，先生，您说的礼物……"

蒯通呵呵一笑："将军，知道范阳县令徐公吗？"

听到此人，武臣脸色有些愠怒："当然知道，这也是反对我们楚军的赵地鹰派代表之一。"

蒯通继续道："我之前拜见过徐公，并对他说'我是范阳的百姓，我恐怕您马上就要死无葬身之地了，所以此次来给您吊丧。尽管如此呢，我又祝贺您能因为得到我蒯通而获得新的出路，非但如此，恐怕您还会飞黄腾达呢'。

"那徐公一听这话，忙问我为什么要给他吊丧。

"我说：'秦朝法律严酷，您做县令已经十来年了，杀死别人的父亲，使别人成了孤儿，您还砍去别人儿子的脚，对其施以黥刑（在脸上刺"罪人"二字）。所以，因您而受害的人实在是太多了。那些慈父和孝子们之所以不将匕首插到您的身上，那是因为秦国法律的严酷。可如今天下大乱，楚军还将您设为重点打击目标，在楚军的压力之下，我相信那些百姓们再也不会害怕您和秦国的法律了。到时候，在楚军进攻的同时，他们都会争先恐后地将匕首插到您的身上，您说您那时候不就是死无葬身之地了吗？所以我先提前来给您吊丧，省得到时候连一个给您收尸的人都没有。'

"那徐公听了我这话沉默良久，后来又问我为什么得到我之后便能富贵。

"我是这样说的：'因为我现在就要去见武臣，并对他说攻城为下，攻心为上。到时候武臣一定会问我为什么这样说。我就会告诉他：现在徐公之所以反抗得厉害，那是因为投降之后不但有生命危险，并且还得不到富贵。如果武信君肯用豪华的阵容来迎接徐公，使他富贵的话，那么徐公一定会投降于您。而徐公这样的鹰派代表都向您投降并得到富贵了，那么其他城邑的守将也一定会争先恐后地前来投降。'

"'说了这话，我相信他（武臣）一定会隆重而又诚恳地去迎接您，您以后也会得到富贵。所以我才说您遇到了我就有生路了。'

"于是我来找您了，并且我敢保证，一旦徐公投降，其余那三十多个抵抗分子定然会争先恐后地前来投降。"

听了蒯通这话，武臣别提多高兴了，连连感谢蒯通，然后用一百辆豪华马车和二百骑兵，配以侯印前去迎接徐公。

徐公当然投降了，而事情的结果也和蒯通预料的一模一样，周围三十余座城邑全部投降。赵地在很短的时间便被武臣统一。

那么现在楚军连战连捷，秦政府的土地也在大幅度缩水。在如此的背景下，秦二世胡亥正在干什么呢？呵呵，他还在不停地享乐呢。

2.3　群雄并起

咸阳王宫，伴随着优美的音乐，秦二世正在龙椅上惬意地欣赏着台下美女的舞蹈。

可就在秦二世兴致正高之时，突然传来了匆匆的跑步声，紧接着，"报——"一名满身灰尘的传令兵匆匆跑进了王宫大殿。那些正扭动着水蛇腰的舞女们被吓得纷纷向一旁让开。

秦二世大怒道："放肆！是有什么天大的事情让你胆敢如此坏朕的兴致！你不想活了？"

传令兵赶紧道："陛下！大事不好了！庶民陈胜起义于大泽乡！一路攻城略地，在陈地自立为楚王。现在天下各处城邑纷纷响应，如果再不出对策，到时候恐怕为时已晚！"

这大实话说完，秦二世怒不可遏道："放肆！前一段时间李斯那帮老头子就在我面前不停地说什么反贼反贼的。我大秦现在天下太平，哪里有什么反贼？还不是你们这些唯恐天下不乱的狗东西来颠倒黑白，愣是把一点儿盗贼说成规模宏大的反贼！你等居心何在？来人！给我将这不知死活的狗东西拉到监狱里治罪，过几日就给我弄死！你们！还看什么？还不给我跳舞！"

话毕，这些舞女们一个哆嗦，赶紧继续跳舞。

可秦二世嘴上说没有反贼，实则心里也是有一些忐忑了。因为到现在为止已经有两批人都说了现在天下的不安定。

于是，秦二世又派了一批使者向东探听天下大事。

没过多久，这名使者也回来了，秦二世问天下现在到底是个什么形势。这使者哪里还敢说什么天下大乱，赶紧道："大王勿忧，现在天下太平，哪里有什么反叛军，不过是一些盗贼占山为王罢了，现在各地的郡守和郡尉已经将他们全部拿获，请大王不必担心。"

秦二世一听这话才放下心来安心享受，并赏赐了这名使者很多金银。而这名使者呢？当日便携家带口地逃出了咸阳，从此隐姓埋名，过上了富家翁的生活。

现在，再让我们看看天下的局势吧，除了陈胜的大军以外，天下还有很多势力好像多点开花一样纷纷崛起，这其中需要重点提及的便有三股，分别是田儋、项梁以及刘邦。

田儋，狄县人（今山东省高青县东南），和他的堂弟田荣、田横号称"齐地三雄"，都是当世豪杰。他们在齐地宗室强大，非常有人望。

当时周市的军队攻下魏地以后打算继续向东发展，便将矛头指向了狄县一带。

因为狄县处于齐地边缘，所以周市便打算以此地为据点拿下整个齐地。

但好巧不巧遇上了"齐地三雄"，这三人可不是盖的，他们带领着狄县的老百姓协助县令打退了周市一波又一波的攻势。

最后，周市一看齐地的百姓如此难啃，便后撤几十里，打算日后再攻。

可这一次的胜利却勾起了田儋的野心："凭什么陈胜这等血脉低劣的东西都能称王，而我却要做一个平头百姓呢？"

抱着这种心思，田儋也有了称王于齐的野心。

可要想在齐地称王，必须先将现在狄县的县令弄死才能以此为根据地招兵买马，要不然说什么都是虚的。

于是，田儋假装要杀死他的家奴，并带着年轻力壮的手下前来拜见狄县县令，求他为自己做主。

因为之前受过"三雄"的大恩，所以县令对田儋没有丝毫防范，亲自出门迎接，要给田儋做主。

可这一下非但没能给田儋做主，反倒是让田儋给"做"了。

那些官差畏惧"三雄"的威名，哪里敢有丝毫反抗，直接便缴械投降了。

杀掉县令以后，田儋领着这些已经投降的官兵们直奔狄县闹市，并在此地筑建高台，敲锣打鼓，以此来聚集此地的百姓。

见百姓齐聚于此，田儋大吼："各位乡亲父老！现在天下大乱，各路诸侯全都在此时自立为王。而我齐国乃是古代分封的国家（这哥们没好意思说是周王室分封的）！我田儋也是齐国王室的直系族人，我应该称王齐地，将齐地复国，带领各位打出一片新的天地！"

话毕，下面的百姓们呜嗷喊叫着效忠田儋。

于是，在当天夜里，田儋率领着狄县的百姓们突袭了周市的军队。

兵不在多而在精，当初吴起凭借几万武卒数次以少击多，这都不是什么秘密了，而张楚的军队除了向北侵略赵地的武臣军以外，其他的基本都是民兵之流，所以被突袭时军中大乱，这些"民兵"四散奔走，还没等田儋军杀多少人，自己便踩死无数友军。

如此，田儋非常轻松便击退了周市的军队，使自己的威名遍布齐地。

而田儋也深知"兵贵神速"之理，他趁着大胜的气势一路向东，齐地郡县的那些郡守县令们一听是田儋来攻，无不闻风而逃，而齐地的百姓们也乐于帮助田儋。

如此，田儋不费吹灰之力便收复了齐地。

我们再看南边的项梁起义。

项梁，乃是当初楚中大将项燕之子，为人豪爽，文武双全，人脉也非常的广。在楚国灭亡以后，项梁被秦国抓获，本来秦国打算杀死他，可项梁人脉很广，写信给主管牢狱的司马欣求情才免除了一劫。

但这人也不是什么让人省心的人，没过多久便不知因为什么原因在本地杀了人。

秦法严酷，项梁也不好再求司马欣办事儿，便领着自己的大侄子项籍逃亡会稽郡避祸。

因为会稽士大夫们的才能皆不如项梁，所以每当有什么大型活动或者丧事全都请项梁来主持。那项梁也是来者不拒，借以结交各路好汉，并且在主持活动的时候暗用兵法排列，借此来选拔有将才的人，留着以后对秦朝发难时用。

值得一提的是，当初秦始皇到会稽来为自己歌功颂德的时候，被项梁和大侄子项籍所见。

当时整个道路上的百姓全都对秦始皇跪拜，连头都不敢抬。只有项梁偷偷将脑袋抬了起来，想要看看秦始皇究竟是个什么模样。

可他不抬头还好，一抬头差点儿把胆都给吓破了。只见自己的大侄子项籍非但没跪，反而面露轻蔑地道："哼，就他，我早晚取而代之！"

项梁赶紧将年幼的项籍按到地上，愤愤地道："你这莽子！知不知道被发现我们会被灭族哩！"

而项籍呢，只是在那儿嘿嘿傻笑，眼中一点儿惧色都没有。

从这时候开始，项梁便着重培养项籍，因为他觉得这小子很有些王霸之气。

但这项籍却一点儿都不让人省心，项梁教他看书识字，这小子只学了几天就将笔一扔，不学了；给他请了师傅教他学习剑术，这小子同样没学几天就将剑扔了，不学了！

项梁因此大怒，指着项籍的鼻子就骂："臭小子！你如此没有恒心将来能成什么事？还取而代之，你别做梦了！"

本以为项籍会乖乖认错，可没想到这小子却不屑地道："我说叔父，您就别在这和我啰唆了，写字只能认个名字，而剑术只能对抗一个人，这些东西什么用没有，你让我学这些干吗啊？"

听了这话，项梁都被气笑了："嚯，你小子还会讲大道理了，那我问问你，你想学什么？"

说到这，项籍的表情突然一肃，道："叔父，我项籍要学就学万人敌的本事！"

这话一说，项梁脑袋"嗡"的一声，感觉项家确实捡到宝了，遂决定教项籍兵法。

可项籍呢？学了两天又不学了。

项梁怒骂："你为什么又不学了？"

项籍又是那副死德行："没有用没有用，什么绕来绕去知己知彼的，这都没有用，只有强大的进攻才是最好的防守！"

项梁被项籍这种态度气得手直哆嗦，说："你，你，我不管你了！你以后随便吧！"说完转身便走了。

自此以后，项梁真的就不管项籍了。可让人没想到的是，这项籍长大以后身高八尺二寸，力大无穷，竟能将大鼎举起，且脾气暴躁无比，是那种能动手绝不动嘴的典型代表。

会稽的那些小青年们全都对项籍畏惧如虎，项梁也惊叹于项籍的武力，便又对他重点关注。

项籍，字羽，因为大家全都习惯叫他项羽，所以咱们以后也这么叫吧。

几年以后，陈胜在大泽乡起义，于四方出兵，少有敌手。于是起义的浪潮呈多点开花之势冲击全国。等了多年的项梁也起了小心思，便想要起兵造反，准备先杀郡守，之后再以会稽为根据地四面出击。

然而就在项梁准备动手的时候，会稽郡守殷通却突然派人来叫项梁前去府中会面。

项梁的心腹们大惊，以为事情败露，撺掇项梁立即反扑。

只有项梁非常淡定，他认为现在自己已经组织完毕，一旦发难根本就不是郡守能抵挡的，所以郡守要治他只能采取用大兵对其党羽进行一锅端的政策。

可现在郡守没用这办法，那就一定是另有他事。

于是，项梁大摇大摆便前去郡守府。

相互拜礼之后，项梁入座，殷通单刀直入，说道："项梁啊，现在大江以西的地方全都反了，这是上天要灭亡秦朝的节奏啊，所以先下手主动，后下手遭殃。然后呢，先生您是项燕将军的直系血脉，只要有您在军中，南方那些百姓肯定会纷纷响应的，您看看这个……"

哦，讲到这项梁明白了，整了半天是这殷通想要谋反，因为自己的血脉才想要拉上自己的。

想到这儿，项梁心中冷笑，然后拍着胸脯对殷通说："没问题！郡守一句话我项梁必定肝脑涂地！可咱们起事不仅需要兵，还需要人才啊。那吴地有一奇士名叫桓楚，精通百家所长，且算无遗策，如果能将他召来，我军定可无往而不利。"

"哦？那桓楚现在藏身于何处呢？"

"哈哈，这就不是我所能知道的了，只有我侄儿项羽知道他现在藏身何处，郡守大人稍等片刻，我即刻就找他过来。"

不一会儿，项梁果然领着项羽前来拜见，并在来的路上对项羽说明，只要他使一个眼色，就立即斩杀殷通。

那殷通看到威猛的项羽也非常喜欢，直接便问："哈哈，项羽啊，你叔父说你知道……项羽你要干什么？"

那殷通还没说完，项羽拔出宝剑一挥，殷通人头落地。

然后只见项羽淡定地将殷通的人头一脚踹开，并将郡守大印交到项梁手中。

而这时，那些发愣的士兵们也反应过来，只见一名士兵怒吼道："来人啊！郡守被项羽杀了！"

喊完，就听外面一阵喧闹，然后呼啦啦地跑进来好几百士兵，项羽一声狞笑，抽出宝剑直冲人群。

噗！噗噗噗噗！那项羽力大无穷，一剑一人头，剑后不留痕，他所过之处人头好像下雨一般在空中飞舞。

最开始，这些士兵还不断拥向项羽，可伴随着一个又一个死在项羽剑下的亡魂，这些士兵渐渐开始惧怕，而当项羽杀了上百人以后，这些士兵全都吓得站在原地不敢动弹。

此时的项羽全身是血，面色狰狞，人体内的器官挂得他满身都是，周围的尸体堆成了小山一般。

看着周围吓得不敢再上的士兵，项羽怒吼一声："再来！"

这一声怒吼如同旱地惊雷，将整个郡守府的下人都震得一激灵。

而那些围住项羽的官兵则被这一声吼吓得趴在地上哆嗦，一动都不敢动。

"哈哈哈哈！"

伴随着猖狂的笑声，项羽和项梁就这么走出了郡守府。

接下来，项梁于会稽造反，领着八千心腹精锐四面出击，没过多久便拿下了整个吴中。

之后，刘邦方面！

2.4　刘邦的发迹史

刘邦，沛县丰邑（今江苏省丰县）中阳里……

一只手突然在我的肩膀上拍了拍，我猛一回头，一个一身黑红龙袍的男子站在了我的身后。

嗬！这男子长得真叫个漂亮，高鼻梁，龙眉，胡须更是帅。

这男子冲我笑了笑道："小崽子，我就不需要你介绍了，接下来该我向你介绍了。"

我惊异地看着这名男子，结结巴巴地道："刘、刘、刘……"

那名男子不屑地道："刘什么刘，走吧！"

他一挥手，场景又是一变，我和这名男子又回到了之前的皇宫之中，可周围的兵马俑全都不见了，只剩下我和他在这空旷的皇宫之中。

这名男子道："介绍一下吧，我叫刘……"

我插嘴："我知道您叫刘邦，我可崇拜您了，快说说您的出身吧。"

刘邦呵呵一笑，道："说到我的出身啊，那可神奇了，想当初我母亲在湖边休息，突然出现一条……"

我插嘴："哥，哦不，陛下，您就别拿这事儿来糊弄我们这些现代人了，俺们不吃这一套，您赶紧说正事儿吧。"

刘邦："……好吧，想当初我起兵那会儿可传奇了，我领着……"

我插嘴："陛下，您先等会儿，我们都对您在这之前的事迹很感兴趣，大家都说您是沛县附近的黑社会头目，那时候您是怎么混的？您能从那时候开始讲吗？"

刘邦冷冷地看了看我道："刚才我偶像说你插嘴这事儿很招人厌，我还没当回事儿，现在我信了。小子，我警告你，以后我说话的时候你要是再插嘴，我就杀了你！别以为我是开玩笑，你别看我外表仁厚，实际上心黑手狠，想当年我还屠过城呢！"

我赶紧点头。

刘邦点了点头继续道："我小的时候多多少少读过一点儿书，所以在本地也算有些学问，我这人天生就有一种魅力，周围的人都愿意跟着我，所以在丰邑这块混得也是不错。我问你，你觉得黑社会都怎么赚钱？"

我想了想，然后道："嗯，我不是黑社会，所以知道得不是很清楚，但我听说以前的黑社会都是通过霸占某行业的市场和收取保护费来挣钱的。"

刘邦嘿嘿一笑："对了，来吧，看看我的朋友们你就明白了。首先是樊哙，他是个屠户，专门屠狗，很赚哦。

"然后是周勃，这小子专门给别人吹箫，你别会错意了，是丧事吹的箫，周围人家有个丧事只敢让他来吹，你懂的。

"然后是卢绾等人，这些人都是我的小弟，至于干什么的，你懂。

"由于这个行当很'暴利'，所以竞争也是不小，帮派相互之间的斗殴也少不了，所以那时候我动不动就要跑路避祸，我的家人都很讨厌我。

"想当初我把人打了个半残，然后躲到我嫂子家里面避祸，结果我刚一进屋嫂子就拿饭勺子狠狠地敲击饭锅，意思就是告诉我这没有我的饭，我一气之下就领着兄弟们走了。

"可等我送走了兄弟们之后憋不过这口气，便突然冲到了嫂子家里，在她措手不及之时直接将她的饭锅掀开，嚯！这一看我差点儿没气疯，你猜怎么着？那饭锅里满满的都是饭。我当时也没有吱声，狠狠地瞪了一眼嫂子后转身便走了。你等我以后不报仇的！

"等避过这次祸以后，我那老父亲不想让我再在外面打打杀杀的，就想让我种田，可我刘邦是何等豪杰，怎么会窝在家里面种田呢？便打死也不从。

"我那老父亲气得直跺脚，指着我就骂：'你个逆子！你一天天什么都不干，就知道混吃等死，你看看你二哥多能干！而你呢？'

"啊啊，老头爱咋骂咋骂，反正我就是不干这破农活。"

我："……真是游手好闲的典范。"

刘邦："之后啊，我家老头实在不想放任我在外面胡闹，就想给我找个营生。于是，他花光了家里所有的积蓄走了个后门（据说是走了萧何的后门），给我找了个泗水亭长的差事。"

我："……"

刘邦："可你还真别说，最后我才发现，这光当流氓不是我个性，黑白通吃才是真的我。自从当了泗水亭长以后，我接触了好多的官员，要不说我的魅力无人能敌呢，当时县令手下的红人萧何（功曹）、曹参（狱吏大队队长）、夏侯婴（县令的司机，驾车技术举世无双）全都和我处得关系很好！而我手下那帮小弟从此也对我更加敬畏，以至于我刘邦成了丰邑人见人躲的狠角色。当初那个总和我作对的雍齿也在我黑白两道的威慑下投了诚了。

"后来我汉朝的史官小班固不是在《汉书》上说了吗，说我到酒店喝酒吃肉从来不拿钱，说是因为老板娘看我相貌奇特魅力非凡。其实那哪是因为我魅力非凡啊，那是因为他们怕我！要不你想想，都是小本生意，谁能免费让人吃喝呢？"

我："……"

刘邦："于是啊，我就这么安定下来了。可有一天，一个老头子突然来到了沛县，并在此安了家，于是我就发迹了。"

我疑惑："这是怎么说的呢？"

刘邦道："这老头儿姓名我就不说了，就按《汉书》中称其为吕公吧。这吕公是一个富豪，和我们沛县的一把手（县令）关系也是非常不错，不知道因为什么事儿得罪了当地的豪强，就携家带口地前来沛中避祸，并且一到这就宣布设宴招待沛中豪杰。

"而沛中这些地方的官人土豪们一听吕公和县令关系不错，便都带上重礼登门拜访，希望能因此讨好县令。

"当然了，有这热闹肯定少不了我啊。你想想，又能讨好县令，又能免费吃一顿大餐，傻子才不去咧！哈哈哈哈。"

我："……怎么着？您去拜访吕公一文钱没带？"

刘邦："带钱？带什么钱？我刘邦一向空手套白狼！"

我："我的天！"

刘邦："你别那表情，虽然我一文钱都没带，但人家吕公还就真看上我了！我还讨了一个如花似玉的大媳妇！"

我："这怎么说呢？"

刘邦："呵呵，怎么说？魅力，魅力呗！我一到吕府，这帮吕府看门的下人竟然和我说只有带一千钱贺礼以上的才能上堂，没钱的全都要坐在堂下！这不是狗眼看人低吗？于是我直接对那下人道：'去！通报你们吕公，给我大声喊出来！就说刘邦贺钱一万！'"

我："您这么大胆就不怕折在吕府？"

刘邦："折？笑话！我刘邦的大名现在沛中谁不知道？谁敢动我，我让他出不了沛中！"

我："……"

刘邦："那吕公一听贺钱一万，立马跑出门来迎接我，这老头儿看到我就是一愣，很明显是被我真龙天子的气魄所震慑，便恭敬地将我请到了堂上右排第一座！怎么样？牛不牛？"

我："你牛了！"

刘邦："哼！我坐在右排第一座，俨然一副主人翁的架势，拿起酒杯和堂上这些官人土豪们推杯换盏，这些人都只能赔笑而已。

"萧何看我在吕府张牙舞爪的实在太过分，就和吕公道：'吕公，刘邦这小子就是个大混子，从来都是说大话少办事，我料想他今日一定没带一万钱来，吕公别急，我现在就将这小子揪出去，不会再让他来打搅您了。'

"嘿嘿，我本以为吕公会将我赶出去呢，可没想到吕公搭理都没搭理萧何，就在那聚精会神地看着我表演，这老家伙这很明显是看上我了。"

刘邦："然而酒足饭饱以后，我正打算起身离去，可没想到吕府的下人突然将我拦住，并且客客气气地让我稍等片刻，说吕公找我有事商议。

"呵呵，我以为是要找我要钱的，也没在意，就坐回原处，跷个二郎腿在那剔牙。我倒是要看看，这个吕公能拿我怎么着。

"可让我没想到的是，等客人都走了以后，吕公却客客气气地将我请到了内室，并和我说道：'公子，我年轻的时候是看面相的，并且相过的人很多，还很准，可我从来没见过谁能有你这等相貌的，这让我非常惊奇，希望你能努力向上，定有作为。'

"呵呵，作为？这我倒是没敢想，能混一天就混一天呗，反正不是找我要贺钱的就行。"

我："……"

刘邦："我哼哈答应着转身就想走，毕竟早点儿走出去早点儿脱身。

"可没想到吕公却在这时候又拉住了我的手，非常真诚地和我道：'公子，我有一个亲生女儿，如果你不嫌弃的话，让她做你打扫房间的小妾，你看怎么样？'

"这可真把我惊到了，这大富豪的女儿还当我小妾？当我妈都行啊。

"于是我'当机立断'，直接就把这大媳妇弄家去了，做了我的正室夫人！

"当时大家都以为吕公这老头疯了，就连他老伴儿都不例外，直接就指着吕公咆哮：'你！你个老不羞，你一天到晚地说阿雉是你的掌上明珠，不是贵人绝对不会让她嫁了，之前县令上门求婚你推托不嫁，如今却将阿雉嫁给一个

臭流氓，你的脑子是不是坏掉了？'

"说实话，就连我都觉得我那老丈人疯了，可真没想到，这老头不但没疯，反而比谁都明白，他直接就对自己老伴儿厉声道：'你一个女人懂什么，给我一边儿待着去！'甚至连解释都没解释，而以后的事实也证明他是对的。

"自从娶了吕雉以后，我那老丈人给了我一拨又一拨的金钱资助，我便用这些钱去结交了更多的豪杰，在沛中的声望也越来越大，这也为以后我能够成功起事打下了良好的基础。"

我感叹："我的天，这也太准了吧，我一直以为看相算命的都是胡说八道的呢。"

刘邦不屑道："这算什么，当初我请假回家去看媳妇碰到的那个算命的才是真的准。

"当时我媳妇正领着两个孩子（以后的汉惠帝和鲁元公主）在田里干活，正好碰到一个老头子路过，求我媳妇给一口水喝。

"你知道的，我媳妇那可是之后的天下之母，气度根本不是我那个嫂子能比得了的，她不但给老头喝了水，还直接安排老头吃了些饭食。

"老头也许是感恩吧，就给我媳妇看了看面相，然后道：'看夫人这面相，以后一定是天下的贵人。'

"我媳妇一听这话，又联想到当初自己父亲所说的，赶紧将我两个孩子也拽了过来让老头看面。

"老头直接和我媳妇道：'夫人以后之所以能富贵，主要是因为这个孩子，而那个女孩儿也会因为你们而富贵。'说完之后吃饱喝足他就走了。

"那个算命的前脚刚走，我后脚来了，媳妇和我叙述了那老头的话，我一想和我那老丈人的预言吻合，这心就开始扑腾腾地狂跳了起来，从这时候开始我才真的有点儿相信我以后会有一番作为，便马上问媳妇：'那个算命的走多长时间了？往哪走的？'

"我媳妇指了指西边：'刚走没多一会儿，你这会儿追还能追上。'

"这还说什么。我撒腿就是狂追一气。最后终于追上了老汉，也不废话，直接问相。

"那老汉看了看我，然后突然一拜，感叹地道：'我说刚才相过的夫人和一对子女怎么会有如此相貌，原来他们都是因为您而富贵啊。先生，您的相貌贵不可言，以后一定是大贵之人，还请保重了。'说完，他也没管我要看相钱，直接就走了。

"而我呢，则是哈哈大笑，直接对着他的背影大喊道：'嘿，看相的，如果以后事情真如您所说，我刘邦一定不会忘记您的恩德，到时候一定重重报答。'

"以后我到底怎么样你也知道，可这个看相的却再也找不到了。"

我："真是神了。"

刘邦："就这样，又过了几年，秦朝的政策却是越来越苛刻，等到秦始皇死后更是苛政猛于虎。

"那时候，秦二世下令，全国各地的人都要自备干粮去修建阿房宫以及骊山陵。而我们沛中的百姓就是负责修建骊山陵的。

"你想想，那时候战国刚刚结束没多长时间，天下百废待兴，那些平头百姓哪来的那么多粮食供秦二世祸害呢？以至于十个徭役去干活没有一个能活着回来的。

"所以，当时出现了非常血腥的一幕，那就是各地方的官员带着徭役前去二地（骊山陵和阿房宫）干活，可在途中老百姓们全都走的走逃的逃，毕竟没人愿意去那边送死。

"最后，秦国却按照他们的酷法斩杀那些送徭役去二地的官员泄愤。

"所以，当时没有一个人想要去送徭役到二地，以至于这活从上到下地推脱，到最后就推到了我们这些官职最小的亭长身上，而我，正是其中之一。"

我："……"

刘邦："那是公元前209年的9月，我押送民夫前往修建骊山陵，可还没出沛中这些民夫就多有逃走，我估算了一下，如果继续这样下去的话，估计都到不了关中这些民夫就得逃跑干净。而到那时候我只有死路一条而已。

"所以，从这时候开始我就打算反了。

"于是，我召集了所有的民夫，对他们吼道：'乡亲们！我刘邦在此地有话要说！现在秦朝严酷苛刻，根本就不给我们这些老百姓一点儿活路，你们到了骊山陵也是个死，我刘邦不忍心看着乡亲父老们被这些秦狗给祸害死，所以我决定了，现在就放你们出逃！而我！放了你们之后也肯定是死路一条，所以，我也要逃走了。现在，愿意跟着我的人到我的身后，咱们以后占山为王也图个逍遥；不愿意跟着我的人就走吧，我刘邦绝不强留！'

"我本以为这些家伙听了我慷慨陈词以后全都会跟着我去闯荡天下，可没承想大部分人都溜了，跟着我的只有十几个人！

"现在事情已经发展至此，我也没什么太好的办法，只能走一步算一步了。

"就这样，我带着这十几号人打算前往芒山和砀山之间的大泽躲藏，可天要绝我，就在我们继续往前走的时候，在前面探路的人却跑回来慌忙地道：'大哥！前面的路过不去了，有一条大白蟒蛇挡在了路中间，咱怎么办？'

"我本来心气就不顺，人我奈何不得，畜生我还收拾不了吗？

"于是我愤怒地道：'我等壮士行走于天地之间，怎么还能怕蛇呢？跟我走！我倒是要看看这蛇有什么能耐！'

"于是，我带着这些小弟前往打蛇。

"我本来想领着小弟们将蛇群殴，可没承想，当我看到这蛇的时候它却懒洋洋地躺在路中间，仔细观察，它的肚子还是鼓着的。

"毕竟我也是读过书的人，一看就知道这蛇是刚刚进过食，此时正是最虚弱的时候，于是我二话不说，在众人惊异的目光中抽出宝剑，直接就给了这大蟒蛇一下子。

"杀死蟒蛇以后大伙对我的崇拜程度简直是瞬间上升，看那样子都能为我去死了。

"看到此情此景我突然心生一计。

"于是我偷偷地将我两个心腹拉到身边，让他们如此如此……

"于是，我带领着'大部队'继续向大泽行进，没走多远就'醉酒'睡着了，我那两个心腹则是一个留在了原地，另一个往丰邑跑了。

"如此，很快到了夜间，之前逃散的老百姓也有很多组成了一个团伙打算前往大泽附近躲藏，而我斩杀白蛇之地正是他们的必由之路。

"可当他们到达此地以后，却看到一个满头白发的老太太抱着一个巨大的蟒蛇尸体痛哭。

"一个老太太大半夜地抱着死蛇痛哭，这情景看着要多瘆人就有多瘆人。

"结果那些后来赶上的百姓都被吓了一大跳，有胆儿大的也是小心翼翼地走到那个'老太太'身边道：'哎，哎！老太太，这大半夜的你抱着个死蛇哭什么哭？'

"那个'老太太'一听这话哭得更凶了，然后一边哭一边扯着公鸭嗓子吼道：'啊！我儿子到底犯了什么错，为什么要被如此残忍地诛杀！'

"那个胆儿大的问：'你的儿子是谁？他又被谁给杀了呀？'

"老太太：'我的儿子是白帝子化身的白蛇，他今天只不过是躺在路中间休息一会儿，就被暴躁的赤帝子给斩杀了，啊！那个赤帝子为什么如此残忍！'

"嘿嘿，那小子听了这话嘴一抽，明显是被惊得够呛，可还是继续问：'那赤帝子是谁啊？'

"这时候'老太太'也不哭了，而是装作浑身颤抖地道：'那，那个赤帝子就是你们所说的刘邦啊。'

"这小子明显有些不信，直接就回去将这'老太太'的原话转达。

"而那些百姓也以为我那手下所装的老太太是在胡说八道，便打算过去揭穿'她'，顺便再给'她'一点儿教训。

"可我看中的心腹当然是八面玲珑之辈，早就趁着夜色的掩护溜走了。

"而这些人一见我手下溜走，以为真的碰上了鬼怪，便鬼哭狼嚎地向前奔逃，最终赶上了我。

"而他们一见到我便是不断地叩头，希望能得到赤帝子的庇护，我当然会满足他们，便将他们收留。

"而这些人在我部队中不停传言赤帝子之事，使得我其他的部众也都相信我是赤帝子转世。哈哈哈哈哈！"

我："……"

刘邦："要不说我那媳妇是我的福星呢，就在这时候她也风风火火地来找我了。我故作惊异地对她道：'媳妇？你怎么会找到我呢？'

"我那媳妇演戏的水平绝对是影后级别的，只见她一本正经地对我道：'夫君难道你不知道吗？难道没人告诉你吗？你所在的地方常年都有赤红之气啊，我顺着这个赤红之气就找到你了。'

"哈哈，看着我这影后级别的媳妇我真想上去抱住她，可我不能啊，并且我还要故作疑惑地问身边的人：'赤红之气？我怎么没看到？你们看到了吗？'

"那些人确实是看不到，不过经过赤帝子事件和我媳妇的一番胡言乱语，他们是百分之百确信了我就是赤帝子。

"并且这消息一传十，十传百，不久，整个沛中的青壮年全都来到了大泽投靠我，我的队伍没过多久便发展到了好几百人。哈哈哈哈！"

我插嘴："真是个大骗子。"

刘邦："你别管什么手段，能成就大事的就是好手段。"

我："是，是，您说得对，是我太狭隘了。"

刘邦："紧接着没过多久，震动天下的陈胜起义便开始了，天下大大小小的反动势力全都开始自立为王，而我们这个沛县县令也想赶一把潮流，响应陈胜的号召。

"可现在沛中那些青壮年大多跑到我这里了，他拿什么响应起义呢？

"就在这时，我那两好兄弟萧何与曹参直接找到了县令，并劝他道：'县令大人，以现在的形势来看，秦国怕是撑不了多久了，我看您还是给自己留一条后路的好。'

"那县令听了萧何的话默默点头，算是认可了萧何的说法。

"我那兄弟一看有戏，便继续说：'然而大人您身为秦朝的官员想要带领沛中的百姓造反怕是没有那么容易，不如派人召回正在大泽躲藏的刘邦，他现在有好几百人的部队，并且恶名在沛中也是无人不晓，有他帮你镇场子，您还怕那些刁民不服从您的号令吗？'

"那县令一听这话有理，便命我的小弟樊哙去找我回来辅助他。

"嘿嘿，其实这一切都是我事先安排好的，我那手下先去找了我媳妇演了一出赤红之气的戏码，然后又找到了萧何，目的是想要等我回来以后逐渐掌握大权，最后架空县令把他给赶出去。

"可没想到的是这个县令倒是不傻，他联想了一下平时萧何、曹参与我的关系，又想到我在沛中的名望和力量，便在我到达沛县以后紧闭城门，拒绝我入内。

"这一下可坏了，我现在手上虽有几百青壮年，可想要攻打县城还是不可能，我那两个兄弟也怕被县令所杀，便连夜翻出城墙逃到了我这里，并给我出了个主意，那便是攻城为下，攻心为上。

"基于此，我命部队中略通文墨的士卒连夜写信，然后将写好的信件绑在箭矢上射进城内。

"信是这样写的：'现在天下已经被秦朝折磨坑害好久了，基本上人人思变，各路反王于四方连战连捷，这实在不是一个小小的沛县能抵抗得了的。现在你们为县令死守沛县，可等到以后那些反王们杀到沛县一定会将你们赶尽杀绝。我刘邦诚心地劝告各位，不如直接杀死县令，然后大家一起选一个可以立为首领的人，以便响应那些反王，这样不但能保证自己的性命，兴许还能混个富贵啥的。'

"呵呵，这信的效果那是格外好，这些百姓也不傻，自然能分清轻重，结果县令就被沛县的百姓给杀了，还开放城门将我迎接入内，沛县里的三老还领着群众一起拥护我为新的沛县县令。

"一切都在按照我的计划进行，我这心里别提多开心了，可我表面上还不能表现得过于开心，我还要装，装作一本正经地拒绝，这样才能显示出我的风度不是？"

我："……"

刘邦："于是我对大家说：'各位乡亲父老，现在正值天下大乱，各地诸侯王全都起兵反秦，如果头领不够英武的话，最后肯定是会一败涂地的。而我刘邦呢？大家都知道，恐怕是能力浅薄不能够胜任，还请各位另选可以胜任的人吧。萧何和曹参就不错嘛，这两个人都是文官，平时对咱们老百姓也是很好的，大家不如选他俩多好。'"

我："陛下，您是不是谦让过头了，如果他俩真的接受了您的建议怎么办？"

刘邦："呵呵，他俩敢！这俩人敢这么干我后脚就扒了他俩的皮！"

我："……"

刘邦："哼，果然，我说了这话以后萧何和曹参把脑袋摇得和拨浪鼓似的，坚决不肯接受这个大任。其实吧，他俩也不是单单畏惧我的龙威，而是被我的魅力所折服，本来就想跟着我去干，想当初萧何的公务考核经常在全郡排名第一，有很多人都想要推荐他往高处走，可这小子却没有答应，就是想留在沛县当他的功曹，他是什么意思？还不是认定我刘邦是人中龙凤，想要一直在我身边？"

刘邦："萧何和曹参拒绝成为首领以后，那些百姓们再次让我当首领，我还是拒绝，可事不过三，当他们第三次提议我当首领以后，我就只能'勉为其难'地答应了，因为我知道不能再装了，再装很有可能就出岔子了！"

我："……"

刘邦："这之后我在沛县自立为沛公，并以此地为根据地招兵买马（三千名青壮年），然后四面出击，势必要在最短的时间内夺得沛中。

"其中曹参和周勃显示出了卓越的统军天赋，而樊哙也非常勇猛，使我军连战连捷，终于在很短的时间内夺取了沛中大部，我总算也有了自己的势力。"

2.5 局势

刘邦："现如今的天下形势是这样的。

"实力自然是张楚陈胜最强，而我只有沛中之地，还是微不足道的，田儋之部身处于旧齐之地，虽然割据一方，但百废待兴，人心不稳，和张楚与秦国亦无法相提并论。

"吴中项梁的势力也仅限于长江下游，尚未渡江而西。

"武臣刚下赵地，正在巩固之中，无暇向南帮助张楚攻秦。

"攻打魏地的周市军自从立魏咎为魏王以后东线攻齐受挫，也没有力量继续西进。

"现在只有周文军，已经有兵车千乘，卒数十万，且已经兵临函谷关，大有一举灭秦之势，而这时候秦二世才知道天下'盗贼'已经呈水火之势，再不阻止就来不及了。"

我问："那这之前秦二世都在干什么？这么长时间您都没提到吴广，他现在干什么呢？还有，周文怎么就能这么顺利地攻城略地呢？秦国的百万雄兵都跑到哪去了？"

刘邦："吴广啊，呵呵，这废物现在还在荥阳和李由坚持呢。"

我："……"

刘邦："先别管他了，就像你之前说的，现在的秦二世还以为天下的那些反王们是盗贼呢，劝谏的大臣也是被杀了一批又一批。

"你知道吗？在当时秦军中为了训练士兵的脚力，发明了一种踢球的训练法，而秦二世竟然以此为游戏，总要去军营观赏，军队俨然成了他的取乐工具。

"基于此，很多大臣都以天下反贼为理由劝谏秦二世不要这么做，秦二世当时脸就变了，就想弄死这些劝谏他的大臣。

"因为通过之前的事情他已经认定天下反王们都是盗贼之流。照这样下去，又要有一群忠心的儒生要被秦二世弄死了。

"幸好这时候出现了一个叔孙通力挽狂澜，才保住了这些大臣们的性命。

"你知道的，我这人最讨厌的就是那些迂腐的书生，甚至还在他们的帽子里撒过尿，就因为他们太过守旧、太过迂腐，一个简简单单的事儿都能让他们弄得极为复杂，要不是有秦始皇的前车之鉴我甚至想坑了他们！

"可这叔孙通绝对不在此列，他是我心中为数不多认同的儒生之一。

"就在秦二世要再次杀人的时候，叔孙通蹿了出来吼道：'你们都胡说八

道什么？'

　　"然后对着秦二世一拜，说：'陛下，您别搭理这些家伙，现在天下合为一家，当年六国那些坚固的城池早已经不见了踪影，甚至兵器都已经销毁殆尽，天下人拿什么造反呢？况且现在我大秦有陛下这等英明神武的君主在位，怎么可能会有人造反呢？这些所谓的反王其实就是一群鸡鸣狗盗之徒罢了，那些郡守郡尉们就足以捕杀殆尽了，有什么可忧虑的呢？陛下不必理会这些危言耸听之人，也不要怪他们，毕竟这些人也不过是担心国家而已。'

　　"呵呵，听了这话，秦二世的火气自然是消减了不少，便饶过了那些劝谏的大臣。并且赏赐了叔孙通帛二十匹，并拜其为博士。

　　"然而等散朝以后，之前那些大臣可都不乐意了。他们将叔孙通团团围住，一个个撸胳膊挽袖子地质问叔孙通：'叔孙通！你身为儒家子弟，为什么如此没有气节，要阿谀奉承秦二世以享富贵，你还配当一个合格的儒生吗？'

　　"你听听你听听，在如此的环境下这些臭酸儒还以为秦朝能力挽狂澜，简直不要太天真！

　　"而叔孙通呢？他直接将这些围住他的儒生们扒拉到一边，像看白痴一样地看着这些人，不屑一顾地道：'你们这些白痴，知不知道，如果今天不是我，你们全都要死无葬身之地，你们死不死的也就算了，别连累我和你们一起死！你们想想，凭秦二世的德行，咱们儒生将他得罪了，其他在场的儒生能好得了？'说完便转身而去了。

　　"之后，这叔孙通便带着自己的学生们离开了秦朝，逃往薛县去了。

　　"看没看到，这才是真正的读书人，这才是真正的儒生，因为他明时势，懂得变通。

　　"然而打这以后再也没人敢说一丁点儿的天下形势，一直到周文打到了函谷关，秦二世才真正地惊醒。

　　"那么秦朝的那些士兵都到哪里去了呢？

　　"之前我偶像也对你说过了，三十万在北方守边，防止三胡、匈奴、大月氏等游牧民族，还有三十万一直驻扎在秦始皇时期吞并的南方一带。

"可如今天下大乱，秦二世又是如此不作为，早就寒了天下民心、军心。

"所以，南方那三十万兵直接就在南方不回去了，自成为一股新的势力，而北方驻守边境的大部分秦兵也在武臣自立为赵王以后投奔了赵国、燕国和其他的势力，剩下的就只有王离所率领的十余万精锐。

"所以现在的秦朝除了关中那仅剩下的一点儿士兵以外根本无兵可派。

"所以，当秦二世听说好几十万大军来到函谷关以后直接慌了。"

我："那秦朝不是危险了吗？"

刘邦："危险确实是危险了，不过还是有人将秦朝给拯救了，但在说这事儿之前啊，有一件事情我还是要插着说，那就是在北方，一个游牧民族崛起了，这我就不说了，你自己看吧。"

刘邦手一挥，我身边的场景再次变换。

2.6 天之子挛鞮冒顿

茫茫草原，北风萧萧，一个个部落于北方林立，在那里有成片成片的羊群，可让人惊异的是，每个羊群都只有一个骑马的汉子来管理。

最早之前（夏商时期），北方只有狄戎等派系，但经过数千年的演变（至周时期），这些大型派系分出了好多支派（也有很多中原民族迁徙至边塞形成新的部落）。

如今，又经过了千年的演变，现在的边塞只剩下三支比较强盛的派系，他们分别是东胡、大月氏和匈奴。

夜已深，大月氏部落群中，一个叫冒顿（冒顿，挛鞮氏，全名是挛鞮冒顿，但大家都习惯于称其为冒顿，所以以后文章也就这样称呼了）的年轻人夺取了一匹战马匆匆逃回匈奴，这年轻人的眼中是无尽的冷酷与无情。

匈奴，这个超级强悍的游牧民族自从被秦帝国打得向北迁徙以后一度变成三大派系中最弱的，但自从陈胜起义以后，中原大乱，曾经守边的那些秦国大兵们也走的走逃的逃，投奔其他势力的投奔其他势力，边塞已经非常脆弱了。

于是匈奴压力大减，慢慢地渡过黄河，将原来的地盘一点儿一点儿收了回来。

当时的匈奴单于名叫头曼，并且有个非常有能力的孤涂（匈奴语中太子的意思），名叫冒顿。

然而后来，冒顿的母亲早死，头曼单于又娶了一个新的阏氏（匈奴派系的皇后），而这个阏氏又给头曼生了个儿子，头曼便想要废掉冒顿而立这个孺子为孤涂。

可匈奴并不是他头曼的一言堂，那冒顿自从当孤涂以来没有犯过半点儿错误，还很有能力，所以贸然废掉孤涂必然导致政权不稳。

所以，想要立这个孺子为孤涂的话，必须杀掉冒顿。

于是，头曼单于想出了一个妙计，那便是命冒顿前去大月氏当人质，这样谁都说不出什么。

可冒顿前脚刚走，头曼单于便在后脚攻打了大月氏部落。

大月氏的首领十分气愤，便将冒顿收押，准备来日斩杀祭旗。

可让人想不到的是，冒顿趁着守卫不注意，夺取了他的短刀，直接将守卫斩杀，然后趁夜色偷取了大月氏的骏马逃回了匈奴。

自从将冒顿送往"黄泉"以后，头曼总是心绪不宁，认为自己亏待了冒顿。忽然看到冒顿冒死逃回了匈奴，头曼单于认为是天不绝冒顿。

也许是因为内心的愧疚，也许是真的认为冒顿才能出众，头曼单于分给了冒顿一万骑兵，并让他训练，希望冒顿以后能成为自己手中的一把利剑。

但有的时候弓箭射出去就再也回不了头了，冒顿自从被自己的父亲出卖了以后，他心中残存的那点儿亲情早就荡然无存，他现在心里只有一个念头，那就是赶紧干掉自己的父亲，自立为单于，因为只有这样才能保证自己的安全，要不指不定哪天那个老不死的又发神经要弄死自己。

于是，这以后冒顿天天领着这万人的部队练习骑射。

　　为了将自己的部队训练成战斗机器，冒顿发明了一种叫作响箭的箭矢，那便是在箭矢的头部弄出一个窟窿出来，只要将箭矢射出，便会发出一种极其刺耳的嗡鸣声。

　　冒顿传令部下，只要自己响箭所至，所有人不要观察目标而要在第一时间对着响箭射出的方向射击，如果有谁没在第一时间射出，便直接斩杀。

　　冒顿的命令是这么下的，而他也是这样做的。

　　一开始，他带领着士兵们前往打猎，拿起响箭便射向猎物,有的匈奴士兵来不及射击，便被冒顿斩杀。

　　又过了一段时间，冒顿带领着士兵进行训练，只见他突然瞄准自己的爱马就是一支响箭。

　　很多匈奴士兵没敢将箭射向冒顿的爱马，也全部被斩杀。

　　还有一次，冒顿突然将响箭射向了自己的妻子……

　　经过了很长时间的训练，冒顿手下的士兵终于做到了逢响必射，甚至都不会去观察要射击的到底是什么。于是，头曼的死期到了。

　　一次，头曼单于领着自己的儿子们外出打猎，那冒顿领着自己的亲卫队在外围溜达一圈以后便往头曼单于的方向行进。

　　就在冒顿距离头曼还有五十米左右的时候，冒顿突然朝头曼单于方向就是一支响箭。

　　跟在冒顿后面的那群士兵听到响箭以后一激灵，根本就不管前方要射的到底是什么，赶紧抄起弓箭向响箭方向射击。

　　就这样，头曼和他身边的亲信们都被射成了刺猬。

　　干掉自己的亲爹以后，冒顿将那些随行而来的兄弟们全部诛杀，之后以急行军的速度迅速返回了单于王庭，将头曼的那个新阏氏和尚在襁褓中的婴儿全部杀死。有一些不听从冒顿的大臣们也被其诛杀殆尽。

　　就这样，冒顿以雷霆之势夺得了匈奴单于的位置。

　　而现在北方的三大派系中最强的是东胡，东胡王听说冒顿弑父夺位以后便想要探探这个匈奴新秀到底是个什么样的人，于是派使者前往匈奴，说想要当年头曼单于的宝马。

冒顿没说什么，只是微微一笑，然后问下面大臣们是什么看法。

这些匈奴人都是野蛮之人，一个个都奉行能动手不动嘴的原则，所以必然是不答应东胡的要求。

这还不止，还要撸胳膊挽袖子地和东胡打上一架。

可冒顿只是微微一笑，当着东胡使者的面儿道："嗳，你们这些莽夫，东胡一直以来都是咱们匈奴的友好邻邦，怎么能为了一匹马就得罪邻邦呢？"

于是，冒顿便将宝马送给了东胡。

那东胡王对冒顿此举十分意外，他本来以为冒顿是个狠人，还想要对此子多加提防，可没想到这货如此没种。

可东胡王虽然有了这种想法，但并没有完全小看冒顿，而是又派了那名使者前往匈奴试探，说是想要冒顿现在的阏氏来给自己当媳妇。

这一下可炸了锅了，王庭大帐中的那些匈奴大臣们一个个全都怒了，咬牙切齿地道："单于！你能忍我们也忍不了了，这东胡王明显是蹬鼻子上脸，找打！要我们匈奴的阏氏这是什么道理？我请单于给我一支部队攻打东胡，不将东胡王那颗老头砍下来我提头来见！"

本以为这次冒顿能振奋一回，可没承想他还是那个德行，对已经吓得哆嗦的东胡使者微微一笑，然后正色道："嗳，说的什么话，东胡一直以来都是我匈奴的友好邻邦，怎么能为了一个阏氏就将这个好邻居得罪了呢？"

于是，冒顿将自己的媳妇送给东胡王了。

此时，东胡大帐中："怎么个意思？这女的就是冒顿的阏氏？"

使者赶紧点头。

"哈？哈哈哈哈，真乃天助我也，我东胡复兴有望了！我要一点儿一点儿地蚕食匈奴，最后将它灭掉，进而统一整个草原，哈哈哈！你，去！再给我去一趟匈奴，告诉冒顿，我东胡看上了匈奴和东胡中间千里的缓冲地带，反正他们匈奴也到不了那儿，就直接给我东胡得了。"

"是！"

待使者走了以后，东胡王大吼道："来人！"

"在！"

"给我传令下去，命各个部落好好休息一个月，一个月以后我将要有大行动！"

"是！"

就这样，东胡对匈奴放松了警惕。

就这样，东胡的那名使者高高兴兴地前往匈奴王庭了，他认为身为东胡的使者是天下最美的肥差，不仅能在匈奴耍尽威风，还能在每次成功出使匈奴以后得到丰厚的赏赐。

他以为这一次也会和前两次一模一样，可是，他错了。

当这名使者将东胡王的口谕传达以后，却并没有见到冒顿以往那温柔的笑容。

只见冒顿将双眼微微闭起，然后问下面的大臣："这事儿你们怎么看？"

那些大臣们早就习惯了冒顿的软弱，所以都默不作声，有的大臣更是为了讨好冒顿轻蔑地道："呵呵，给呗，那是荒废的土地，留着也没有什么用处。"

可就在这名大臣刚一说完，冒顿却突然站起怒吼道："放屁！土地是我匈奴之所以强大的根本，怎么能随随便便就给予他人？！你这么说到底居心何在？"

"我，我，你……"

说罢，也不等那名匈奴大臣有什么说辞，冒顿直接抽出弯刀扑哧一下将此人斩杀。

然后，冒顿冷冷地看着那名东胡使者，而后道："来人呀！"

"在！"

"给我将这个不知死活的东西活剐了，将他的血留下祭旗！"

"是！"

这时候，终于有大臣从迷惑中惊醒，赶紧对冒顿一拜："单于！您此番作为就是要和东胡开战了，那之前您的努力就全白费了！"

听了这话，冒顿只是冷笑："呵呵，开战？我早就瞄上东胡了，之前那么做只不过是为了迷惑他们而已。"

"来人！"

"在！"

"给我迅速传讯各个部落，让他们带领全部士兵，以最快的速度来我王庭集结！"

"是！"

这些游牧民族的集结速度天下第一，所以，没过多长时间，所有的匈奴战力全都集结在了匈奴王庭。

那冒顿踏上高台，在他身后则是血淋淋的匈奴王旗，就见冒顿怒吼道："我大匈奴的战士们！东胡辱我匈奴，夺我父亲的爱马和我的爱妻，此仇不共戴天！我现在宣布，我大匈奴和东胡开战，势必一举灭掉东胡。从现在开始，我匈奴战马将一路向东，摆在你们面前的只有三条路，一条是战死沙场，一条是逃跑之后被我所杀，还有另一条则是彻底消灭东胡，回来享受荣华富贵！"

就这样，冒顿带着全部的匈奴生力军向东讨伐东胡，冒顿这一次是豪赌，不是大生便是大灭。

然而，他赌赢了。

那东胡王彻底放弃了对匈奴的防备，所以轻易便被冒顿杀到了所在，而东胡王也难逃劫难，死于匈奴马刀之下。

杀了东胡王以后，整个东胡指挥线瘫痪，冒顿当机立断，直接以东胡所在为据点，向四面八方推进，由于东胡指挥线的瘫痪，再加上东胡对匈奴没有一点儿防备，所以匈奴没多久便全侵了东胡的领地，并掠夺了他们的人民、牲畜和物资，使得匈奴的实力有了飞一般的增长。

灭掉东胡以后，冒顿便将下一个目标瞄准了大月氏。

现在的匈奴已经和东胡合为一体，兵力强盛，国力强大，根本就不是大月氏可比，再加上冒顿极为出色的指挥能力，使得匈奴连战连捷，大月氏的首领也被冒顿所擒。

为了报复当年大月氏首领要杀他的仇恨，冒顿活生生将其头皮扒下，并用其头骨做成了酒杯饮酒，这是何等残忍残暴。

杀掉了大月氏首领之后，冒顿一如之前平定东胡之法，呈四面开花之势攻击其他的大月氏部落。

最后，大月氏在匈奴的强压之下被迫向西迁徙，算是躲过了灭族之祸。

现在，冒顿吞并了东胡以及大月氏，匈奴的地盘和力量已经是史无前例的强大了。

但是，冒顿的野心根本没有满足，他又在原有的基础上继续向草原其他部落侵袭，并吞并了楼烦和白羊，并趁着中原大乱之际将之前被秦始皇"抢走"的地盘全部收回。

现在的匈奴向南已经越过长城，到达朝那（今宁夏回族自治区固原南）、肤施（今陕西省榆林南，当时的上郡所在地）。

向北到达了如今的蒙古乌兰巴托。

向西到达了阿尔泰山脉。

向东抵达了大兴安岭地区。

其占地面积万里有余，势力遍布秦、赵、燕之边塞，并有专业控弦（精锐的匈奴骑射兵，每人有马两匹，行动迅捷，来去如风，后来的欧洲人称这些匈奴轻骑兵为恶魔轻骑）三十余万，成了当时全世界最强的轻骑兵战斗集团。

这还不算，冒顿还在统一草原以后对匈奴进行了大改革，重新制定政策、官职，以及自己的称呼。

首先，冒顿将自己的称呼改为撑犁孤涂单于（撑犁在匈奴语中的意思是天，孤涂则是子，所以翻译过来便是天子单于）。

之后规定法律政策，那就是在每年的正月，各部落的首领都要在单于王庭举行小型集会，并进行春季祭祀（小型祭祀，那便是不准带部队来，这也方便了单于巩固自己的地位，因为到时候谁要是有造反的危险就可以在小型聚会上诛杀，如若不来那就有借口全匈奴共讨之）。

在每年的5月都要在龙城（今蒙古车车尔勒格西）举行大型集会，并祭祀他们的祖先、田地、鬼神。

每年秋天，等到草黄马肥的时候，还要在蹛林（今甘肃省秦安县东北）举行大型集会，来统计全匈奴的人口、牲畜。

冒顿规定匈奴的法令完全模拟中原的法家，虽然法令方式因地而异，可本质确是没有什么区别。

因为北方人的脾气特别暴躁，动不动就抄家伙私斗，死个把人都是平平常常的，所以在当时的匈奴每年致死最多的原因不是老死，而是被寒风吹死、喝酒喝死、私斗被砍死。

第一种属于天灾，这个在当时的条件下确实无解。第二种，让草原人民戒酒也不现实。所以，这个也无解。

但是私斗就很好解决了。

冒顿规定，凡是私斗砍人者伤口到一尺全都要杀死；偷盗犯罪的要将其全家财产和人充公；罪小的也要拿铁锥子扎碎他们的关节。

整个匈奴监狱关押犯人最久不能超过十天，可在这十天里犯人要遭受无尽的折磨，那些狱卒想怎么玩儿就怎么玩儿。

但至于军法方面，冒顿就宽松得多了，毕竟匈奴从古至今都是一拨流打法。

冒顿规定："匈奴军队作战时，斩敌人一首，赏一壶好酒（由此可见，匈奴人爱酒爱到了什么程度）；抢到敌人战利品的，这些战利品不必充公，可以自行收留贩卖；打仗时或者寇掠边境时抢到的男人和女人也都不必上缴充公，可以自行收留以及贩卖；并且在打仗的时候一旦主帅被擒或者跑路则不必死扛，可以四散逃窜，王庭不追究你和你家人的责任。"

基于此，匈奴人打仗特别玩儿命（尤其是寇掠边境的时候），且不容易遭到全歼（之前也是这种打法，所以匈奴人被全歼的记录除了战国时李牧那一次外基本没有）。

做完这些之后，冒顿重新划分官员的称呼和职能，他设左右贤王、左右谷蠡王、左右大将、左右大都尉、左右大当户、左右骨都侯。

从左右贤王以下到当户，最大的一人可以率领一万士兵，最小的可以率领数千士兵。

并且，这些大官还可以自行设置手下的千长、百长、什长、裨小王、相、都尉、当户、且渠之类的官职。

这些大官的官职都是世袭制，所以，久而久之，呼衍氏、兰氏和须卜氏成为匈奴最强大的家族，这极大地增强了匈奴的战斗力，可同时也为以后的祸乱埋下了种子。

整个匈奴以单于最大，之后便是左右贤王。

这些匈奴的左王左将全都集中在东方，面向上谷以东的地区，连接秽貉、朝鲜。而左贤王便管着所有的东方部落，旗下的官员分别按照官职大小决定官吏部落的多少。

而右贤王则率领着右部众将居于西方，面向上郡以西的氐族和羌族。

而实力最强的冒顿则直面代郡和云中地区，其野心昭然若揭。

所以，留给汉朝的时间不多了。刘邦，你最好快点儿吧。

2.7　章邯的逆袭

砰的一下，我又回到了"现实世界"，看着对面的刘邦，我赶紧拉住了他的手慌忙道："陛下，快、快点儿统一天下吧，要不然匈奴鬼子就要来了！"

刘邦讪讪一笑，赶紧岔开话题："哼，你说得轻巧，打匈奴？那时候我什么都不是，随随便便来一个反王都能把我弄翻。

"再者说，那时候我哪里知道匈奴的强大？说实话，在冒顿的全盛期我还没怎么瞧得起匈奴呢，直到我差点儿死在冒顿手中我才开始正视他们。

"哎，行了，现在先别说匈奴了，还远着呢，我们还是先看看西面吧。

"之前咱也说了，周文已经兵临函谷关，而这时候咸阳王宫可真是乱作一团，秦二世也是蒙了，对这废物多了我也不想说，你还是自己看吧。"

说完又是一挥手……

于是，我来到了咸阳王宫。

当天，乌云密布，整个咸阳王宫被一股低沉而又压抑的气氛所笼罩。

就在这时，从王宫之中传来了秦二世的咆哮声："李斯！李斯你给我滚出来！"

李斯低声一叹，然后慢慢走出："臣下在。"

"你！你身为我大秦丞相，如今盗贼已经猖狂到了这种程度，你竟然一次都没对我提起过（李斯提过一次），你这个丞相是干什么吃的！还想不想干了？"

李斯这个郁闷，可是也不能反抗，所以只能打碎了牙往肚子里吞，闷闷地站在原地不敢吱声。

一看平时主意最多的李斯也不吱声了，秦二世这个郁闷，竟然将头转向了身旁的赵高。

这赵高论害人篡位还是有两把刷子的，可是让他干正经事儿，他根本不行，于是赶紧将头低下，装作没看到。

就在秦二世要再次咆哮大殿之时，突然从百官之中走出一人，这人道："陛下不必慌张，只不过是一群规模比较大的盗贼而已，臣下自有解决之法。"

这一句话将满朝的官员全都给镇住了，这人是谁呀，函谷关外几十万反民还叫规模比较大？就连低头不语的李斯也被这句话所震慑，赶紧循着声音的源头去看这是哪路大神。

可这一看之下李斯却是满眼的鄙视，因为这人不是别人，正是少府（皇帝的私府大管家，主管山海地泽的税收和皇室手工业的制造，和武功没有半毛钱关系）章邯。

果然，大家都和李斯一样，对这个章邯极为鄙视，有的甚至还出言讥讽："章少府，您对自己的能力太高估了吧？我就想问问您了，您会打仗吗？面对那数十万的反贼您拿什么去抵抗呢？"

章邯没有回话，而是直直地看着秦二世，等待他的答话。

身为皇帝的少府，章邯和二世的关系很近，而秦二世还是一个任人唯亲的东西，所以他对章邯非常信任，直接便道："我的章少府，你别搭理这些人，有什么好的计策你就只管说！我听你的！"

章邯对秦二世深深一拜，然后道："陛下，兵书有云，兵在精而不在多，现在天下反贼虽有数十万之多，但都是一些没经过系统训练的乌合之众，而我阿房宫以及骊山陵现在的徭役亦有数十万之众（《前汉纪》载七十万，不过此数有疑，故不采纳），陛下现在应该立即让他们充军，并且作出承诺，只要成功击退反贼就还他们自由。这样的话，这些徭役必定拼命杀敌，绝不会后退，之后再将我咸阳十二铜人销毁做成兵器发放给他们，这样既有勇气又有兵力，必能成功退敌。"

话毕，秦二世立即兴奋起来，可还没等他继续说话，又有大臣说话了："呵呵，章少府这话自己打自己的脸了吧？刚才你也说了，兵在精而不在多，那些反贼没有经过系统的训练，我骊山和阿房宫的徭役难道就经过训练了吗？"

章邯只是呵呵一笑："他们是没有经过训练，但是你现在有比我更好的办法来抵抗反贼吗？"

"……"

"再说了，我大秦监督守卫阿房宫和骊山陵徭役的锐士便有五万之众，我大秦锐士，是天下步兵之最，除了百十年前的魏武卒谁能与我大秦锐士抗衡？"

"……"

"还有，冒顿现在在北方闹得鸡飞狗跳，无数的东胡骑兵向南迁徙来投靠我大秦，现在我咸阳已经有一万胡骑（不是单指三胡的轻骑兵，而是对北方游牧民族投靠我天朝组成的骑兵的一个统称。而这一万多胡骑投靠秦政府的论点是出于钱穆等民国历史学家的论断，现在已无典可循，不过我依然选择相信）的战力。有五万锐士一万胡骑，再加上数十万的徭役，我相信关外反贼必为我所破！"

这话说得掷地有声，甚至连李斯都在低头沉思，算是默认了章邯的论断。

那秦二世就更不必多说了，兴高采烈地吼道："来人！来人！"

"在！"

"给我传令下去，赦免所有徭役，只要能打败这些臭盗贼，我让他们从此恢复自由！并且将十二铜人全部销毁做成兵器分发下去！"

"是！"

"另外，章邯听令！"

"臣在！"

"我现在命你为三军统帅，马上给我率领军队讨伐天下反贼！反贼灭亡之日，便是你章邯出头之时！"

"臣领命！"

就这样，关内人流涌动，运粮的队伍、赶往咸阳的队伍横跨数百里而不绝，咸阳城每天都被叮叮当当制作兵器的声音填满。

公元前208年十一月，整个戏地（今陕西省渭南西）轰隆隆的震动不绝，军队行军的声音就好像是地震一般让人心震。

如今的周文大军已经突破了战国第一关——函谷关，进而至戏地，距离咸阳已经不过百里。

咸阳城中，秦二世正带领着文武百官于祭坛祈祷，求爷爷告奶奶地希望章邯能够获得胜利。

而此时的章邯也已经将大军整合完毕，赶到了戏地阻击反贼，决定秦国存亡的大戕一触即发。

咚咚咚，叛军战鼓率先擂响，其先头部队伴随着轰隆隆的行军声向章邯军推进。

而此时的章邯军，那些徭役们全都浑身发抖，虽然他们都想为了自由而去拼搏，可无奈都是一群毫无战斗经验的新兵，而第一次的战斗便是此等规模，想不紧张害怕都难。

但他们害怕，有人不害怕，那些锐士和胡骑非但没有半分畏惧，反而还用猩红的舌头舔了舔自己的嘴唇，满眼都是兴奋。

秦国的法律虽然苛刻残暴，可斩下人头换取的利益却是非常实惠。

就在这时，章邯突然挥动令旗。

军令一下，身处于两翼的胡骑瞬间出动，他们如疾风一般，瞬间杀到了叛军两侧，然后手持骑弓对着叛军就是一顿乱射。

叛军前部顿时人仰马翻，周文见状紧急下令，前军便分出两部追击两翼胡骑。

然而这些胡骑一见有人来追立即后退（退得很慢），并始终和追兵保持五十米以内的距离，然后边退边转身朝后方追兵射击。

此种战法，我华夏古代并没有固定的称呼，好像是一种很常见的战法一般。可在古欧洲却被起了一个名字，叫帕提亚射击术。

那些前去追击的叛军被这些胡骑射得人仰马翻，追又追不上，战又战不了，不久便向回撤退。

然而胡骑一见敌方撤退，又返回来继续射击叛军。

这一来一回地不停攻击，将敌军前部弄得大乱异常。

见此，章邯果断下令派五万先头部队（秦锐士）出击。

伴随着整齐划一的跑步声，秦军先头部队火速接近叛军。

叛军前部一见前方有五万正规军逼来，本来便已经心生畏惧的他们更是恐慌，甚至还未交战便有了溃败的趋势。

周文见势不妙，急令左中右三军各分出一部前往救援，周文前军也因此重新振奋。

见此，章邯再一次挥动令旗，正在圈射前军的两翼胡骑迅速朝两边扩散，意图缠住叛军左右两翼的援军，而正在向前的五万锐士则加快了脚步向前行进。

看到那些让人讨厌的胡骑终于不再纠缠自己，周文前军也加速冲向了秦前军。

如此，两军越来越近……

就在两军还有不到百米之时，伴随着轰轰之声，秦前军迅速变阵，一些士兵左手持短刀、右手持大盾屹立在前，之后的锐士则是手持强弩位于盾兵之后，而最后排的锐士则手持两米左右的长戈站立于后。

砰砰砰，二排的弓弩手先行发力，无尽的弩箭射向了冲向自己的叛军。

之后，他们迅速收起弓弩，抽出短剑藏身于前排盾兵身后。

砰砰砰！叛军凶猛地冲到了秦军一排，一边砍杀一边吼着连他们自己也听不懂的语言，以为这样就能杀掉秦军。

然而一碰触他们才发现，这些持盾的秦国锐士非但不惧怕他们，反倒是拥有绝强的力量，任凭自己怎么推怎么砍，都突破不了他们的防线。

然后，绝望来了。

呼呼呼！伴随着恐怖的破空声，无数的大戈从后方砸下，紧接着，前线一片脑浆迸裂，此情此景恐怖至极，自以为经历过大阵仗的叛军被吓蒙了，可秦军却依然有条不紊地攻击，感觉好像是家常便饭一般。

"嚯！嚯！嚯！"

随着整齐的呼喊声，持盾锐士再次向前推进，并且每推进一步都有后面的短刀锐士偷袭补刀。

就这样，叛军攻又攻不进去，防又没有秦军装备精良，又看到那让人绝望的大戈不停地向下砸，士兵们一个个地倒在血泊之中，这些前部叛军彻底崩溃了，他们甚至都不敢继续停留，转身便哭爹喊娘地逃往大部队。

前部叛军一退，秦军的那些徭役全都士气大振，在后方声嘶力竭地吼叫着，想要战斗的心情遍布整个秦军。

而叛军方面却伴随着前部的败退形成了骨牌效应，一个个惊慌失措，不知如何是好，未经过系统训练的弊端全都暴露了出来。

章邯抓住了这个战机，亲自登上战台擂动总攻大鼓，秦军数十万大军如同疯魔一般冲向了周文叛军。

那叛军现在士气全无，拿什么抵挡潮水一般的秦军？所以几乎是一触即溃。

周文见大势已去，赶紧命令大军紧急撤退。

兵书上说，战阵之中最忌讳的便是交战中仓促撤退，因为如此便会被敌军白白斩杀许多士兵。

而章邯当然不会放过此等痛打落水狗的机会，他见叛军狼狈逃窜，遂命全军奋勇追杀，使得阵亡叛军不计其数。

就这样，一个跑一个追，直到一脚将叛军踹出了函谷关章邯才停止追击。

那么章邯为什么不直接将周文军一举歼灭呢？

原来，周文被怼出函谷关之后……呼，画风又是一转，我又回到了王宫之中。

刘邦接着我的话茬道："咳咳，该我说了。"

我："……"

刘邦道："章邯当然不敢再打，因为当时周文退出函谷关以后领大军驻扎在了曹阳（今河南省三门峡市西南），并在此地构建防御壁垒，打算以防守战的方式拖死秦军。

"那章邯深知攻城之要法，如今自己的士兵绝大部分都是新兵，如果攻城时间长了势必军心涣散，到时候极有可能出现动乱。

"所以章邯避强攻之法，而召集大量木匠于函谷关赶制攻城器具。

"两个月以后，所有攻城器具都已经完工，据说攻城锤、井栏等不一而足，更甚者还有在战国时期风靡一时的多床巨弩。

"然而更让章邯狂喜的是，北方边塞那十多万锐士又在王离的领导下前来投奔他了。

"如此，章邯这厮的正规军就达到了二十万左右，胡骑一万有余，徭役民兵更是数不胜数。这同时也就宣告了周文的死期。

"就这样，在章邯的带领下，秦军拉着很多的攻城器具进击曹阳。

"结果根本没有悬念，曹阳顷刻之间便被章邯拿下。

"之后，周文继续领兵东退至渑池，可这一次章邯不会再给周文任何机会了，他带领着秦军好像疯狗一般死死地咬住周文身后并一直追到渑池，将周文大军打得溃不成军。

"看着友军死的死逃的逃，自己好不容易聚集的大军在顷刻之间伤逃殆尽，周文绝望了，他无法接受如此打击，遂直接抽出了手中的短剑自杀了。

"干掉了张楚的周文主力之后，章邯又将他那如鹰一般锐利的双眼盯住了更东方，他要将张楚连根拔起。

"然而就在这时，都不用章邯出马，张楚的内部便出了大大的问题，什么问题呢？有人自立为王了。

"话说那武臣自从拿下赵地以后，以邯郸为根据地，四面出击，不久便全占了整个赵地。

"后来，北方边塞的秦军锐士前来投奔大部，使得武臣的力量更加强盛，再加上张楚的周文大军被章邯歼灭，这武臣的小心思也就开始活泛起来了。

"正好这时候张耳和陈馀又来到了武臣的身边对其进言道：'将军，现在您的势力已经非常强大了，您难道不想再进一步吗？'

"那武臣当然知道张耳和陈馀的意思，可依然装作听不懂的样子，张耳和陈馀也就打开天窗说亮话：'将军，如今您已经攻陷了赵地数十座城邑，并且单独驻守河北，势力已经非常强大了，我听说最近总有人在陈王面前说您的坏话，而陈王也有意将您替换掉，这时候您不自立为王恐怕以后将会有灾祸降临啊。'

"几句话，便让本来就已经有了小心思的武臣更加心动。

"于是没过多久，武臣便自立为赵王，并封张耳为丞相，陈馀为大将军，还发信函通知了陈胜。"

我："那陈胜是什么反应？"

刘邦冷笑："什么反应？当然是怒不可遏！甚至想要当场诛杀武臣的使者以后直接派兵攻击赵地。

"可陈胜那莽汉手底下还是有点儿人才的。就在他要犯傻的时候，其手下相国房君便建议道：'大王，此举万万不可啊，如今强秦未灭，章邯不可一世，此时正是应当竭尽全力对抗章邯之时，怎么能再次树敌呢？不如我们趁着这个机会主动承认武臣的身份，并且让他率军西进攻打秦国，如此定能一举而胜。等灭掉秦国以后，想怎么治理武臣那小子还不是大王您一句话的事儿吗？'

"那陈胜一听这话觉得有理，遂将武臣的家眷软禁，好吃好喝好招待，并封了张耳的儿子张敖为成都君，意图分化武臣和张耳等人之间的关系，之后便派使者前往邯郸，正式承认了武臣赵王的身份，并希望武臣能够迅速西进，前去攻打秦国。

　　"出于习惯，武臣在作出重大决策之前必是要询问张耳和陈馀的，可这俩厮又向武臣进了谗言：'大王您在赵国能够成功称王这绝对不是陈王的本意，而是被时势所逼而已，我敢保证，在张楚灭亡秦国以后定会在第一时间攻击咱们赵国，那时候你就是后悔也晚了，而现在可是个天赐良机啊。秦国将所有的攻击重心都集中在了张楚，而无暇顾及大王，不如趁此机会继续向东北扩张，吞并燕代之地，之后再向南收复河内地区，如果在张楚灭亡秦国以前您做到了这些，那么到时候即便张楚灭了秦国，也不敢对您动手了，您便可和张楚一北一南平分天下，这岂不是现在最好的策略吗？'"

　　我："说实话，面对如此诱惑就连我估计都受不了，那就更别提武臣了。"

　　刘邦："于是，武臣背弃了陈胜，命韩广攻打燕地，李良攻击常山一带，张黡则攻击上党地区。那他们能不能成功呢？"

　　我："能不能成功您倒是说呀。"

　　刘邦："这事儿还得再等好几个月呢，咱到时候再说吧。"

　　我："……"

　　刘邦："咱还是再说章邯吧，那章邯灭了周文以后继续率军东进至洛阳，将目标锁定在了正在攻打荥阳的吴广身上。

　　"此时的吴广已经攻打荥阳四个多月了，士兵可谓是身心疲惫，再加上章邯部队强悍众多，所以吴广怕了。

　　"他听闻章邯部曲已经离开洛阳向自己进发，直接召开了军事会议，向谋臣田臧等问计：'各位，周文军现在已经被章邯灭掉，秦军旦夕将至，而我军如今还未能攻下荥阳，如果等到秦军到来，到时候被两面夹击，便是必死之局，各位有什么好的办法还望不吝赐教啊。'

　　"田臧眉头紧锁地道：'大王，现今之计只有留一部分士兵继续围困荥阳，我主力大军则向西抵挡秦军，只有这样才有生机。'

　　"然而吴广和田臧的想法却大不一样，他坚持认为……等会儿，吴广坚持的看法是什么你们的史书记没记？"

　　我摇了摇头。

刘邦："那我也不说了，反正就是他的看法和田臧不同，而田臧呢？认为只有自己的办法才能挽救吴广所部，所以就假借陈胜的名义将吴广给诛杀了，然后令部下心腹李归留一部继续围困荥阳，自己亲率主力大军向西前往成皋迎击章邯。

"呵呵，田臧这个白痴，那章邯有多少人？他又有多少人？这么干不就是鸡蛋碰石头吗？

"结果田臧军被秦军轻易击溃，田臧也战死于成皋。

"大胜田臧军以后，章邯没有丝毫停留懈怠，而是继续率军向东进击，将正在监视荥阳的李归军屠杀殆尽。"

我插嘴道："章邯真猛！"

刘邦不屑道："猛？还不是仗着精锐的胡骑和二十万锐士，真正猛的那个现在还没发威呢，再说章邯也没有到此为止。

"杀了李归，解了荥阳之围以后，章邯率军在此地稍微休整，便又开始向南侵袭，俨然一副不灭了陈胜誓不罢休的样子。

"从荥阳出发以后，章邯将部队分成两部，第一部大军攻打郏邑（今河南省郏县），并击败了楚将邓说的军队。

"章邯则亲率主力大军攻打许邑（今河南省许昌市），将楚将伍逢也打跑了。

"这两支楚军失败以后全部向南逃窜至陈，率残余力量与陈胜的主力大军会合，打算以此来抵抗章邯大军。

"而此时章邯部队的捷报频频传往咸阳，秦二世也终于是松了一口气，为了让章邯能够更快地平定张楚反军，秦二世又令司马欣和董翳率领一些秦国新兵前往支援章邯。

"章邯遂领主力大军继续向东南进发，兵锋直指陈郡（张楚国都）。

"陈胜慌忙之下令上柱国蔡赐（上柱国为战国时军队最高统帅，为楚、赵所置，官位只在令尹和相国之下，极为尊贵）率军前去抵挡章邯的主力部队。

"结果，被章邯军击溃，蔡赐也死于乱军之中。

"章邯则继续率军向陈郡进发。

"陈胜大恐，令张贺率陈郡现在所有的士兵前往西面迎敌，并且自己也亲自督军，希望能够给军队带来士气。

"呵呵，可这又有什么用？经历了一场又一场的大败，现在的张楚军早就是惊弓之鸟，并且凭秦军之精锐、装备之精良、部队之众多，他陈胜拿什么抵抗？

"所以，又是一触即溃，张贺战死，其主力部队损失殆尽，陈胜费了牛劲才从乱军之中逃脱出来，意图向南逃窜，再聚集部队抵抗秦政府。

"然而，现在的陈胜光杆司令一枚，要兵没兵要人没人，只有一个御者（车夫）庄贾驾着车带他四处逃窜。

"就在陈胜逃到下城父（今安徽省阜阳市）之时，这名御者也和他折腾不起了，趁着陈胜不注意，直接砍了他的脑袋拿到秦政府那里领赏去了。

"如此，声势浩大的陈胜起义六个月便土崩瓦解。

"张楚被灭亡以后，天下造反的大头已经覆灭，可令秦政府和章邯没想到的是，这只不过是一个开始而已，因为这以后一个又一个强大的能人蹿了出来，使得天下更加混乱，当然了，这些人中便有我刘邦一个。"

我："……"

刘邦："陈胜被灭掉以后，其手下，驻守新阳（今河南省汝南）的吕臣接过了陈胜手中的大旗，组织苍头军（头戴青巾的军队）继续和秦朝抗衡，而那个之前杀死了陈胜的御者庄贾也被吕臣揪出来杀死了。

"然而现在的张楚已经是风中残烛，再也构不成什么威胁了。

"于是，章邯便将自己的打击目标放在了北方的赵、魏身上，他令司马欣带领一部分士兵继续攻击张楚残余势力，令左右校尉驻守陈郡，以防张楚残余势力反扑，自己则率领主力部队在南阳整军训练，准备时刻向北攻击魏赵。

"然而就在章邯连战连捷之时，秦二世又得意了，赵高又有时间害人了。"

2.8 秦之恶霸——赵高

刘邦又道："那陈胜被灭掉以后，秦二世又开始了他整日昏庸无道的生活，并且再次质问李斯身为丞相为什么放任这些盗贼猖獗至此。

"李斯是非常了解秦二世的，只要能给他哄高兴了，肯定就什么罪都没有了，于是李斯极力逢迎秦二世，转移话题到了制度上，此举迎合了秦二世的兴趣，便不再追究李斯的责任，转而开始研究新的法律和制度，其苛刻程度更胜秦始皇时期的秦朝。

"据你现在看的《史记》说，那时候的秦国老百姓有一半儿都是受过刑的，死的人更是在市面上堆积成山，只要是杀人多的官员就会被称之为忠臣。

"所以，哪怕是关内的纯种秦人都已经快忍受不了秦朝的暴政了，李斯真'立功'不小啊。

"而那赵高呢？自从秦二世登基以后，他收受贿赂，随意打压朝中官员，使得那些秦朝大官们对他都恨得牙痒痒。

"赵高怕这些大臣在秦二世面前诋毁自己，以致招来杀身之祸，便想出了一个阴损的计谋，那便是让秦二世看不到这些官员。

"于是，有一日，赵高对秦二世道：'陛下，您知道天子最尊贵的地方在哪儿吗？'

"那秦二世当然不知道，于是赵高接着编造：'那就是只能让别人听到他的声音却见不到他本人，这才算是真的天子！真正的威仪！况且现在陛下年纪还轻，未必就通晓全部事务，而如今您坐在朝廷的正中央，被百官所视，如果一个问题处置不当便会被他人暗地里嘲笑。陛下不如深居于后宫，我会领着那些熟悉法律的小宦官们一起陪着您处理政务，这样您就不必一天到晚面对那些让人头疼的大臣们了，天下人也都会称您为圣主了。您说是不是这个理儿？'

"那是不是这个理呢？"

看到刘邦问我，我赶紧摇头。

刘邦："呵呵，你这种俗人都知道的道理他秦二世竟然就不知道！

"这以后，秦二世真就在深宫中不出来了，整日吃喝玩乐，所有的公文全都是由赵高一人来批阅。

"可以这么说，当时的赵高就是秦朝的皇帝，是能左右秦朝走向的人。

"而这时候李斯看不过去了，便和朝中百官商量着要一起去向秦二世进言，让他不要再在深宫中休养，赶紧出来工作。

"而赵高自从'接替'了秦二世的工作以后生怕朝中大臣不满，便在朝中各处布置耳目，很快便了解到了李斯的意图。

"于是，一个大阴谋在赵高的脑中产生了。

"一日，赵高找到了李斯，并对其道：'丞相大人，现在关东的盗贼这么多，虽然因为章邯将军使得局势有所缓解，可皇帝陛下不但不以此为戒反而还要再修阿房宫，我想要劝谏陛下，可您也知道，我一个宦官，有什么权力这样做呢？但您是丞相，这事儿应该是您来做啊，您为什么就不去劝谏一下陛下呢？'

"这话一说，李斯就是一愣，他都没想到赵高还会有此种忧国忧民的心思，于是就掉进了赵高给他挖的深坑之中了。

"他对赵高道：'其实我很早之前就想向陛下进谏了，可无奈他现在长处于深宫内苑，根本不上朝，我就是想见也见不到他呀。'

"赵高装作释然一笑，说：'嘿！丞相大人您早说呀，您见不到他我能见到啊，这么着，陛下每天都会有那么几个时辰的休息时间，这几天您就在宫里待着，等陛下什么时间有空了，我会在第一时间通知您，到时候您来进谏保证能成。'

"那赵高的为人整个王宫没有不知道的，他怎么可能为了天下而平白帮助李斯呢？所以这其中一定有阴谋。

"可李斯呢？聪明一世，糊涂一时，竟然就中了赵高的诡计。

"果然，李斯从这以后天天在皇宫里守着，而赵高呢？每次都挑秦二世在后宫的时候宣李斯觐见。

结果还用说吗，秦二世每次都怒将给李斯撵了出来。

"而经过了连续几次这样的事情，秦二世终于忍不了了。

"他对赵高抱怨道：'李斯这混账东西，我平时有那么多空闲的时间他不来，偏偏要挑不合适的时候他才来，他究竟是轻视我还是想让我难堪？'

"赵高呢，紧紧抓住了这次机会，他装作一本正经地对秦二世道：'陛下，恐怕您要危险了。'

"看到平时一脸微笑的赵高突然如此严肃，秦二世没由来地也紧张了起来，赶紧问道：'我怎么危险了？你快说。'

"赵高道：'想当初我大秦还未统一天下之时，赵国的赵武灵王是何等英雄，可最终也死在了沙丘之乱中，我想问问，陛下您自认为能比得过赵武灵王吗？'

秦二世赶紧摇头。

"赵高继续道：'如今陛下已经成为皇帝，可丞相呢？他一直以国家第一功臣自居，可现在却没有再进一步得到封赏，而观察他这几天的举动，这老东西一定是在提醒您，让您给他割地封王。而且还有一件事情，如果陛下不问我，我还不敢说呢。丞相的长子李由为三川郡郡守，当初的陈胜等人都是丞相邻县子弟，所以他们路过三川郡的时候李由只是据城自守，而不主动出击（秦法规定，每郡只能有卒五千，所以不是他不出兵，而是没办法出兵）。并且我听说这李由和陈胜这些反贼都有书信往来，但因为没有证据所以我不敢瞎说。还有，还有……'

"秦二世听到这里的时候已经是怒不可遏：'还有什么？赶紧说！'

"'还有，现在李斯在朝廷中广树党羽，恐怕权势已经要超过陛下了。'

"赵高这话一说，也不管是不是真的，秦二世在心中便直接把李斯给否掉了。

"这之后秦二世不停地派遣官员前往三川郡调查李由是否内通张楚反贼，而现在秦朝是个什么情况之前也说过，那就是谁杀的人多谁就是忠臣，而秦二世是个昏君，什么事儿都交给赵高来办，赵高还想要除掉李斯，所以李斯能好得了吗？

"好在李斯也是个精明之人，他看到一批又一批的官员秘密前往三川郡调查李由就知道大事不好，再联想到之前赵高让自己去找秦二世的'时机'，就料定自己是被赵高给耍了。

"并且他还知道，如果继续这样下去的话，不出一年就会让赵高给害死。

"于是，李斯也开始出招了。

"因为他见不到秦二世本人，所以李斯便上书秦二世。

"咱也不知道他靠的是谁，怎么避过赵高的，反正这书信最后是到了秦二世的手中了，大概内容是这样的：'陛下，臣听说臣子和他的君主不相上下国家就没有不动乱的；妻子和她的丈夫分不清高低贵贱就没有不离的。如今赵高在陛下身边独揽赏罚，和陛下没有任何区别，这是非常危险的。'

"哎呀不说了，反正李斯是列了很多春秋战国的例子，意思就是让秦二世小心赵高。

"可秦二世呢？他现在对赵高的信任简直已经到了极点，所以直接回道：'说的什么话！赵高他就是一个宦官，虽然得到我的宠幸，却从来不会肆意妄为，也不会因为危难而改变忠心，并且洁身自好修缮行德，靠着刚毅的忠诚得到我的任用，凭着纯洁的仁义坚……'

"后面的我实在说不下去了，太恶心了，反正已经'瞎'了的秦二世就是大肆夸赞赵高，还将李斯一顿批评。

"李斯一看这回信，心脏都快蹦出来了，因为现在赵高已经成为秦二世心中的神明，如果再这样下去，自己肯定会死无葬身之地。

"这要是我，赶紧就卷铺盖跑路吧，毕竟凭着他李斯丞相的身份和权力他还是可以全身而退的。

"可这老小子贪恋自己的权势，不到黄河心不死，竟然还继续给秦二世写信抗争，这也宣布了他的死刑。

"'陛下，事情不是这样的！赵高本来就是一个身份低贱之人，根本就不懂得道义，他的贪婪和欲望从来都没有满足过，追求利益的野心也从来没有停止过。陛下！现在他代您施行赏罚，权力已经和您相近，可求取的欲望还是无穷无尽！陛下，您要是再不制止就危险了！'

"这次秦二世看完了李斯的书信以后都懒得回了，直接找来赵高扔给了他，让赵高自行过目。

"李斯都已经把话说到这一步了，赵高是绝不会再留着他了，于是赵高便和秦二世说道：'陛下，您看到没有，现在李斯已经开始火急火燎地要除掉我了。为什么？那是因为现在的秦朝只有我能制止他，一旦我死了，他就会在我大秦朝只手遮天，行那田常所行之事！（春秋时候的姜齐到了战国就换成田齐了）。'

"听了赵高这一派胡言，秦二世更是断定李斯想要谋反，所以想都没想就下令将李斯关进大狱，交给郎中令（皇帝左右高级官员，掌宫廷侍卫）查办。

"但到最后，你猜秦二世将李斯交给谁处理了？呵呵，赵高。"

我："……"

刘邦道："想那当初风光无限的李斯，现在正在阴冷潮湿的监狱里面，这真是不得不让人唏嘘，但这一切都是他自作孽，根本就怨不得别人。

"可这家伙竟然还看不清事情的本质，反倒是在监狱里自我感慨，吟诗作对。

"本来，李斯还想着死不认罪，可他养尊处优多年，怎能受得了赵高的严刑拷打，最终只得屈打成招。

"那赵高本来还打算派人前去三川郡将李由也押解到咸阳处死，可现在李由已经被杀死了，至于这事儿是怎么发生的我后面再说，现在还是先把李斯说完。

"看着李斯认罪的供词，秦二世拍着大腿对赵高道：'哎呀，要不是你，我险些被李斯坏了大事！'

"于是，公元前208年八月，李斯被尽诛三族，而秦二世也通过这件事更加的信任赵高，封其为新任丞相。

"从大禹建夏以来到现在，由宦官当丞相，这可是头一遭！

"赵高从此也在秦朝权倾朝野，成为实质意义上的'秦三世'，谁敢偷摸向秦二世说赵高的坏话，那只有死路一条。赵高俨然已经成为秦朝第一恶霸。"

2.9　项梁崛起

刘邦道："秦朝昏庸的统治即将在赵高的手中走向灭亡，而同时，我的麻烦也来了。"

我问："您有什么麻烦，您不是一直自诩天下第一吗？"

刘邦："谁自诩天下第一了？我只是说秦二世是个昏君，陈胜是个没有远见的人，但是对天下英雄我是从来都不敢小看的，有些人更是让我恨之入骨的！就比如说下面这个雍齿。"

看到刘邦一提到雍齿就恨得牙痒痒，我老实地坐在原地不敢吭声了。

刘邦道："其实说白了，这也是我的失误，是我没有看透雍齿这小子的本质。他在我起事之前就一直和我不和，我起事之后也一直对我不太服气，所以造反的种子一早就已经埋藏在他的心中了。

"这之前魏国的周市在讨伐齐地的时候被田儋击败，所以一直未能有所建树，便一直处于养精蓄锐的状态，这会儿看到我发展得越来越顺利，便将目光盯到了我的身上。

"于是，在周市的授意下，魏咎派出使者前往丰邑，威胁丰邑的守将雍齿反叛。

"那雍齿本来就对我有所不满，所以和魏国一拍即合，直接宣布投靠魏国。

"而此时的我呢，还领着主力部队四处出击呢。

"你知道，丰邑是我家，沛县是我的大本营，这两地相距不远，丰邑的丢失就代表着沛县的风险，你也不想屁股后面总有一个定时炸弹放着吧。"

我赶紧点头。

"所以，我立马回军狂攻丰邑，结果我败了，并且很受伤。"

我："……"

刘邦："其实我刘邦并不怕失败，也没那么容易受伤。但是丰邑的老百姓太让我伤心，太让我失望了，我也不知道这雍齿是怎么蒙骗他们的，反正这些丰邑百姓对我的抵抗简直就像我刨了他们家祖坟一般，我恨，真的恨！

"我知道，现在有雍齿在丰邑杵着我就不能安心发展，而我也没有那么多时间与精力和雍齿在这儿耗，所以，我只能找一个靠山投靠。"

我："那您打算找谁呢？"

刘邦："一开始，我想到了北方的张耳，毕竟我和他的关系也不一般，可现在的北方实在是太乱，早晚会成为章邯的重点打击目标，所以我将侧重点瞄向了那时南方的楚王景驹。"

我插嘴道："景驹是谁啊？"

刘邦道："景驹是楚国贵族，陈胜起义以后景驹归顺他，到陈胜死了以后，景驹便被秦嘉等人立为楚王，接过了陈胜手中的大旗。

"那时候很多张楚旧部全都认准了景驹的血脉，所以便投靠了他，使得他在南方很快站稳了脚跟。"

"不对吧，之前的吕臣不是在陈邑接过了张楚大旗了吗？这怎么又跑出来一个呢？"

刘邦道："既然你提到了，我就和你说说吧，那吕臣斩杀庄贾以后带领苍头军趁势拿下了之前张楚的国都陈邑，可没过多久又被秦左右校尉夺回。

"吕臣兵败溃逃，收拾散兵后四处游击秦军，但都没有什么太大的作为，直到遇到了英布。

"英布，六县人（今安徽省六安市），年轻的时候曾经有人给他看相，说他以后会有刑罚之灾，但是在受刑以后却能够裂土封王。

"这英布壮年以后长得人高马大，一拳就能掀翻一匹骏马，而他的脾气也是异常火暴，一句话不合就伸手打人。

"所以，他犯了官司。

"所以，他受了黥刑（在脸上刺字）。

"这要是别人受了黥刑都会非常伤心，因为谁都不愿意让自己的脸上无缘无故地多个'罪'字，可这英布却不以为然，他身边的人看到英布自从受了黥刑以后不见半点儿哀伤，便都奇怪地问他原因何在。

"英布不无得意地说道："想当初有个老先生给我看相，他说我受了刑了以后便会称王，而现在的趋势不正是向老先生所言发展吗？'

"呵呵，他身边的朋友全都认为他是神经病，只有他自己不这么看。

"没过多久，英布被派去骊山服徭役，而英布凭着过人的本领很快便在徭役堆里打响了名号。

"那时候，每个徭役都拼了命想逃出秦朝的魔爪，而英布便抓住了这个契机，带领着那些愿意和他一起的徭役逃走了，并率领这一伙人逃到了长江一带做了强盗。

"当初陈胜造反的时候天下大乱，没人认为秦朝还有崛起的希望，所以各城邑的那些个县令郡守什么的全都开始结交英豪，为了给自己留条后路，所以番县的县长就看上了英布，并将其收为女婿。

"这以后，英布的势力越来越强，最后竟然发展成了人数上千的部队。

"那吕臣就是看上了英布的勇猛和他精锐的部队，遂结交英布和他共同反秦。

"英布答应吕臣以后也不玩儿虚的，直接带领军队攻打正在陈邑的章邯左右校尉，将其大败，之后以此为根据地抗击秦军，一时之间还真是风头无两呢。

"可后来司马欣带领着秦军对吕英联军不停打击，使得此二人损失惨重，二人遂有撤退投靠他人的想法，而他们的投靠目标便是已经在会稽混得风生水起的项梁了。"

我问："那英布他们为什么不去投靠景驹呢？"

刘邦道："还能为什么？因为他看不上景驹呗。行了，扯远了，咱还是回过头来说我吧。

"之前也说了我想去投奔景驹进而增加自己的兵力，可让我没想到的是，这次前去投奔景驹我最大的收获不是获得多少兵，而是途中却让我遇到了一个人，顶得了千军万马！我赚大了！"

我："我知道我知道，是不是张……"

刘邦："你给我闭嘴！"

我："……"

刘邦："话说那一日我正领着几名亲信往景驹的地盘走，突然在前面看到了一支百十来人的队伍，一看穿着不是秦兵，我就肯定也是前往投奔景驹的部队。

"你也知道，我这人好事儿，便过去拜访了一下他们的首领，而这名首领便是之前刺杀秦始皇的张良了。

"我一开始也只是想去打个招呼，可让我没想到的是这个张良上知天文，下知地理，对于军略鬼谋也是造诣极深，我俩不知不觉聊了一天一夜。

"我一看这是人才啊！就向他表明拉拢之意。而张良之前也和别人讨论过《太公兵法》，但除了我以外没人能看懂，所以他认定我是一个天选之才，并且通过之前的交流，他也被我的魅力所折服，这便跟随了我。

"后来，我二人见到了景驹，并向其表明了臣服之意，可那景驹也不是个好骗的主，他的意思是借兵可以，但必须先将西边正在祸害楚地的司马欣部队打败才行。

"那我还有什么招？为了消灭雍齿，我忍了。

"于是，我领兵到了萧县（今安徽省萧县稍北），然后很快就溃败了。

"此次溃败是我故意为之，为的便是保存主力部队去对付雍齿，我可不想用这杂牌军去抵挡秦国的正规军。"

我："您太坏了。"

刘邦："呵呵，这世道，谁聪明谁就能成就大事！坏一点儿又能怎么样？

"'败给'秦军以后，我直接领兵北上，先到了留县（沛县稍南）收拢士兵，然后向南攻击砀县（今安徽省砀山以南），并收此地降卒（六千人）前往攻击下邑（今安徽省砀山）。

"连克两城以后没了后顾之忧，我直接领全军士兵北上攻击丰邑，此次势必要攻下此地，活刮了雍齿！可是我又败了。"

我："……"

刘邦："丰邑这帮刁民！我和他们没完！"

我道："行了陛下，您可别激动了，那现在怎么办呢？您现在好不容易整来的兵都被雍齿祸害没了，下一步该怎么走？"

刘邦道："怎么走？继续借兵呗。"

我道："哈？继续借兵？之前您找景驹借兵，然后背信弃义，现在又要找他借兵？他能借给您吗？"

刘邦道："我有说要找景驹借兵吗？"

我道："那您找谁借兵？"

刘邦道："找谁？当然是已经平定了吴中的项梁！"

我道："您找项梁借兵？不对吧，项梁据您远先不说，单说中间隔着个景驹就不好操作啊。"

刘邦道："呵呵，景驹是个什么东西，他现在已经被项梁弄死了！"

我道："这话怎么说？"

刘邦道："当初陈胜横扫四合的时候曾经派广陵人召平攻击广陵，可这废物并没有将其拿下，现在他听闻陈胜兵败（陈胜兵败被杀不到五个月，所以并不是人人皆知），又见司马欣率领的楚军不停向东挺进，一想自己不是司马欣的对手便想出了一个损招。

"他假传陈胜的口谕，谎称陈胜命项梁为张楚的上国柱，让他火速向西攻打司马欣的秦军。

"那项梁不知事实真相，竟真的率领八千子弟兵渡过长江，朝司马欣的部队驶去。

"正巧他此时听说陈婴部已经'攻克'了东阳（今江苏省金湖西）一带，便派遣使者前往东阳，希望能与其合兵一处。

"说实话，此时的项梁还是有些没底的，因为陈婴的部众要比他多太多了，可让项梁没想到的是，他此举非但成功了，还使得陈婴归顺了自己，为自己增添了几万士兵。"

我："陈婴是谁啊？他为什么那么强大呢？他又为什么会归顺项梁呢？"

刘邦："这陈婴原是东阳县的功曹，素来诚实谨慎，对待百姓也很宽容，所以大家都尊敬地称呼其为'长者'（实际上并没有那么年长）。

"正巧此时陈胜起义，天下大乱，往日与东阳县令有仇的年轻人趁此时杀掉了县令，使得东阳一带群龙无首。

"这些年轻人也想趁着天下大乱的时机赶一把潮流，但因为名望不够，又不敢当这个出头鸟，便都推荐'长者'陈婴为首领。

"那陈婴老实谨慎，不敢如此做，便以自己才能低下为借口拒绝当首领，可现在箭在弦上，不得不发，众人根本由不得陈婴拒绝，便强立陈婴为首领。

"陈婴无奈，也只能照办。

"可让陈婴意外的是，他的名声实在太响，周围百十里地的百姓一听陈婴起义，无不跟随，不到一个月竟然聚集了两万多人。

"这些人一看队伍如此庞大，便都想拥立陈婴为王，以后真要是成功了自己也能封个侯。

"可陈婴本来就是个老实人，逼于无奈才当上的首领，这才当上首领没几天就想要他当王，他心里直打鼓。

"深知自己不是帝王之才的陈婴想不出什么太好的办法，只能跑回家中寻求老母亲的帮助。

"他母亲很是严肃地对他说：'自从我嫁做陈家的媳妇开始，就没听说过咱们家祖先有过显赫的人物，而你现在如果突然称王，这绝对不是什么好兆头，不如现在先拖着手下的那些人，等时机成熟以后归顺实力强大的反王。这样事情成功了还能裂土封侯，失败了也方便逃脱，这不是两全其美的好办法吗？'

"陈婴那小子一听老娘说的有道理，遂拖延时间不称王。

"正巧这时候项梁西征秦军，派遣使者前来拜访，陈婴一想项氏家族世世代代都是楚国将门，其在楚地声名赫赫，而现在天下大乱，成大事者非是此等将才不能成功，便说服了部众，率众投奔项梁。

"巧的是这时候英布也扛不住司马欣的打击而向东后退，听说项梁正率军西征，便和蒲将军（是很有才能的将才，但其真实姓名无可考，所以称其为蒲将军）带领军队归附项梁。

"如此，项梁不动一兵一卒就得了好几万人的军队，总兵力竟达七万人！

"项梁的实力壮大了，按理应该马上西进攻击秦军。可这时候他却把目光瞄向了正在与秦军对峙的景驹身上。"

我问："为什么要攻打景驹呢？难道项梁现在还不知道陈胜已经死了吗？"

刘邦道："你要说之前他不知道我是信的，可现在英布已经投靠了项梁，而英布之前是和吕臣在一起合并作战的，那吕臣既然知道陈胜已经死了英布就一定知道，而英布知道的话项梁还能不知道吗？

"所以，现在项梁攻打景驹的真正理由便是看上了景驹的地盘儿而已。遂以现在陈胜生死未知，而景驹大逆不道称王为借口攻打景驹。

"现在项梁有七万士卒，其中精锐八千，还有项羽这等不世出的将军及猛将英布、蒲将军等，所以景驹根本不是对手，不说一触即溃也差不了多少了。

"结果，项梁全侵景驹领土，合并其士卒。秦嘉战死，景驹逃亡，继而死于梁地。

"灭了景驹之后，项梁领兵驻扎胡陵（沛县西北），以此地为据点对抗秦军。

"项梁直接派两路大军攻打秦军，一部由英布带领，攻秦将朱鸡石部，另一部由项羽带领攻襄邑（今河南省商丘市西）。

"英布方面打得非常顺利，朱鸡石不知死活地和其硬拼平原战，结果被英布冲得连北都找不着，进而被斩杀。

"可反观实力最强的项羽却在襄城受到了强力阻击，多日无法攻下。

"最后，项羽大怒，亲自率军攻城。结果在项羽的激励下，三军拼尽全力才终于将这块难啃的骨头啃了下去。

"然而襄邑让项羽损失了众多士卒，因此他的怒火没有平息，而是下令直接对襄城的军民进行坑杀。

"你要知道，正所谓'杀降不祥'，斩杀降卒这等事儿从春秋开始便只有秦国干过。就连当初的人屠白起也只是坑杀降卒，而没有杀过一个老百姓的记录。

"而这个项羽呢？却比当初的白起还残酷无情，选择对这些降卒和无辜的百姓进行坑杀，这才是真正的人屠。

"而我呢，正在此时前去拜访了项梁，并朝他借兵。"

我问："项梁答应您了？"

刘邦道："答应是答应了，可项梁这家伙可不是景驹之流可比，他的意思是让我从此以后听从他的安排。我还能说什么呢？只能答应。

"这家伙呢，很明显是对我并不放心，虽然借给我五千精锐，却派了十名将领来指挥，根本就不给我指挥权，难道我就那么像骗子吗？"

我问"……，那之前您九千士兵都没能拿下丰邑，项梁这五千士兵够吗？"

刘邦道："够，这次赢了。"

我："赢了？怎么赢的？难道您的指挥才能和那十名南方将领差距那么大吗？"

刘邦道："哼！我战略大局观比项羽都差不了多少，怎么可能输给这十个小小的将领？关键是项梁给我的这些士兵实在是太精锐了，他们上云梯好似往上跑，肉搏战也是一个顶俩，试问有这种精兵相助我怎么可能失败呢？

"但最可惜的是我并没能抓住那可恶的雍齿，反倒是让他逃到了魏地。这真是我一大遗憾。

"全定了沛中以后，我被逼无奈，只得被'胁迫'前往薛县（沛县东北）参加项梁的大会。

"这小子现在兵锋正盛，已经拥有了大片领土，于是他不安分了，想要当霸主了。

"他手下有个名叫范增的谋士建议道：'主公，当初秦灭六国，只有楚国是最无辜的（没看出来），自从楚怀王（楚国的一位有为之主，在位时期灭亡了越国，使得楚国土地增几千里，到最后却因为种种原因不得不前往秦国受骗）到秦国一去不复返以后，我楚国实力大减，楚国的百姓们也一直怀念这楚怀王到现在，他们对秦国的恨也是所有国家中最深的，所以才说"楚虽三户，亡秦必楚"。之前的陈胜不拥立楚国的后代而自立为楚王，所以他的力量必定不能长久，现在您在江东起兵，追随您的人不可胜数，那是因为您家世世代代都是楚国的将领，现在天下未定，您不如在此时拥立楚怀王的后代为楚王，以

后天下大定了也能够随时……'

"你还别说，范增这老头虽然不如张良、陈平、蒯通等辈，但这个主意还是可圈可点的。

"此提议也正中项梁下怀，遂从民间挖门凿洞，找出了一个叫芈心的人（楚怀王的孙子），并立其为楚怀王，从了楚地人民的愿望。

"然后，这个楚怀王芈心便成了项梁私人的傀儡王，他按照项梁的提议，将陈婴封为上国柱，并大封项梁的亲信。

"而项梁呢？根本就不用人家楚怀王封，自己便自封为武信君，这也是给这个小小的放羊娃（找到芈心的时候他正在帮人家放羊）一个警示，告诉他少管自己的闲事，老老实实在那个王位上待着就好。

"值得一提的是，在立芈心为楚怀王以后，张良也找到了项梁，并对其提议道：'明公，您现在已经拥立了楚怀王的后代，而韩国公子中的横阳君韩成又非常的贤能，您不如将他立为韩王，这样便又能培植起另一个同盟势力，让您的力量更加强大。'

"项梁对张良的这个提议很是动心，便封韩成为韩王，张良为韩国司徒，给他们一千多人前往韩地复国。

"唉，张良虽然对我忠诚，可他复韩的愿望始终没能泯灭，正所谓强扭的瓜不甜，我也不能硬将张良留下，便只能放他离去了。

"不说这伤心事儿，咱还是再说项梁吧。

"安定了大后方以后，项梁便不停往胡陵一带的前线集结士兵，意图与章邯进行决战。"

我插嘴道："这么长时间没讲章邯了，南方闹得这么热闹，他现在干什么呢？"

刘邦一挥手，说："你自己看吧。"

2.10 挑天下，战群雄

时间到了公元前208年六月，伴随着如同地震般的行军之声，章邯终于开始了北上攻魏的计划。

他的全盘计划是这样的，先平定魏国，之后以此为根据地攻赵、讨燕、伐齐、灭楚，进而令秦朝重新统一天下。

魏王咎闻听章邯大军来攻，急命周市为统帅，领魏国全部精锐在临济（今河南省陈留西北）以南御敌。

然而秦军精锐无比，章邯的统军能力也是不俗，魏军根本不是对手，遂败退至临济城内，打算以坚壁清野的战术消耗秦军。

不过魏咎知道，光凭一座临济城根本就挡不住秦军的侵袭。所以，他派周市前往齐、楚寻求援军。

而田儋和项梁也知道唇亡齿寒的道理，乃出兵相救。

齐国方面可谓是精锐尽出，齐王田儋更是携其弟田荣亲率齐国主力部队日夜兼程赶往临济。

楚国方面，项梁则是派遣项陀领兵前往相救。

那章邯深知用兵之理，料定魏咎必求援于齐楚，所以并没有立即攻城，而是采用围城打援之法，命三军将士将临济围得铁桶一般，之后便养精蓄锐，等待着齐楚之军到来。

终于多日以后，齐国第一个赶到了临济郊外，见即将入夜，无法形成夹攻之势，便就地扎营，准备明日天亮和秦军决战。

可是章邯明显不会给田儋这个机会，通过计算天数，他料定田儋此次前来是以急行军的速度，部队必定人困马乏，遂决议以夜袭的战术击溃齐军。

而结果也正如章邯所料，齐军人马疲惫，入夜后睡得格外香甜，突闻秦军突袭，一个个慌不择路，基本上是一触即溃。

这一战，齐军精锐尽失，三雄之一的田儋和魏相周市全部死于乱军之中，田儋的弟弟田荣则当机立断，直接收拾残余部队跑路东阿（今山东省阿城）。

而楚国方面的项陀一听齐军被灭，直接写信给项梁询问下一步作战计划。项梁害怕项陀部被全歼，遂命其迅速撤离，回归本部，等待三军集结以后与秦军决战。

如此，临济为孤城一座，魏军将士一听到援军被击败的消息以后更是士气全无。

魏咎见现在已全无胜算，便写信给章邯请求投降。

可章邯并不吃他那一套，回信道："你的人头我要定了，你不死这事儿是绝对完不了的。"

见此，魏咎无奈回信："要我死可以，不过秦军一定要放过城中百姓与降卒的性命（秦军伐南方陈胜之时，只要攻下抵抗激烈的城邑则全屠降卒）。"

章邯的回答很简单："可以。"

如此，魏咎自杀，刚刚复国一年零十个月的魏国再次被灭。

平掉了魏国，章邯按理说应该按照原定计划攻击赵国才是正理，但他见田荣逃至东阿，打算继续追击，一举将这个三雄之二杀死再行北伐。

可让他没有想到的是，直到这时候，章邯才遇到了他真正的对手——项梁。

现正在亢父（沛县西北）的项梁闻听田荣被围于东阿，直接率楚国精锐之师北上御敌。

此次围困东阿，章邯也想像上次一样来一次围城打援。在他心中，这天下反贼没有一支队伍能和秦军的精锐抗衡。

然而，这一次他失算了。

项梁进入东阿境内以后毫不停歇，指令南方几千子弟精锐为先头部队突击秦军（先锋部队统帅为何人书未记载，不过此时项羽正在军中，所以这先头部队的统帅九成九应该就是他了），主力部队则于后跟进。

战阵已开，秦军根本就没想到楚军敢主动和自己开战，而这个先锋部队攻势又是极为凶猛，所以秦军侧翼很快就被打出一个豁口。后面跟进的主力部队一见传说中如同恶鬼的秦军也并不是三头六臂，便士气大增，进而勇猛杀敌。

章邯反应很是敏锐，他一开始对楚军严重轻敌，以至于侧翼出现漏洞，有溃散之险，便将四面围城之兵收拢于中，打算聚散为整出重拳攻击楚军。

但令他万万想不到的是，这个由几千精锐组成的前锋部队攻势极为凶猛，连破秦军层层防御，而他后面的主力部队也在前部的带领下奋勇杀敌，士气高涨。

最要命的是此时东阿城上也开始躁动不安，如果在此等士气下形成被两面夹击之势，结果很难预料，而用兵谨慎的章邯是绝对不会打这样不确定的战争的。

所以，他令士兵且战且退，终于在损失不大不小的情况下逃离了东阿。

然而就在项梁和田荣打算合兵一处追杀章邯之时，更东方的齐国却出事了，使得田荣不得不返回齐国。

原来，齐王田儋已死的消息已经传到了齐国。那些齐国的旧贵族们竟然直接立了战国末期齐王建的弟弟田假为新任齐王。

听到这消息以后，田荣气得七窍生烟，直接找到了项梁。

"明公！田假那小儿趁我不在齐中而叛乱自立，是为大逆不道！我请求领本部兵马回齐中之地讨伐这厮，一旦成功平定内乱必领齐中精锐前来增员抗秦。"

项梁问："那你需要多长时间呢？"

田荣道："呵呵，区区孺子，何须挂齿，田某去去就回！"

"好！"

如此，田荣率领本部兵马迅速返回了齐国，并以雷霆之势直突临淄，简直可以用势如破竹来形容。

那田假畏惧田荣如虎，遂逃往楚国，寻求楚怀王的庇护。齐相田角则逃往赵国，而田角的弟弟田间在此前曾经想出使赵国，一见田假派系被灭，便也直接留在了赵国。

如此，田荣没多久便平掉了整个齐国。

之后，他立了田儋的儿子田市为齐王，自己则和田横一起辅佐田市。

那么现在齐国已经被平定，田荣是不是就应该履行当初的承诺而前去支援项梁了呢？

再看项梁方面，现在田荣虽然回齐，可项梁是绝不会就这样放弃已经得到的战果。

为此，他将部队分为两路，一路以自己为统率的主力大军屯于东阿等待田荣的援军，另一路则由项羽领着刘邦所部追击章邯。

当然了，这两支部队的主要负责人一定是项羽。

根据章邯撤退的方向以及当时的地理形势（大河）推断，项羽料定他一定是往西南走濮阳（今河南省濮阳东）方向。

所以为了能够更快地追击章邯，项羽领本部与刘邦直线向南推进，争取在章邯更向南走之前将其截击于此。

项羽，这个流动作战的神将，这个兵家四派中形势派的代表人物，他领军的才能是毋庸置疑的。

首先，项羽向南攻陷了城阳（今山东省濮县东南），并将此城的男女老少屠杀殆尽（为了以后攻城方便），然后于此地迅速向西突进，兵锋直指章邯。

然此时章邯所部刚刚到达濮阳（不是章邯慢，而是项羽太快），正是士气低落并疲惫至极之时，突闻项羽所部向自己奔来，以为是项梁主力大军前来，便有了退守城中的想法。

可一经打探，发现并不是项梁主力大军，而是项羽的军队，便仗着士兵众多的优势，打算在濮阳以东全歼项羽，进而取其性命。

但项羽的攻击实在是太过凌厉，章邯的"残兵"与其交战没多久便被冲散，结果好几十万的大军被项羽逼入濮阳死守（项羽的作战方式就是攻击，可他详细的攻击阵形以及攻击方式到现在已经没有了记载，这不得不说是史学界与军学界的一大损失）。

看着濮阳城上黑压压的秦国士兵，项羽不敢强攻，便打算攻击其他的地方将其引出。

于是，项羽向东南侵袭，打算攻下定陶（今山东省定陶）以后继续扩大打击范围，直到将章邯引出来才算告终。

然而定陶自从春秋开始便已经是闻名天下的重镇，所以所布防的秦军也是各个地方最多和最精锐的，并兼此地城高墙厚，所以想要将其攻破所付出的代价绝对是难以想象的。如果到时候自己攻打此处打得人困马乏，章邯再在这时候从背后攻击，那项羽哪怕真的是天神转世都无可奈何了。

基于此，项羽再次改变战略方针，乃与刘邦向西攻城略地。

首先，其与秦军战于雍丘（今河南省杞县）。

雍丘，属三川郡管辖范围，而三川郡的郡守正是之前抵挡吴广的李由。

李由听说项羽来攻，本想守城抗击，可当时赵高不停地派遣探子前来本地寻找他私通贼寇的证据，若此次再行守城，那结果便可想而知了。

所以李由在无可奈何之下只能率军正面迎击项羽。

而项羽的攻击能力举世无双，就是率领数十万大军的章邯在他面前都要抖三抖，就更别提李由了。可以这么说，项羽在当时的小、中、大（一万以内为小规模，五万左右为中等规模，十万左右为大规模，十万以上为超大规模）规模野战水平绝对是天下无敌。

所以，李由惨了，最后于战阵中死于曹参刀下。

将李由杀死以后，项羽兵分两路出击三川郡全境，一路自己带领，另一路则是由刘邦率领。

如此，没过多久三川郡便被楚军彻底攻占。

而此时的章邯呢？他还是没动作，而是让士兵在濮阳城养精蓄锐，并向中央请求援军。

现在秦朝一切都以章邯为重，所以增援部队一批接一批地赶往了濮阳，使得章邯声势复振。

看着之前被打败的章邯再次恢复士气，身在东阿的项梁急了，遂遣使者前往田荣处催促出兵。

可这田荣却食言，大大咧咧地回信道："让我出兵？行！只要你们楚国杀死田假，他赵国杀死田角、田间，我齐国大兵立马开进攻秦。"

此信一出，项梁暴跳如雷，当初要不是田荣的缘故而贻误战机，现在说不定是一个什么结果呢。

所以，项梁顶住了积压在胸中那无尽的愤怒，而是将此信交给了楚怀王和赵王，让他们看着办。

可出乎项梁和田荣意料的是，这两个所谓的王竟然全都拒绝了项梁的要求。

首先看楚怀王，他表面上写信回复田荣是这么说的："田假是我盟国的君王，无路可走才归附我大楚，所以将他杀掉是不合乎道义的。"

这简直是搞笑，现在是什么时候，还讲什么道义。我认为，楚怀王之所以这么说只有一个可能，那便是不想让田荣与项梁合兵一处，因为现在项梁在楚中的势力已经太过庞大，那些楚国的将军与文臣大部分都唯项梁马首是瞻，如果此时再让项梁成功击退章邯，进而灭亡秦朝，那么他楚怀王的好日子也就到头了。

所以，让项梁和中原的那些个诸侯王与秦朝拼个两败俱伤才是最好的选择。（注：此为《汉书·田儋列传》的说法，但《汉书·项籍列传》却说这话是出于项梁之口，而通过项梁和楚怀王的性格相对比较，遂采纳《田儋列传》所述）那赵国呢？他们又是怎么回事儿呢？难道他们不知道章邯下一个目标就是他们了吗？难道他们不知道唇亡齿寒的道理吗？

具体原因到底是什么我不知道，史书也没有记载，但一向睿智的张耳和陈馀此时却完全没用，我估计是让赵国国内的内乱给整蒙了吧。

那好长时间没有提到赵国了，他们又怎么内乱了呢？

这个后面再说，还是继续说项梁吧。

就这样，在楚国和赵国都拒绝释放田假等人以后，田荣果然不肯出兵，这就使得项梁的部队成了孤军。

如果从"稳"的角度出发，项梁现在也不应该出兵，等待时机才是良策，因为此时章邯的部队已经恢复了元气。

可经过连续的胜利，项梁已经开始轻视章邯，遂决议以孤军之势攻击章邯。

虽然对于此豪气的提议大多数将领都表示赞同，可也有些人表示质疑，项梁军中就有一个叫宋义的对项梁的决议很不赞同。

他对项梁道："将军，现在我军连战连捷，全军将士不管从精气上还是心理上都非常轻视秦军，而秦军被将军、刘邦和项羽连续击败数次，士兵已成哀兵，兵法有'骄兵必败，哀兵必胜'之言，所以将军不可贸然出击，只有原地驻军，静观其变才是道理。"

可项梁一直都不喜欢宋义，哪怕他提的主意是对的。

所以，宋义说完这话以后项梁连搭理都没搭理一下，而是将宋义派往齐国为使者，具体干什么不得而知，不过我想应该是形式上的请求援军吧。

离开项梁，宋义无奈前往齐国，可正好在路上碰到了齐国使者高陵君，二人相互拜礼之后，宋义问道："您是要前往面见武信君（项梁）吗？"

高陵君道："是的，你有什么要嘱托的吗？"

宋义道："嘱托倒是没有，不过我劝您还是不要去了，抑或是减慢自己的步伐，因为武信君（项梁）的军队最后一定会失败，您要是去得快了，估计也会死无葬身之地。"

结果高陵君信了，也同时减缓了前去面见项梁的步伐，那么项梁真的会如同宋义所料吗？

我们再来看看项梁方面吧。

决定前往攻击章邯以后，项梁直接从东阿向南，直袭定陶，打算通过定陶将章邯给钓出来，之后也来一次围城打援。

然而呢，章邯出来了，但却不是被钓出来的，而是主动出击。

自从秦军恢复实力以后，章邯便不停地派斥候队前往东阿方面探听项梁虚实，所以项梁那边一出兵章邯就已知晓。

通过项梁行军的方向，章邯认为他一定是想要攻击定陶，进而钓出自己。于是，他来了个将计就计，领十万锐士和胡骑以急行军的速度赶在项梁以前到达了定陶，并从进驻定陶以后便严令禁止百姓出行，为的就是怕消息泄露。

果然，项梁方面未知章邯主力精锐已经驾临定陶，所以进入定陶以后便将军队分散，呈四面合围之势将定陶团团围住，只等章邯来救。

夜已深，疲惫的楚军开始呼呼大睡，可此时的定陶城中却有许多士兵"人衔枚，马裹蹄"。

咔嚓咔嚓，定陶城边角的城墙被掏出了一个又一个大洞，紧接着，一批又一批的秦国士兵从里面悄悄走出，当他们全部走出定陶以后便开始慢慢向项梁的中军缓行，越来越近，越来越近……

突然，咚咚咚的鼓声擂响，遍地火把在此时点燃，好像一片火海一般。之后，杀声震天，项梁大营乱作一团，那些还没来得及穿上衣服的士兵全都被冲进去的秦军锐士斩杀。整个楚中军几乎在毫无抵抗的情况下被秦军全歼，项梁也稀里糊涂地死于乱军之中。

项梁死，整个楚军指挥系统瘫痪，导致楚军溃逃，章邯抓住此天赐良机，分秦军为多部，对四面逃亡的楚军展开了疯狂追击。

结果，项梁主力部队死者十之七八，使得楚国遭受了非常严重的打击。

而项梁战死的消息很快便传到了正在外黄的项羽军中。闻讯，项羽、刘邦大惧，乃放弃之前所打下的土地前往攻击陈留，想要用陈留这个坚城来抵挡章邯的进攻。

可陈留军民听说章邯大胜，抗秦主力项梁已死，不敢将其激怒，便拼了老命地防守陈留，使得项羽、刘邦急切中难以攻下，还怕行动迅捷的章邯趁机抄了自己的后路，便只能向东面的彭城（沛县南）撤退了。

反观章邯方面，灭了项梁以后其声威大震，便决定乘着这股劲儿直接将赵国也给灭了。

事后来看，现在正是项羽和刘邦最为虚弱之时，章邯应该赶紧灭了他俩再消灭楚国才是正理，为什么还要攻打赵国呢？

有这种想法不奇怪，因为咱们知道这段历史，全都是事后诸葛亮，可当时的章邯并不知道事后的发展。而从天下的角度来讲他攻击赵国也是合情合理的，因为赵国地域从有晋开始便是名将的发源地，三家分晋以后赵国更是能人辈出。

因为地理和气候因素，那里的百姓也是人人尚武，所以战斗力极强，发展潜力也是各路反王中最高的，再加上现在赵国内乱，正是攻打的绝佳时机，所以章邯决议攻赵。至于刘邦和项羽要兵没兵，要地位没地位，两个小打手而已，现在谁会在乎他们两个呢？

那么赵国是怎么内乱的呢？要说这件事，我们还要从陈胜被章邯杀死以前说起……

2.11 巨鹿胜，天下震！

陈胜未死之时，曾派武臣攻赵地，武臣得赵地以后被张耳和陈馀忽悠自立为王，之后为了发展自己的势力和陈胜对抗，乃遣韩广攻燕地，李良攻常山，张黡攻上党，一副要统一北方的架势。

然而世事无常，人心易变，韩广攻进燕地以后竟然被燕人拥立为燕王。遂直接占领燕地自立为王，竟与武臣形成了各据一方分庭抗礼之势。

武臣因此大怒，遂领张耳、陈馀亲率大军前往攻燕。

可极具戏剧性的是，正在两军对峙的时候，那武臣不知道抽什么风，竟然只带几名亲信四处游走，结果，被韩广的巡逻兵生擒。

韩广大喜，遂以武臣为要挟，派使者前往赵军面见张耳、陈馀，要求二人割地换人。

可割地换人这事儿根本行不通，张耳和陈馀知道，如果有了第一次，那韩广将会没完没了地以武臣来勒索赵国，这戏码在春秋战国最少上演两次了（一次是春秋的宋国与楚国，一次是战国的楚国与秦国）。

所以，张耳和陈馀没有答应韩广的要求，而是派遣使者前去和韩广协商，想要用财宝来代替土地。

可身处于乱世之中，最值钱的只有土地和粮食，所以没得商量，韩广不但拒绝了二人的请求，还将好几批前来协商的使者全部斩杀，以此来展示自己的决心。

张耳、陈馀因此愁眉不展。

这事儿在当时弄得沸沸扬扬，全军上下都知道。

一日，赵军一个小小的营帐内，一名伙夫很豪气地对自己的室友道："我要去替二公（张耳、陈馀）出使燕国，将燕王要回来！"

一听这话，伙夫的那些室友全都笑话他："你真是想升官发财想疯了，之前二公派了那么多的饱学之士出使燕国都以失败告终，你一个伙夫有什么能耐？还是乖乖做你的菜吧！"

这伙夫没有理睬室友的冷嘲热讽，而是径直前往二公营帐，并说明了来意。

本来二公是不想让一个伙夫代表赵国的脸面出使燕国的，可是现在已经没有一个人敢出使燕国。所以，没办法，死马当作活马医吧。

于是，这名伙夫来到了燕国，可韩广不屑于接见他，派自己的一名将领来接见他，估计只要他敢说以钱换人就立马被这个将领斩杀。

可这伙夫并没有直接说明来意，而是非常风趣地问道："这位将军，您知道我是来干什么的吗？"

将领冷笑道："来干啥？自然是来寻回你们家赵王。"

"没错，那我请问将军，您知道张耳和陈馀都是什么样的人吗？"

将领寻思了一会儿，有些郑重地答道："贤者。"

"那您知道他们派我来的目的是什么吗？"

"呵呵，当然是要回你们家赵王。"

"错！您并不知道二人真正的想法！想当初那武臣、张耳和陈馀三人没怎么用兵就拿下赵国几十座城邑，这事儿张耳和陈馀是出了大力的，所以此二人也非常想坐上赵王的宝座，您也应该知道，君和臣的地位根本就无法相提并论。然而因为当时赵国刚经战乱，百废待兴，且武臣为军队主帅，再加上他的年龄也大，所以就勉为其难地立他当了赵王。然而现在赵国已经安定，所以二公便已经有了取而代之的想法，可因武臣总是坐镇邯郸，使得他们没有动手的机会。而现在您燕国囚禁了赵王，这也给了二人大好的机会，他俩表面上不断派人前来营救，可哪一次是答应了燕王的请求？"

"……好像真没有，都是说要来给钱换人的。"

伙夫道："这就对了，二人之所以这么做，就是希望燕王赶紧杀了赵王，这样二人才能名正言顺地继承赵王之位。将军您想想，到时候统率赵国的不是张耳便是陈馀，而这二人的实力更胜武臣百倍，贤者所率领的赵国虎狼，那结果是什么我就不多说了，您自己想想吧。"

话毕，这将领沉思了好一会儿，然后对赵使深深一拜："先生请先稍候片刻，我这就去禀报我家大王。"

最后，这名伙夫拉着武臣回到了邯郸。

而武臣和韩广好像也达成了某种协议，遂领兵回国，再也没向燕国出兵。

武臣安全逃过了一劫，可这次他太丢人了，到了被将士看不起的程度，这也为接下来的内乱打了一个小小的基础。

再看攻击常山的李良。

他与东北线受挫的武臣不同，攻打常山的李良可谓是顺风顺水，没过多长时间便完成了任务。后武臣再给他指令，命其继续攻击太原一带，但前往太原的必经之路有秦国重兵把守，使得李良寸步难行，遂与秦军呈对峙之势。

那秦军守将姓甚名谁不得而知，却是一个人才，他见李良领军和自己展开对峙，料想久必生变，就想出了一条毒计。

他命人携带信件前往李良军，并假冒秦二世口谕："李将军，您曾经跟随我大秦南征北战，我十分看重您，可最后为什么要反秦而归赵呢？我想一定是您受了奸臣的蛊惑。如今，我大秦正是用人之际，我想您回来继续帮助我大秦，只要您能回来，我必既往不咎，还会给您高官厚禄。"

其意便是离间李良和武臣之间的关系。

李良没有相信信的内容，可他非常惧怕，怕这是秦国的离间之计，不但给自己写了信，还给武臣也写了信。

那武臣能力平庸，并且经过之前的背叛，现在一定是疑心病最重的时候，就想亲自回去向武臣解释，顺便也再拉些援兵回来继续攻秦。

可让李良和武臣都没有想到的是，他们都被一个人给毁了。

话说李良的部队回到邯郸以后，途中却碰巧遇到了武臣的车队，李良还以为车里坐着的是武臣，便于道旁行跪拜礼。

可没想到这车里面坐着的并不是武臣，而是武臣的宝贝妹妹。最要命的是那天她喝多了，不知道跪在道旁的是位高权重的将军，就只让一个骑兵前去对李良解释，领车队离开了。

李良不知道具体情况，只知道自己在部下面前被一个女子羞辱，这股气焰便充斥大脑无法压制，正巧这时候一名亲随还在一旁煽风点火："将军！现在天下人都反对秦国，谁有能力谁就能称王！那武臣算个什么东西？凭他也配与将军相提并论？如今他们家的女孩儿见了将军不但不下车行礼，还如此羞辱我等，请让我带人将这不知死活的娘们儿杀了！咱直接反了他！"

李良现在本就是火冒三丈，又有人在一旁添油加醋，便直接命此人将武臣妹妹以及随行百人全部斩杀，之后带领军队直击邯郸王宫。

因为此时的邯郸全无防备，所以轻易告破，武臣也死于李良刀下，而张耳和陈馀当时并没在王宫，再加上有人提前给他们通风报信，便逃过了一劫。

张耳和陈馀逃出邯郸以后四处收拢残兵，准备集中一处后与李良决战。

就在这时，一位宾客却奉劝二人道："你们两位都不是赵国本地人，所以想要赵人归附是非常困难的，不如立六国时赵王的后代为王，以辅助他的名义来完成大义，这样才能使得赵人归附。"

二人觉得有理，遂命士兵满赵国地寻找赵王后裔，最后终于找到了一个叫赵歇（赵国王室贵族）的立为赵王，并定都于信都（今河北省邯郸市北）。

而事情也果如那宾客所料，自从立赵歇为赵王以后，赵国国内四方归服，使得张耳和陈馀的部队一下便增到近十万人。

李良大恐，遂全军攻打赵歇，势必要在其彻底形成气候以前将其击溃。

可惜此时张耳、陈馀羽翼已成，再加上陈馀用兵也有些不俗，便于一次大会战中将李良打败，使其部十不存一。

经此大败以后，赵军虽然损失很大，但李良更是惨重，已经再也没有东山再起的希望，便弃了赵地前去投靠现在风头正盛的章邯。

就在李良和张耳、陈馀互撕于野之时，伴随着轰鸣的行军声，章邯已带领秦军渡过了黄河，兵锋直指正在与李良激战的赵军背后。

所以就在李良刚刚大败没多久以后，凶猛的秦军便已经和赵军展开了战斗。

此时的赵军已经疲惫不堪，再加上秦乘灭楚之势一举而攻，所以赵军一触即溃，陈馀也带领着部队仓皇而逃。

干掉陈馀主力之后，章邯毫不停留，兵峰直指邯郸。

因邯郸从战国开始便是赵国的王都，城高粮足，是赵国人的精神支柱，所以章邯的第一个目标便是此地。

盖因李良已经投降了章邯，邯郸也是无兵守护，章邯遂迁邯郸之民于河内，之后便将这座百年王都毁于一旦，后领大军直袭信都。

而张耳和赵歇也知道信都不是久守之地，便紧急领全部残存士兵迁往巨鹿（今河北省平乡西南）以守秦军进攻，并令正在外收拢残兵的陈馀驻守巨鹿以北，和巨鹿呈两面夹击之势防御秦军，还四处派使者前往各国求援。

而现在正往信都的章邯听闻赵歇已迁往巨鹿，便改道而行之。

到了巨鹿以后，章邯命王离领数十万大军将巨鹿三面（北、西、南）团团围住，自己则领主力镇守后方，以防援军突袭，并在后军与围城秦军之间建设甬道（在道路上方和左右全都建上墙壁、木板或者非常坚固的东西，以防止敌方偷袭运粮队伍）用于运粮。

王离部得到了充足的粮食，进攻更是猛烈，巨鹿朝不保夕。

那么现在各路援军都在干什么呢？

两个字，观望。

首先，赵军陈馀方面，赵军原本的计划则是在秦军攻城的时候陈馀要在后方不停地骚扰秦军，使得对方攻城的节奏缓慢，可秦军声势实在是太过骇人（数十万），看着那黑压压一眼望不到边际的秦军，陈馀除了绝望还是绝望，所以一直都没敢前去骚扰。

苦苦抵抗秦军的张耳因此大怒，派遣张黡、陈释前去责备陈馀："我与你是生死之交，自认为感情更胜亲兄弟，可现在，我与赵王的性命就在旦夕之间，可你拥兵数万，却不肯发兵来救，这究竟是为了什么？现在我请求你发兵来救，哪怕死于乱阵之中，这也算是有一线希望啊，如果你身死于乱军之中，我必引颈就戮，黄泉路上也不孤你一人！"

陈馀哀叹一声回道："我不去救援巨鹿并不是因为我怕死，而是因为我不想白白送死。试问，如果连我也死了，以后还有谁能替赵王和张耳报仇呢？"

张黡和陈释一看陈馀还不打算出兵，便愤怒地道："将军这话说得不对！现在正是形势最紧急的时候，哪还能如此瞻前顾后？只有成全了自己的道义才是真正的好汉！"

陈馀道："我真的不是怕死，可是白白去死又能有什么好处呢？行了行了，既然你俩不信我也不多说。现在我就给你俩五千士兵，你俩率兵试试看就知道有没有用了。"

张黡和陈释大怒，可陈馀已经打算厥到底了，他俩也不好再说什么，只能领五千士兵前往数十万秦军身后攻击。

结果，这五千士兵就好像一滴水被淹没在沧海之中，没泛起一点涟漪便被淹没殆尽，起到的效果甚至连城头上的赵军都没有看到。

至此，陈馀再也不肯出兵攻秦了。

而齐、燕的援军倒是到了，并和陈馀军队整合为一，可他们见秦军声势太盛也就和陈馀一样一厥到底了。

如果照此局势继续发展下去的话，赵国必灭无疑，所以全天下都将目光盯上了正在路上的楚军，而楚军也在此时发生了一场革命性内乱。

话说之前宋义曾和高陵君预言了项梁必败之事，使得高陵君对宋义无比崇拜，所以他面见楚怀王之时便极力推荐宋义。

楚怀王因此召见宋义，并和他谈论时势与兵法。最后，宋义的言论为楚怀王所喜，便打算提拔宋义。

正巧此时，章邯大军在赵国境内连战连捷，逼迫赵王于巨鹿困守，那楚怀王也知唇亡齿寒之理，遂命宋义为楚军主帅，号卿子冠军（其意相当于汉朝的冠军侯），项羽（此时项羽已经被楚怀王任命为鲁公）为次将，范增为末将，领十余万楚军支援赵国。其他将领，如英布、蒲将军、桓楚等辈此时亦全归宋义直辖。

这还不算，楚怀王还给刘邦一支不满万人的军队向西面进攻，意图牵制关内秦军，让其不得向北支援。并向众人宣布，只要谁能先一步入关灭亡秦国，便是新任秦王！

得此消息，项羽直接怒了，因为之前追杀章邯的时候项羽和刘邦配合得非常默契（以此来见，刘邦的统兵水平绝对非同一般），所以更愿意和刘邦一起向西攻击关内方向（其实是想当秦王）。

可楚怀王认为项羽为人彪悍，一旦让他成为秦王，便再也无法控制，遂拒绝了项羽的请求，让他继续归宋义管辖。

就这样，一方面，刘邦领着那点儿可怜的部队向西进发，另一方面，宋义则领十余万大军北上救赵。

按理说现在赵国已经是形势危急，大军应该赶紧北上才对，可是宋义却在到达安阳之后（今山东省曹县东）停歇不前。

项羽因此大急，前往面见宋义道："将军！现在秦军已经将巨鹿团团围困，我们应率领部队迅速渡过漳河，进而攻打他们的外围，一旦我军有所收获，赵国必于内响应，到时候两面夹击于秦，必将其大败！"

话毕，宋义哈哈大笑，那笑声中充满了对项羽"幼稚"想法的藐视，十余万军队就敢去硬撼几十万的大军，这简直是滑天下之大稽。

于是，宋义鄙视地道："你这话说得就不对了，岂不闻鹬蚌相争，渔翁得利？现在秦军正在猛攻赵国，可在赵王和张耳的拼命阻击下好几日都未能攻下，我料定，章邯即使能拿下巨鹿也必然是疲惫之军，而到那时候，我们便可趁机灭杀秦军，之后一举灭亡秦朝，天下便再也没有能与我大楚抗衡的势力了。呵呵，所以说项将军啊，论披甲持戟，在战阵中冲杀搏击，我肯定是不如你的，可论运筹帷幄，统率全军大战，你和我可就不是一个层次的了。"

项羽虽然对宋义的方法嗤之以鼻，可碍于他是主帅，也不敢公然对抗，只能将此怒默默地记在心中。

那么宋义这话对吗？我不知道，也不想当事后诸葛亮，我只知道，如果我是当时军中将领的话，一定会听从宋义的安排，因为联军和楚军加在一起也就二十万，这么点儿人拿什么和秦军抗衡呢？

但宋义没有想到的是，这个世界存在一种人，这种人在某方面拥有超越其他人的天赋，也许几百年都不会出现一个，但在那个时代却出现了这么一个人，我们习惯称呼这种人为"妖孽"。

而他，就是项羽。

当时安阳附近天寒雨大，楚军的士兵们又冷又饿，而反观此时的宋义，竟然忙着大摆筵席招待齐国使者，为的就是派自己的儿子宋襄前往齐国辅佐齐王（狡兔三窟）。

这极大的反差使得士卒对宋义寒心，而项羽便抓住了这个机会，趁着宋义送宋襄前往齐国的时机纠集心腹将领道："现在章邯部队攻击巨鹿甚紧，正该合力攻打秦军，可他（宋义）却畏惧秦军如虎，迟迟不肯前进。如今南方饥荒，百姓贫苦，士兵更是以一半豆子一半蔬菜来充饥。可他呢？招待一个齐国猪狗竟然整日大摆筵席，还说什么'利用他们的疲惫'。我呸！凭秦国的强大，进攻新建的赵国必是摧枯立朽，而赵国一旦被覆灭，秦国将更加强大，还有什么疲惫的机会可以利用？况且我国军队最近吃了败仗，大王坐立不安，将全国的精锐全都交给了宋义指挥。可他呢？不但不体恤士兵，反倒用自己的职权来钻营私利，这种人根本就不是我们楚国的大臣，更不可能是我项羽和在座的各位统帅！我意明日直取其首级，尔等管住自己的部队不要让他们妄动，懂了吗？"

"遵命！"

就这样项羽在第二日一早进了中军大帐，手起刀落便将宋义斩杀。

杀掉宋义以后，项羽向三军发布命令："宋义与齐国阴谋反楚，楚王已经命我秘密杀死他。"

说实话，项羽这命令发得太假了，可一是因为宋义的做法大失人心；二是因为楚军的那些高级将领大多是当年跟随项梁南征北战的心腹；三是因为项羽的统兵作战能力也确实高超，所以大家都没有反抗项羽，任那宋义人头落地。

之后，项羽又召集所有将领们开会，准备再选出一个新的主帅。那还能说什么，事儿是项羽挑起来的，其他人谁还敢选别人呢？所以理所应当地推荐项羽为新的主帅。

想当初刘邦当沛公的时候还知道虚伪地礼让两次，可项羽呢，他哪有那个闲心，直接便同意了将领们的"请求"，自立为楚军新帅。

之后，项羽一面派出使者前往楚怀王处通告消息，另一面派出部队追上了宋义的儿子宋襄，并当场将其击杀。而大后方的楚怀王虽然恼怒，但生米已经煮成熟饭，他还能怎么办，只能命项羽为上将军，统率全军北上救赵。

项羽楚军行动异常迅速，很快便北上渡过河水驻扎于漳水之东，做出与其他诸侯一样作壁上观的假象，然后遣英布和蒲将军每人率领一万士卒偷渡漳水，对秦国甬道反复破坏，并在其中不停焚烧楚军粮草。

王离和章邯亦派军队前往攻击英、蒲二众，可此二人极度狡猾，兼其众勇猛绝伦，人派得少了便被二人击溃；人派得多了二人又四处打游击，可把章邯弄得心烦意乱。

就这样，在英、蒲二人的不停骚扰下，秦军的粮食有一顿没一顿，以致士气渐落，无精打采。

项羽见时机已到，着令主力大军迅速渡过漳水，与英、蒲二军会师，并在全军渡水以后下令凿沉船只，砸毁锅灶，烧掉壁垒，只准携带三天的干粮，其意非常明确，那就是告诉全军必定在三日之内决出胜负，不是秦死就是我亡。

看着同样只带着三天干粮的项羽，楚军上下没有丁点儿绝望，反倒是彻底被激发了血性，他们在项羽的带领下直扑正在巨鹿以南的章邯精锐。

章邯也不含糊，迅速组织大军前往攻击项羽，且还是老三板斧，先令胡骑骑射楚军，之后再出动锐士给敌军致命一击。

可这次他遇到的不是周文，而是项羽！

项羽根本就不和你玩儿什么排兵布阵，他一马当先，带领着先头部队直接对章邯展开了生死冲锋，并在瞬时之间便冲入了章邯的大阵。

那些胡骑最大的优势便是游击骑射，可此时的楚军已经和章邯战作一团，所以他们的优势也得不到发挥，便只能于外围游走，以待时机。

因为见识过秦国锐士的胡骑确信，这世界上没有一支部队能打得过这些锐士，所以他们早晚会被秦军打得四散溃逃，那时候就是他们收割生命之时。

可这一次，他们错了，都说由狮子率领的绵羊能打败一支由绵羊率领的狮子部队，这话一点儿不错，那章邯虽然不是什么绵羊，可项羽可不仅仅是一头狮子，而是一个绝世凶神，并且他带领的部队也全都是江东精锐，根本就不是什么绵羊。

叮叮当当，伴随着无尽的兵器交接声，战场乱作一团，可谓是血雾弥漫，残肢乱飞。项羽带领的先头部队如同尖刀一般，直接将章邯的主力部队拦腰截断，双方大战一天一夜，连续交锋九次，从来以耐力而闻名的秦国锐士都已经逐渐不支，可项羽所统率的江东子弟却还是越杀越疯，这简直就是一群从地狱中爬出来的魔鬼。

后来，秦军再也撑不住了，章邯也被打怕了，便率领部队狼狈地向西逃脱。

可项羽并没有对章邯展开追击，而是直接率领士兵突击北上，将王离军队团团围住。

十万军围困数十万的部队（此时项羽刚刚和章邯的精锐部队战完，所以军队绝对不到十万），以少围多，这简直是兵家大忌！此种战例史书上没有，兵书上也没有，从前没有，以后也不可能再出现，项羽这是要干什么？

巨鹿城里的赵王和张耳不敢相信自己的眼睛，所以他们没敢出兵夹击。

北面的陈馀和齐、燕联军不敢相信自己的眼睛，所以他们没敢出兵夹击。

然而，项羽这个疯子，他见诸侯军不出兵帮忙，竟然没有撤军，而是直接下令对秦军展开疯狂攻势。

项羽的想法简单粗暴，那就是用围住秦军的楚军分散秦军，然后自己率领主力部队狂攻王离本部，进而将秦军攻至瘫痪。

这些楚国疯子叫喊着攻击秦军，他们的手被砍掉了就用脚踢，他们的脚被砍掉了就扭动着自己的身体去抓敌军士兵，只要抓住就是一顿狂啃，而项羽那个疯子所带领的亲卫部队更是所向无敌，其兵锋所指之处无人可挡，硬是将秦军的阵容搅了个稀巴烂。

看着如同地狱魔神一般的楚军，城上的赵军和北面壁垒上的联军全都战栗惊恐。

就这样，数十万秦军被楚军打得节节败退，项羽的部队则如同尖刀一般直插秦军心腹，并以最快的速度冲到中军大帐，将王离生擒活捉。真可谓"百万军中取上将首级如探囊取物"！

王离被活捉，秦军顿时崩溃投降，巨鹿之战则以楚军大胜而告终。

收拾完后续之事，项羽令士兵集结于中军大帐，并派遣使者前往各军统帅处让他们迅速来见。

项羽此时已经成为这些"统帅"们心中的魔神，魔神有令哪敢不从，便一个个上赶地前往面见项羽。

然而一入辕门，他们远远地看到一身红甲（被鲜血染红）的项羽正用一种极度蔑视的眼神看着他们。

他们害怕了，双腿止不住地发抖乱颤。

扑通，不知道是谁第一个跪下了，其他诸侯也再也忍不住心中的恐惧，一个个也都扑通扑通地下跪。

然后，这些"统帅"跪着向项羽"走"去，没有一个人敢抬头看项羽的尊容。

最后，项羽被众多统帅拥立为诸侯上将军，统率联军将士，无人敢有丝毫不满，都乖乖地将兵权交到了项羽手中。

搞定了众多统帅以后，项羽带领联军进入巨鹿，赵王歇则携张耳亲自出城劳军。

可当张耳见到陈馀以后，本来满面阳光的脸突然晴转多云，指着陈馀的鼻子就骂："陈馀（古人没有仇恨是不会直接说姓名的，而是称姓氏，后加字）！别的我也不和你多说，我就问你，张黡和陈释哪去了？"

陈馀自知理亏也没有生气，而是赔笑道："兄弟这话从何说起？张黡和陈释之前要求我与秦军拼死，我给了他们五千士兵前去攻击，最后寡不敌众才死于军中的。"

张耳道："哈哈，都到这种时候了你还在这和我扯谎！分明是你陈馀畏惧秦军如虎，最后受不得二人责言而将二人斩杀，如此的你还有什么脸面返回赵国？"

陈馀一开始知道自己理亏，也不想和张耳闹得太僵，可张耳没完没了的责骂也给陈馀激怒了，他径直走到张耳的身前，将自己的帅印拿出交给张耳道："我真没想到你现在对我的怨恨已经达到了这种程度，如果你真的认为我杀了二人，那这帅印你就拿走吧，我陈馀从此不再领兵就是！"

说罢，将头一偏，只伸出了那只拿着帅印的手。

张耳见陈馀将帅印递到自己面前，也感觉自己稍微有点儿过分了，可心里还是怨恨当初陈馀不肯援救自己，便扭过头去不肯接受。

见张耳最后还是给自己留了些面子，陈馀的心中稍暖，可就在此时，陈馀突然内急，便将帅印放在了桌子上急急如厕去了。

见陈馀不在，张耳的一位门客突然蹿上来对张耳道："大人！天予不取，反受其咎，现在您与陈馀已经闹翻了，以后也不可能会恢复到当初的友情，与其给自己立一个政敌，不如收了帅印让他赶紧走！"

张耳寻思一下感觉很有道理，便拿走了陈馀的帅印，并收编了他的部下。

陈馀回来一见自己什么都没了，大脑一片空白，他愤愤地盯着张耳，死死地记住了这张脸，便率领仅有的百名心腹出走了，后至黄河沿岸暂时靠打鱼来维持自己的生活。

而也是从这时候开始，关系最好的两个人成了不死不休的仇敌。

我们接下来再看项羽。

他打跑了章邯以后迅速收编各路联军，然后继续向西进击。

03

第三章

威加海内兮归故乡

3.1 第二个人屠

章邯自从上次大败以后一退再退，现在已经退到了棘原（巨鹿西南），军队也折损大半，收拾了一些残兵败将后只剩下二十万人，并且士气低落至极，还没有粮草供应。

因为秦军的几次后撤已经使身在咸阳的秦二世极为不满，遂调遣粮草的速度时快时慢，这一情况令章邯极为恐惧，乃遣司马欣前往咸阳说明情况，请求秦二世再给自己一些时间。

可司马欣到了咸阳以后竟然三天见不到赵高（现在想见秦二世必须通过赵高），这令司马欣异常恐惧，恐怕赵高想要另换秦军主帅，进而将自己谋害，所以就连夜选择小路往章邯方向逃窜。

而事情也果如司马欣所料，赵高听闻司马欣连夜逃走以后立马派人去追，可因为司马欣并没有原路返回所以并没有找到他。

司马欣回到军营以后将事情的原委如实奉告，并加油添醋地道："现在朝中有赵高当道，下面的人不可能有所作为。我们如果作战胜利，赵高必定嫉贤妒能进而加害于我等；我军如若失败，那最后也逃不过一死，所以现在战也是死，不战也是死，还请将军深思熟虑啊。"

话毕，章邯有些犹豫并没有应答司马欣，看来还是对秦朝抱有幻想，而陈馀也在此时来信，列举了白起和蒙恬的结局，以此来忽悠章邯投降联军。

那陈馀为什么要写这封信呢？估计是想通过此事来"将功赎罪"吧。

收到这封信以后章邯心动了，再联想之前赵高的作为，遂遣使者前往联军处向项羽投诚。

然而项羽呢？根本连搭理都未搭理使者，直接领士兵渡过三户渡口攻击章邯的部队。

（注：关于项羽为什么没有接受章邯的投诚历来有两种说法，对于此我不

敢妄加猜测，所以罗列出来以供各位读者判别。猜测一，项羽是个纯粹之人，一直记恨着叔父项梁之死，所以不杀章邯誓不罢休。猜测二，项羽之所以没有第一时间接受章邯的投降就是因为怕他投降以后再反叛，所以必须彻底打服他。至于什么叔侄亲情，乱世无亲情，如果项羽真的想要给项梁报仇的话一开始就不会想和刘邦一起往西走了，以后也不会再接受章邯的投降）

现在的章邯军已经是疲惫不堪，士气全无，根本不是项羽的对手，所以根本不堪一击。连败几场以后，章邯只能再次派使者前往项羽处投降。

这回项羽答应了，两军便在洹水（今河南省安阳市北）附近的殷墟会谈。

会谈完毕，章邯便开始流着泪对项羽诉说赵高的无道，意思就是向项羽表明，自己再背叛联军回到秦国也是毫无生路。

可项羽真的信任章邯了吗？

明显没有，因为他接下来虽然封章邯为雍王，封司马欣为上将军，但却让章邯始终留在军帐之中，司马欣则率领二十万秦军充当联军的先锋部队进攻秦国。

值得一提的是，魏豹之前趁章邯与项羽争夺巨鹿之际出兵魏地，一举夺回了二十多座城邑，重新复国，并在章邯投降以后前往投奔了项羽。

就这样，项羽率领三十余万大军向西进军，打算一举灭亡秦国。

现在项羽的军队已经拥有全天下最强的战斗力了，秦国郡守根本抵抗不了，所以一路连战连捷，简直是势如破竹。

可就在联军攻到新安（今河南省渑池县东）的时候却出事儿了。

因为诸侯联军中有很多将士在起义之前都是秦国的徭役，在干活的时候没少受秦国士兵的鞭打。

如今这些"威风凛凛"的秦国大兵已经成为自己的"阶下囚"，徭役们怎能不趁此时机好好报仇呢？于是他们像使唤奴隶一样使唤秦国士兵，并随意地鞭打辱骂。

这些秦国锐士是天下最精锐的步兵，他们骨子里就有着自己的骄傲，所以军中到处都充斥着不满的气息，只差一点火便要熊熊燃烧。

当时，有很多秦国士兵都在私下里议论："章将军欺骗了我们！联军根本就不拿我们当人来看待！再者说，如果联军真的能灭亡秦国那倒还好，可如果灭亡不了，他们必定会将我们全都拉到东方为奴，而我们背叛了秦国，我们的家人也一定会被诛杀！"

事情很快传到了项羽的耳中，项羽知道，这些秦军将士是不能再留了。

于是，在第二天夜里，项羽下令连夜向西方进军，秦国降兵不疑有他，虽然有人发现司马欣已经不在军中，但也没当回事儿，依然为先锋部队向前挺进。

可就在这时，后方的楚军突然加快速度，对最后排的秦军便是一顿狂捅，秦降兵后方大乱，一个接一个地往前溃逃。

扑通！扑通！

结果，这些秦国锐士全都被赶进了之前早已挖好的大坑之中。

在秦国锐士都掉进提前挖好的大坑以后，一波一波的泥土被扔了下来，这些秦国锐士就是再傻也知道自己被别人给出卖了。

"东方狗贼！我做鬼也不会放过你！"

"章将军！司马将军！董将军！救救我们，请给我一条生路，呕……"

不顾秦人的漫骂，不顾秦人的求饶，联军将士面无表情地继续往下填土，有爬上来的直接扎下去。

就这样，大坑填平了，二十万生命全没了，天下从此再无秦国锐士。

不过这事在项羽心中也没产生什么波动，毕竟他现在屠城所杀的人数要比这二十万多了不知多少。

坑杀二十万秦军以后，项羽继续向西进军，依然气势如虹，可就在联军到达函谷关的时候却被堵在了函谷关外！

现在谁还敢阻挡项羽的去路，莫不是嫌自己命长了？

这个人不是别人，正是现在身在咸阳的刘邦。那刘邦是怎么……

就在这时，我又回到了"现实"。

想都不用想，刘老大又要继续讲了。

3.2 秦朝覆灭记

刘邦道："你先别说了，换我来。

"咱们把时间再往前提一点儿，大概是在巨鹿之战以前吧，我受楚怀王之命领不到一万的士兵前去侵袭秦国，虽然天下人谁都不看好我，我却是满怀信心，这信心源自两样，便是秦朝的实力和我手下的人才。

"现在秦朝主力部队基本上都已经集中在了巨鹿，郡中守兵人心四散，根本不值一提，连魏豹此种选手都能收回魏地二十余邑，更别说雄才大略的我了。至于手下我就更不用说了，曹参、周勃之辈很有些统帅之才，还有骁将樊哙，以及擅长领战车作战的夏侯婴，所以秦朝那些郡守兵在我面前基本上都是土鸡瓦狗。

"公元前208年九月，我开始向西进军，然后于砀山收拢陈胜和项梁的散卒，后于此地出发向西挺进，一路攻无不克，战无不胜，先是拿下了成武（今山东省成武县），后拿下栗邑（今山东省金乡县南），之后碰见了一个倒霉的柴武。

"柴武手下正好有四千人马（柴武之前与刘邦共同合作攻击过章邯），还和我是旧识，可现在我正缺人马，所以也没说没用的，直接把他包围，让他跟着我一起混，只要他敢有一点儿异动我就杀了他。"

我："……"

刘邦："结果这小子还真识趣，直接便加入了我的军队。

"得到柴武的士兵以后我的人马已经超过了一万，可以放开手脚向西进攻了，于是我将下一个进攻目标锁定在了昌邑（今山东省金乡县西北）。

"要说这人啊，运气来了挡都挡不住。这不，刚刚得了柴武，还没等进攻昌邑呢，又来了一个彭越领兵投靠。

"这彭越字仲，本就是昌邑人，原来只是昌邑附近的一个渔夫，也许是因为秦朝政策苛刻吧，最后不知怎么就当上了附近的强盗头子。

　　"那时候陈胜刚刚起义，他手下有人就劝彭越也学各路反王起义，可彭越这小子很稳，没有贸然行动。估计是想要坐山观虎斗吧。

　　"后来他的部队越来越大，手下的年轻人便再次请求彭越起义攻打郡县，可他还是拒绝了，不过这一次可不是坐山观虎斗了，而是在演戏。

　　"结果，在手下多次的恳请下他才'勉为其难'地当上了首领，但为了归拢这些没有规矩的年轻人，彭越就和这些手下说：'要我答应可以，但咱们兄弟以前只是强盗，所以没有那么多规矩，现在起义以后可就不能再这样了，正所谓没有规矩，不成方圆嘛。这样吧，咱们明天太阳一出来就集合誓师，谁要是迟到就杀头，以此来确立军威，你们看怎么样？'这些年轻人现在只求彭越能当他们的首领，谁还会在乎其他的呢？便这样草草地答应了，他们以为彭越就是做做样子而已。所以到第二天集合的时候有十来个人没有按时到达，最后一人甚至到午时才姗姗来迟。

　　"彭越此时的脸色已经开始阴沉了，他对众人道：'我之前就已经说了，我现在年龄已经大了，不适合做首领，可你们非要让我当首领啊。而我当了首领以后说了必须要在太阳出来的时候就集合于此，可你们呢？好像把我的话当成了耳边风。凭咱们的交情我是不可能将你们全都给杀了的，所以只能杀了最后来的那个人。'

　　"这些小强盗们都以为彭越是在吓唬他们，就是想要一个台阶下而已，便都嬉皮笑脸地为最后来的这人求情。

　　"可就在此时，彭越却是一声大喝：'校长何在！'

　　"'在！'

　　"'给我将最后来的这人杀了！'

　　"'这，这……'

　　"'嗯？'

　　"看着彭越那布满杀气的面孔，这士兵也不敢再推辞，赶紧领士兵将此人斩杀。

　　"最后，彭越命人建起土坛，将那人的人头放在土坛之上祭旗。

"直到此时，这些人才真正知道彭越的决心和残忍，于是一个个战栗惊恐，甚至连抬头看彭越一眼都不敢。

"彭越起义以后队伍发展也不算慢，不久便聚集了上千人，然后他听说我正一路向西，所以就领所部前来投靠，毕竟大树底下好乘凉嘛，再加上我又是那么的英明神武。"

我："……"

刘邦："得了彭越的部队以后我就更没有什么可犹豫的了，直接攻向昌邑，可让我没想到的是昌邑军民守城之心坚定无比，对我军抵抗之心坚如磐石，让我一下子想到了当初的丰邑。

"所以我果断将此城放弃，只留彭越在此继续收拾散卒，以待过后相见。"

我插嘴道："我的陛下！这彭越可是名将级别的人，您就将他这么留在这里了？"

刘邦："我当时哪里知道他的才能，我看他不顺眼行不行？"

我："……"

刘邦："留下彭越以后我继续向西挺进，很顺利地拿下了雍丘（今河南省杞县西），然后打算继续向西攻打开封（今河南省开封市南），可当我路过高阳的时候却被一个人说服，转而攻打陈留。

"这个人就是著名的说客郦食其了。

"这郦食其是陈留高阳人，从小便喜欢读书，很有些才气，但因为家里贫寒，所以长大以后也没能谋得什么体面的职位，只能给村里面当一个看门人。

"可就像战国时候平原君和毛遂说的那样，'有才能的人就像一把尖尖的锥子，是如何都埋没不了的'，郦食其的才能也很快受到了当地官府的注意。

"但他爱乱说话，总会讨论一些在当时非常敏感的话题，所以当地官府都说他是狂人而不敢任用。

"等到陈胜起义以后天下大乱，数十个将军都曾经拜访过高阳，也听说了郦食其的能力，便想将其录用。

"可郦食其认为，这些所谓的豪杰们都是一些性情急躁、自以为是之辈，所以不屑与之为伍，便躲藏了起来，直到英明神武的我路过高阳，他便急急来投奔了。"

我："……"

刘邦："你是知道我的，极度厌烦儒生，所以一般情况下我根本不见他们，可这郦食其却是个很有办法之人。

"当时我有一个很看重的骑士是郦食其的同乡，之前也曾问过他高阳一带有没有什么英雄豪杰，这小子记住了，便在本地招贤纳士，希望能给我弄几个人才来。

"当时天下人都知道我刘邦喜欢英雄豪杰，所以来的都是些五大三粗之辈，儒生则只有郦食其一个，郦食其就对我这个骑士说：'我听说沛公对那些废材极为傲慢，非打即骂，但他对真正有才学的人却是十分恭敬，且相当有远见，这便是我郦食其最想投靠的人，不过如何引见，你可要按我教你的说。'

"我那骑士是十分了解我的，所以规劝郦食其：'先生，我看您还是不要自取其辱了吧，我家沛公根本就瞧不起读书人，对于儒生更是鄙视，经常看到有谁戴着儒生的帽子便夺下来在里面撒尿，我实在怕您忍受不了。'

"这要是一般的儒生听到这话估计早就拂袖而去了，可是郦食其并没有，而是信誓旦旦地道：'别的不用你管，你只需要按我说的去做。'

"于是，这个骑士找到了我，并和我道：'主公，这高阳有一个叫郦食其的先生，现在已经六十多岁了，可他身高八尺，才高八斗，经常说些耸人听闻的言论，整个高阳的人都说他是狂妄之人，只有他自己不这么认为，如今此人就在门外等候您的召见，您看……'

"呵呵，这郦食其真是聪明无比，成功地激起了我对他的兴趣，所以便召他前来。

"可他虽然让我有了兴趣，但儒生依然是儒生，我对他们就是嗤之以鼻，所以见他的时候我也非常随便，弄了两个人给我洗脚，我自己则坐在那闭目养神。

"那郦食其进屋一看我这个德行也不拜礼，只是简单地拱了拱手，然后非

常唐突地来了一句：'哎哟？沛公您是想帮助秦国攻打诸侯吗？抑或率领诸侯灭亡秦朝？'

"这老小子，这是当面儿损我还是怎么的？一听这话我直接就怒了，一脚端翻洗脚盆，指着郦食其的鼻子就骂：'放屁！你这个下贱的儒生！现在天下百姓遭受秦国的苦难已经好久了，所以各路诸侯相继率军攻秦，我更是这里的佼佼者，你怎么能说我帮助秦国呢？'

"这要是一般人早被我吓得腿都软了，可是这郦食其非但没有半点儿害怕，反倒是回道：'呦，是吗？这可真是我错怪你了，可我刚一进屋看到您这架势，还以为是秦二世或者哪个秦朝大官驾临了呢。沛公，请恕老朽多言，您既然是天下义士，就不应该坐在床边召见老人！这和那些秦朝的狗官有什么两样？'

"这大帽子接二连三给我扣的，一时没反应过来，再加上这老小子的胆色，所以我赶紧赔礼道歉，并换上正装郑重地招待郦食其。

"那郦食其也是一个有本事的，和我大讲战国时候的合纵连横，令我受益匪浅，同时也对我的大战略提出了自己的建议，他对我说道：'主公，您现在所有的士兵只有一万左右，还都是未经训练之辈，您觉得这点儿战力能拿下秦国吗？'

"'是困难，但也不能不干哪，那先生您有什么好的办法吗？'

"'有！主公您且听我说，那陈留县就在高阳北面，属于天下要冲，是四通八达之地。最重要的是这地方有相当的粮草和士兵，如果主公能将此地拿下，那么最起码粮食是不缺了，还能得到好几千的士兵，这不正是一石二鸟之计吗？'

"'我倒是想，可陈留城高墙厚，我这些兵根本拿不下来啊。'

"'哈哈哈，主公多虑了，那陈留县令和我关系匪浅，我现在就去劝降那县令。我想，凭我的三寸不烂之舌定可将其规劝于主公帐下，再者说，他要是不从也没有关系，我有个弟弟名叫郦商，现正在陈留当一武职，手下心腹不少，到那时我就让我弟弟做内应，在夜晚打开城门迎接主公入城！陈留定可一战而下！'

"哈哈，这话一说，我这心里都乐开花了，说实话，之前我就有攻占陈留的想法，可畏惧此城坚韧，才想要绕过的，可现在有拿下陈留的机会，谁还愿意绕过它呢?

　　"于是,我果断答应郦食其的建议,让他前往陈留试一试,我则率领大军驻扎于陈留城外。

　　"果然,这个陈留县令不知好歹,没答应郦食其的建议,郦食其便按照备用计划于夜间偷袭陈留。

　　"因为陈留根本没有防备,大门很顺利地便被郦商打开,我则率军在此时冲入城中。陈留顿时大乱,士兵全部投降。

　　"这以后,我的粮草再无忧虑,士兵也增加近五千,可以说这都是郦食其的功劳。于是我直接封其为广野君,并命其专管外交。

　　"这之后,我继续向西进军,首先将目标定在了开封,可开封也属于天下重镇,不是那么容易攻克的,我便舍之而去,继续向西挺进。

　　"然而此时我之行踪已经被秦军所关注,其中有一个叫杨雄的更是率军前来阻击我,我二军会战于白马(河南滑县东)相持不下。

　　"可就在此时,突然在秦军后方杀出一支千人队伍对秦军进行偷袭,秦军一时大乱,而我当然不会放过这个天赐良机,遂出兵对秦军发动总攻,秦军阵形大乱,所以一触即溃,四散而逃。"

　　我插嘴道:"这人是谁啊?时机掐得这么好。"

　　刘邦:"哈哈,这就是我那好兄弟张良了!

　　"当初他和韩王成回军夺韩地很不顺利,所以这一段时间以来都是在这附近(颍川郡附近)游走,听说我被杨雄阻击便和韩王成一起领兵来救。

　　"这张良一来可真把我乐坏了,有他在更胜十万强兵,基于此,我于曲遇以东追上了杨雄的残余部队,并将其再次击败之后改西向南,助韩王成平定整个韩地(杨雄兵败以后撤退荥阳,被秦二世以兵败赐死)。

　　"不过值得一提的是,在这期间攻打颍川郡的时候遇到了疯狂的抵抗,让我费了好些兵马才将此地夺回。

　　"忍不了了,不用点儿血腥手段,这些东西还当我刘邦是好惹的。

　　"于是,我也学项羽,将此城的男女老少屠了个干干净净。

"后来，韩王成为了报答我的相助之恩，便想领兵和我一起西进，可以他现在的兵力实在帮不上我什么，再说现在韩国刚刚重新平定，还需要人坐镇，我就让他驻守韩地，用来充当我的后盾，以防腹背受敌。

"然而就在我打算从韩地向西进军之时，北方却传来了让我震惊的消息，那便是赵将司马卬突然率领本部兵马欲南渡黄河进入函谷关，和我抢秦王宝座。

"原来这时候项羽已经在巨鹿击败了章邯，因为楚怀王'先入关中者王之'这句话，赵王歇便派遣了司马卬先一步向关中挺进。

"开什么玩笑！想要抢我刘邦的秦王，做他的春秋大梦吧！

"于是，我率军紧急北进，在司马卬部到达黄河以前就将平阴（今河南省孟津东）攻下，并以此为根据地掘了河道，因为此处易守难攻，我又没有那么多时间和司马卬耗着，便留少数兵力继续看守河道，自率大军南下攻秦。

"本来吧，我是打算直接拿下洛阳后以此为根据地向西进军的，可洛阳你也知道，这才是真正的天下中枢，从周朝开始便是天下陪都，所以这个守兵自然不会少，所以这个……"

我插嘴道："嗯，我知道，所以您又败了。"

"咳咳……我一见洛阳如此难搞，便向南撤到阳城以图再攻。可我那好兄弟张良看我寸步难行，赶紧自领千人精锐前来投靠（暂时的），并对我阐明当时我需要走的大方针就四个字，'避重就轻'！

"后辈人都知道，我对张良是无比信任和依赖的，除了以后的'太子事件'以外我从来没违背过他的建议，所以我决定不执着于洛阳，而是向南回韩地，然后以此继续西进。

"自打这以后，我几乎是顺风顺水，子房（张良字子房）真是我的福星啊。"

我插嘴（小声）："什么福星，就是救星。"

刘邦装作没听见继续道："于是，我遵照子房的建议，从南侵入秦。首先，我攻陷了犨邑（今河南省宝丰县、鲁山县、叶县之间），然后继续南下攻宛（今河南省南阳市）。

"可宛城也是天下重镇，士兵很多，其守将吕齮也颇为通晓守城之法，我见攻下此城困难，便按照原定计划将其舍弃而继续向西进击。

"可就在刚过宛城之时，张良却悄悄地来到了我的营帐，看到他一脸猥琐的笑容我也笑了，因为我知道有人要倒霉了。

"果然，张良对我道：'明公，我知道您想要攻入关中的急迫，可明公有没有想到，现在秦国虽然已经大不如前，可基本的防守能力还是有的，且前方有很多城邑都可凭借天险而守，到那时势必会陷入对峙的状态，如果到时宛城再从后夹击，形势就不容乐观了。'

"'子房说得在理，可宛城防守严密，我如何才能在最小的损失下攻陷此城呢？'

"'呵呵，这好办，我大军现在已经西行，从明公以往的行军方略来看，我料定吕齮必以为我大军不会再回，我们可以利用他的这种心理杀个回马枪，宛城必一举而下。'

"哈哈，要不怎么说我得子房更胜十万大军呢！"

我："……"

刘邦："于是，我用子房之计，连夜向宛城方向疾行，在拂晓时对此城发动了突然袭击。

"由于吕齮根本就没想到我会杀回来，所以没有半点儿防备，还没等他反应过来，我军已经杀入城中。

"要说吕齮这小子也是条好汉，看宛城难保，就打算自杀谢罪，幸得此时其舍人陈恢制止了他的愚蠢行为并劝他投降，这才免于一死。

"如此，我又得了近万的兵马和许多粮草，实力更加强大了。

"这之后，我军可用顺风顺水来形容，在子房的建议下，我趁军势正盛，先领大军向西南拿下邓（宛城西南），然后向西拿下丹水、西陵，并其众向东攻打湖阳（疑为今河南省唐河之湖阳店）。当我夺取了这些地方的士兵再回到宛城以后，我的军队已经发展到了两万多人。

"军队有了，我便开始大迈步地向西行进，并连下郦（今河南省内乡县西北）、析（今河南省内乡县东北）。

"有趣的是这些城邑全都是向我投降，没有一座激烈抵抗的，这使得我的军队人数再次大增。

"然后，我以析为根据地分兵两路，一路向西北攻西峡口，另一路向西南攻浙川一带，两路大军都胜利以后会师紫荆关。

"最后，紫荆关守将投降，我大军则一路直奔武关。

"武关，这个一点儿都不弱于函谷关的天下大关，说实话，对它我真没有什么太好的办法。

"可就在我犯愁的时候，突然有使者前来与我商量平分关内！

"你猜这人是谁？"

我："如果我没记错的话应该是赵高吧。"

刘邦："哈哈，没错，就是这个太监，他见秦国已经再无希望，竟然杀了秦二世，想和我共分关中。呵呵，这事儿是真的，可现在我形势大好，恐怕这其中有诈，便没有答应。（注：一说赵高是在刘邦攻下武关后才来找的他，但武关是赵高最后的筹码，失去武关后赵高也没什么资本和刘邦谈了，所以笔者更倾向于钱穆先生的论断）

"之后，我利用此机会派我军中最能忽悠的郦食其和陆贾前往武关去见守将，目的便是劝其投降。

"最后武关的守将投降了。

"但这都是我和子房的计谋，因为一旦这些秦军发现我把他们欺骗了，一定会在第一时间反叛。

"所以，我在部队进入武关的同一时间便命大军对秦军发起总攻。

"因为秦军这些将士都没想到我会突然动手，所以一个个都蒙了。

"就这样，我大军将武关屠了个干干净净，然后兵锋直指峣关。那峣关虽然秦兵众多，可是我大军绝对不输他，就在我直接想……"

看着刘邦在这撸胳膊挽袖子还要继续说下去的样子，我赶紧插嘴道："等会儿等会儿！您能别跳跃这么快吗？秦二世怎么就死了？这什么情况啊？"

刘邦："对了，这事儿你还不知道呢，那我就给你说一下。

"这不，北面章邯被项羽打得投降，南面我又是势如破竹，赵高就有了危机感，他以前经常对秦二世说的就是'关东盗贼不会有什么作为'。

"但等到章邯投降项羽，我大军已经开到武关之时，赵高慌了，便想弄死秦二世自立为秦王，然后将关中的一半给我，自己留一半，这样既能活命又能富贵，所以喽，挡在他面前的秦二世必须要死。

"但这赵高历来都谨慎，为了将那些对他有危险的大臣都除掉，就整出了一个'指鹿为马'的戏码，使得整个秦朝的官员对他更加畏惧。

"但这只是第一步。

"第二步，他派郎中令（九卿之一，掌宫廷卫队）做内应，于宫廷大喊盗贼来了。

"第三步，赵高派阎乐领一千多人进入皇宫，将那些秦二世的直属卫队全都抓了起来，并质问卫队队长：'盗贼都已经跑到皇宫了，为什么不加以阻止？'这个卫队长当时是一脸蒙，继而解释道：'我根本就没看到什么盗贼，再说了，皇宫守卫严密，盗贼怎么敢进入这里？'

""阎乐也懒得和这个队长废话，直接一刀就将其枭首。

"之后，他率领士卒径直奔入内宫，一边走一边射箭，将咸阳内宫弄得鸡飞狗跳，有敢上前搏斗的也全被诛杀。

"没过多久，阎乐便轻易地闯进了秦二世的住处。

"秦二世大怒，让左右两个侍从上前搏斗，可这两个侍从都吓坏了，哪敢有一丁点儿的异动。

"秦二世见状不妙撒腿就跑，最后只有一个忠心耿耿的小太监跟他逃到了一间内室。

"慌乱的秦二世忙问小太监：'这阎乐是赵高的人，他为什么要杀我？这是什么意思？'

"小太监道：'现在赵高权倾朝野，大臣们都不敢对他有半点儿不敬，章邯在中原也已经失败投降，刘邦大军也将武关团团围住，我想赵高一定是感觉

秦国不行了，想拿您的首级换取自身的性命呢。'

"秦二世闻言大怒：'事情都已经到了这种地步，你为什么才对我说？'

"小太监哭着说：'陛下，您宠爱赵高，不管天下事情，之前李斯丞相曾经规劝您，却被您杀了，我如果之前对您说了这些也活不到现在了啊。'

"听了小太监的话，那秦二世知道后悔了，可还没等他感慨呢，阎乐一脚就踹开了内室的大门，并列举了秦二世的诸多罪名让他自尽。

"那秦二世娇生惯养的怎么敢自杀，只为了活命而做最后的挣扎。

"他对阎乐道：'可以再让我见见丞相（赵高）吗？'

"阎乐：'做梦。'

"秦二世：'那给我一个郡就行，我就当一个郡王就满足了。'

"阎乐：'呵呵。'

"秦二世：'那就让我当一个万户侯吧，我也没其他的想法了。'

"阎乐像看傻子一样看着秦二世。

"秦二世：'那，那就让我当一个普普通通的百姓还不行吗？'

"阎乐不耐烦地道：'我受命于丞相，替天下百姓杀你，可你怎么说也是一代帝王，本想给你留一个体面的死法，你却贪生怕死到这种程度，既然你不愿意死，那我就帮帮你吧。'

"于是，这个阎乐就给左右使了眼色，抽出手中的短刀直奔秦二世而去。

"秦二世一看自己怎么都逃不过被杀的命运，与其被别人杀死还不如自己了断得了。

"秦二世自杀以后，赵高的阴谋得逞，但他并没有马上称王，而是找到了我商议平分关中的事儿。

"这就是秦二世被杀的始末了。

"攻破了武关以后，我兵锋直指……"

我插嘴道："陛下，那赵高后来怎么样了？"

刘邦："赵高一听我拒绝了他的请求，便停止了自立为帝的愚蠢行为，同时他也清楚地知道，想要抵挡我大军，唯一的可能就是找一个能收拢关中民心的帝王。

而现在秦国仅剩下的公子中口碑最好的无疑便是子婴了，所以赵高就召集了所有大臣道：'咱们秦国本来只是周的一个诸侯王国，始皇帝英明神武，进而一统天下，所以才能称为帝，但现在其他六国已经死灰复燃，建立了新的政权，我秦国的国土日益收缩，已经不配再称为帝了，所以应该称王！正所谓国不可一日无君，我看公子婴在民间的名望很高，所以就由他来继承秦王之业吧。'

"就这样，赵高'请'子婴为新任秦王，让他斋戒五天以后登基。

"可子婴却认为大秦之所以灭亡的根本就在于赵高，如果没有他，秦朝是绝对不会走到这一步的，再者说，现在兵权什么的全都在赵高的手中，满朝尽是他的党羽，如果有他存在，自己哪怕是登上王位也还是一个傀儡秦王。

"基于此，赵高必须要死。

"于是，在斋戒五天以后，祭祀祖庙的时候，子婴并没有出现。

"赵高大急，派了好几批使者前去都没有将子婴请到。

"最后，赵高大怒，亲自前往子婴的住处质问。

"也许是当天他太着急了，没多想便闯了进去，指着子婴的鼻子就骂：'现在正进行的是国家最重大的事情，你为什么……你们要干什么？'

"噗……赵高命丧当场，子婴继承了秦王之位。

"之后子婴召集了现在所能调动的一切战力调动至峣关抵抗我。

"夺下了武关以后，我大军兵锋直指峣关，峣关现在是秦国最后一道屏障，如果将它突破，那咸阳的女子和无尽的财宝就都是我刘邦的囊中之物了，哈哈。"

我："……"

刘邦："虽然峣关得到了子婴的支援，可现在秦朝仅存的那点儿战力实在不值一提，于是我就打算集合所有士兵将峣关一举攻破。

"可就在我要冲动的时候，张良找到了我，并语重心长地和我道：'明公！秦军现在虽大不如前，但依然强大，绝不可以贸然进攻，应该以最小的损失换取最大的利益才是上策！

"那峣关守将乃是屠户的儿子，这种市侩小人没有丝毫气节，是最容易用金钱收买的了。所以明公应该先准备五万人的锅灶，并在各个山头插满旗帜，这样就会让峣关的守将错误地估计您的实力，从而心生畏惧，然后再派郦食其携带重礼前去劝降峣关守将，就说咸阳城破以后和他共享财宝美女。我料定此人必定投降！可秦军将士绝不可用！因为投降的都是那些市侩小人，真正的秦人对秦国的归属感很强，他们现在会投降，但以后一定会反叛。所以，对待他们只有一个字，杀！'

"看看！子房的计谋就是与众不同。

"于是，我在秦军投降以后没有丝毫征兆地便对其发动了进攻，结果血染武关，那些秦军将士被我屠掉大半，剩下的一小部分则北上向咸阳方向逃窜。

"开玩笑，我怎会放过他们，便令全军将士对其展开疯狂追击。

"结果这帮人在蓝田（今长安东）被我追上，被屠杀殆尽。

"峣关秦军全灭使得现在秦国已经没有丝毫抵挡我的力量，子婴无奈投降。

"那时候的灞上，看着一身白衣，手捧着皇帝印信和符节的子婴跪在我面前投降的时候，我真是感慨良多，从公元前888年至今，存在了681年的秦国就这么被我灭了？

"说实话，我有种不真实感。

"可这种感慨很快便过去了，因为我还有更多的事要做。"

我："什么事儿？"

刘邦道："温柔乡啊，所有英雄的坟场，我刘邦也不例外。

"那时，天下的美女全都集中在了咸阳，当我冲进内宫以后，看着那一群群能把我迷翻却又瑟瑟发抖的女人们，我整个人都软了，我慢慢地朝她们走了过去，一边走还一边柔声道：'别怕，乖，我是好人。'"

我："……"

刘邦："就这样，我一天天地泡在温柔乡中，我那些手下则在咸阳城中大抢特抢，使我的义军真正地成了强盗。"

我："……"

刘邦："只有萧何，我这最亲爱的'长者'！只有他没有去抢夺金银珠宝和美女，而是直奔丞相府和御史府，拿走了所有秦朝的律令文书、地理图本、城邑户籍等。

"看没看到！这就是差距！

"你要知道，在当时可没有什么卫星定位，所以地图的价值更胜千金！甚至可以左右一场超大型战役的走向！要不然以后我凭什么依靠地形打败项羽？

"萧何！就是因为萧何！

"我以后之所以能掌握天下要塞、户口多少，以及各地的贫富差异、百姓的疾苦情况，全都是因为萧何这个在当时我并不理解的举动，所以说萧何为我刘邦统一天下的第一功臣一点儿都不夸张。

"行了，还是说我吧。

"如此，我在皇宫中一待就是好几天，几乎是日日声色犬马。当时我终于明白一句话了。"

我："什么？"

刘邦一脸陶醉道："牡丹花下死，做鬼也风流。"

我："……"

刘邦："咳咳，一开始的时候，我的这些手下还由得我胡闹，可时间一长，连他们都看不下去了，竟然集体来我这劝谏。

"我手下的骁将樊哙竟和我谈论一堆的大道理。

"哼！一个臭杀狗的也配和我在这咬文嚼字，我搭理都懒得搭理他，直接让他走！

"大伙儿一看我发火了，也没人再敢劝，只有子房规劝道：'明公啊，秦国就是因为实行了暴虐无道的政策才会使您到达这里，您身为长者，是为天下人铲除暴政的英雄，而就是因为这样，大家才愿意跟随您的步伐，您就更应该以节俭朴素来显示您的本色，可现在才刚刚进入咸阳您就如此做派，您知道这叫什么吗？这叫助桀为虐！况且忠言逆耳利于行，良药苦口利于病，樊哙对明公说的全都是掏心窝子的忠言，您为什么不听取呢？'

"子房都说话了我还能说什么呢？再者说了，人家说得也有道理，我只能无奈听从，便领着军队和财宝还军灞上（此时刘邦的部队已经发展到了十万，但他号称二十万）。

"这之后，我听从了张良的建议，召集了整个关中的三老和豪杰们开会，宣布废除原先秦那些苛刻的政策法律，改为约法三章（杀人者死、伤人者罪、偷盗者罪），并为之前我大军所抢劫的行为表示道歉，且向这些人保证，以后再也不会出现士兵抢劫的事情。

"因为我的这个决定，使得关中的秦国人大悦，一个个都狂吼着'刘邦万岁'。

"可就在这时候，北方轰隆隆的马蹄声震动了大地，那个讨厌的凶神项羽来了。

"当时，张良、萧何、郦食其等辈都在忙自己的事，也没想到我敢胆大包天地抵抗项羽，所以也没怎么在意，只有谋士解生在我身边。

"这小子便对我说：'主公！秦国之富足胜天下诸国十倍有余！且地形易守难攻，正是可以御敌之地。章邯投降了项羽，项羽封他为雍王，在关中为王。而那项羽残暴不仁，我恐怕他大军入关那一天主公就和关中王永别了！而那函谷关在战国时为天下第一关，有一夫当关、万夫莫开之势，不如主公派遣大军驻守函谷关抵挡项羽的联军，然后利用关中百姓对主公的信任，一边抵抗项羽一边募集新兵，我相信最后一定能抵挡项羽！'

"唉！当时我太愚蠢，也没问别人的建议便直接派兵前往驻守函谷关，然而就是这一举动，使我差点儿命丧黄泉！"

说罢，刘邦手一挥，我又置身于一片军营之中。

3.3 鸿门宴

公元前206年十二月的一天，联军大营。

"报——禀报将军！现函谷关到处都是沛公的人马，他们紧闭大门，不放我军进入！"

"什么？你可有说这次联军统帅是我亲自带领的？"

"有说！可刘邦军就是不放我军进入。"

"好！好个刘邦老儿，翻脸就不认人哈，英布何在？"

"末将在！"

"令你领我联军前部猛攻函谷关，如此关不下，你提头来见！"

"是！"

就这样，英布带领联军前部对函谷关发动了极为猛烈的攻击，结果这个天下第一关没过多长时间便被英布击破，真不知道是刘邦的部队太弱还是联军太强。

拿下函谷关以后，项羽带领大军飞速行进，兵锋直指刘邦。

而此时，刘邦手下的左司马曹无伤听说联军已经攻破了函谷关，恐怕刘邦失败，便想要捞一个前程，于是派密使前往项羽处通报信息，说明了刘邦此时的全部状态，并且承诺一旦攻击刘邦他愿意为项羽内应以造成刘邦军队的混乱。

那项羽一听刘邦将咸阳所有的金银财宝全都揽进自己兜里以后大怒，更让项羽怒不可遏的是，这老贼竟然连咸阳宫那些女人也没放过！于是对刘邦起了杀心。

更何况此时还有范增在项羽身边劝说："羽儿（项羽称范增为亚父），那刘邦当初在沛中的时候贪财好色是出了名的，可在进入咸阳以前却是珍宝无所取，妇女无所爱，并且在咸阳城他也没待多长时间就出来了，由此可见，这老东西志向不小！我曾经派方士观察刘邦，那方士对我说刘邦有五彩天子之气加身，如果任其成长的话必定为你的大敌，不如趁此机会彻底解决刘邦，以绝心腹之患。"（注：刘邦和项羽当初曾一起追随项梁，可以算作半个战友，而凭刘邦的社交能力，肯定是在这期间和项羽相处得不错，甚至有可能成为兄弟，所以范增害怕项羽心软放过刘邦，这才编出了什么五彩天子之气来骗项羽）

项羽听罢觉得范增说得很有道理，便犒劳三军，命大军于次日对刘邦发动总攻。

可让范增万万没想到的是，就在项羽的命令刚刚发布还不到一个时辰，一匹快马便飞出了联军军营直奔灞上。

这人不是别人，正是项羽最小的叔父，项伯。

项伯，楚国贵族，楚国灭亡后曾为游侠，和当时同为游侠的张良关系匪浅。

以前项伯失手杀人，为了躲避秦朝酷法，乃逃至下邳张良住处避祸，后来直到项梁起兵以后才离开张良。

而此时张良正在刘邦军中，项伯害怕项羽的进攻会误杀张良，这才紧急前往灞上去寻找张良，希望能带张良逃离。

张良道："欸？项伯兄，你怎么来了？来来来，咱哥俩好久没见了，喝两盅！"

项伯道："喝什么酒，你赶紧跟我走，再不走命都没了！"

张良道："这话怎么说？"

项伯道："你平时多精明一人，怎么现在如此迟钝？那刘邦之前派兵死守函谷关不让我家侄儿入关！我那侄儿的脾气你还不知道吗？急了谁都拉不住，现在已经攻破函谷关驻军于鸿门（长安以东的白鹿原），明日就要对刘邦发动总攻击了，现在天下有谁能挡得住我侄儿的进攻？我怕你死于乱军之中，这才冒死前来找你，你赶紧跟我走，别说没用的。"

张良："哎！哎！兄弟你先别拽我，我和你走就是，但当初沛公帮助我韩王重新夺回了韩国，并让我来帮助沛公入关中，我要是这样不辞而别是没有道义的，咱爷们儿人活一世为了什么？不就是'道义'二字吗？你等会儿，你等我前去辞别沛公再跟你走也不迟啊。"

项伯道："那你快点儿，迟则生变。"

"好，你等着，我去去就来。"

此时，刘邦大帐中，刘邦正准备"行事"，就在这时，帐外突然传出了士兵的报告声："报！张……"

刘邦大怒道："报、报、报！我有没有说过，这个点儿谁来找我都不行！"

"这，报告沛公，可您也说过只要张先生来找什么时候都行啊。"

"啊？子房来找我？他不是不知道我的习惯，这个时候来找我一定是有大事！快！快请！"

说罢，刘邦穿好衣服迎张良入内。

进入大帐，还没等刘邦问话，张良就问道："我问你，你之前是不是派兵驻守函谷关不让项羽入内？"

刘邦有点儿蒙，说："是，是呀，这有什么问题吗？"

张良道："有什么问题？问题大了！现在联军在项羽的带领下已经攻破了函谷关，这会儿工夫已驻军鸿门，明日便要对我军发动总攻击！"

刘邦害怕了："这、这、这、这……这如何是好，那函谷关不是天下第一关吗，怎么这么不禁打？"

张良道："得得得，你也别再说那些有的没的了，我就问你，你是不是真想背叛楚国，和项羽决一死战？"

刘邦道："没、没呀，嘻！都怪那个可恶的小人给我出的主意，让我拒绝项羽进入关中，实际上我是没想和他决战的啊，那我得多大的胆儿啊。"

张良道："好，没有就好，那我问你，现在项羽已经进入了关中，你觉得自己能打得过他吗？"

刘邦沉默了好一会儿，然后道："唉，能不能打过他子房你还不知道吗？那现在应该怎么办哪？"

张良道："现在的办法只有一个，但这是你的长项，我只能辅助。喏，那边项伯已经来找我，想让我和他走，他是项羽的叔父，两人关系一直不错。一会儿我带你去见他，你就说服他，一旦给他说服了，让他去项羽处替你说情，事情还有一定的转……哎，你干什么去？"

刘邦道："干什么？赶紧去找项伯啊。"

张良道："你急什么，一会儿要说什么你不想想啊。"

刘邦越跑越远道："我吹牛从来不用打草稿。"

"……"

此时，项伯正在营帐之中来回踱步，一看张良进来，赶紧道："赶紧的，赶紧跟我……刘！沛公？张良！你什么意思？"

张良心中有愧，四处张望，就是不看项伯。

刘邦趁机上前，他亲切地拉着项伯的手道："哎呀！这就是子房常常说的好兄弟项伯啊，久闻大名恨不能一见，真是我人生一大憾事，来来来，今日你必须陪我好好聊聊，不喝多了就是不给我面子！"

项伯道："聊天？沛公你没事儿吧？现在都什么情况了子房没和你说？"

刘邦装作无所谓的样子道："嘿！那就是一个可笑的误会，解释清了就好了，倒是项伯你，我崇拜你好久了，早就想和你结交，我现在有好几个女儿，听说你有一个儿子，这不正好吗，咱俩结为亲家你看怎么样？"

看着刘邦无所谓的样子，项伯紧张的心也慢慢放松下来，刘邦现在可是天下名人，身份不知道要高出项伯多少个层次，以后也肯定是一方诸侯王的存在，这要是能和他结成亲家只能说自己走运了。

于是项伯道："那倒是我高攀了，可沛公能不能先说说这事儿到底是怎么个误会呢？"

刘邦哈哈笑道："嘿！我那项羽老弟可真是误会我了，你说说，我入关以后分文不取，把所有的金银财宝都拉到了灞上，为的是什么呀？为的不就是等着我那项羽老弟来取吗？"

项伯道："哦，原来是这么回事，可您派兵到函谷关驻守不让联军进入又是怎么回事呢？"

刘邦道："嘿！误会啊，当时我把财宝都运到灞上以后，很怕关外那些盗贼来强抢，所以才封闭了函谷关，为的就是将财宝给项老弟保护好啊。可你也知道，我手下那些人没见过什么大场面，一见联军阵势太大给吓傻了，以为要打我呢，这才未经我的同意便将联军拒于关外，这事儿我都是现在才知道的，我要是知道联军来了早就开放函谷关了。现在联军军队一路收编，都已经发展到四十多万人了，再说我那项老弟行军打仗的水平和我是一个天一个地，我得多大的胆子才敢抵抗他呀。"

项伯道："哦，原来是这样。"

刘邦打蛇随棍上道："对呀，我是日盼夜盼着我项老弟赶紧来关中，可没想到项老弟却因为如此而误会了我，唉，真是呜呼哀哉啊，我对项老弟是无比崇拜，甘愿为他去死，可我死无所谓，一旦因为我的死而使项老弟背上不义之名，那我可真是死不瞑目了，还请亲家务必在我那项老弟面前说明情况，我对亲家感激不尽。"

说罢，竟然对项伯深深一拜。

项伯怎受得了如此大礼，赶紧将刘邦扶起，并郑重地道："沛公放心，我这就回去将事实真相告诉我那侄儿，但有一点沛公一定要记住，明日一早还请亲自去鸿门拜见我侄儿，以表真心。"

刘邦道："一定，一定，亲家，怎么这就走了，再留一会儿，咱俩再喝点儿。"

项伯道："哎哟，我的沛公，现在事态紧急，没有喝酒的时间了，要喝等以后再喝吧。"

说罢，项伯策马扬鞭飞奔而去。

看着项伯渐行渐远的背影，表情已经呆滞的张良愣愣地看着刘邦，许久以后对其深深一拜，只说了两个字："佩服。"

此时的项羽大帐，听完项伯的叙述，项羽好像恍然大悟地道："哦，原来是这样啊。"

项伯道："可不是吗？羽儿你想想，如果不是沛公拼死拼活地破关灭秦，你能这么轻易便进入关中吗？况且人家已经把财宝都给你准备好了，只等过去以后便双手奉送，这不但不是有罪，反倒是有大功啊，你如果兴兵攻打一个对你有大功的人，那么以后天下还有谁敢投靠你呢？不如从此善待沛公，这样还能得一个好的名声。"

项羽道："那好吧，我不杀他就是。"

第二日，刘邦带领百余骑兵，携张良、樊哙早早便来到了鸿门。

一进项羽的中军大帐，项羽、范增、项伯、各路诸侯将领以及一些有头有脸的人全在场内，桌上还摆着各种美食，只等刘邦入座。

刘邦深知项羽是个爱面子的人，所以并没有马上入座，而是赶紧对项羽深深一拜道："将军，你我二人并力攻秦，一个在河北，一个在河南，因为将军神威无敌，秦军主力部队全被您扫灭，所以我才能幸运地率先进入关中，可没想到如今有小人进献谗言，以至于将军对我产生嫌隙，这可真是天大的误会啊。"

项羽被刘邦的谦卑整得有些不好意思了，于是给自己开脱道："嘿！这小人不就是沛公你的左司马曹无伤吗，要不是他给我通风报信诋毁沛公，我怎么会和你动手呢？好了好了，事情解释开了也就没事儿了。沛公，咱哥俩也好久不见了，今儿个就吃个便饭再走吧。"

刘邦道："是，是，既然将军有如此雅兴，我陪着就是。"

酒席中，刘邦巧舌如簧，不断提起曾经和项羽并肩作战的情景，让项羽感慨良多。

看着刘邦和项羽越聊越开心，一旁的范增有点儿蒙，他使劲给项羽使眼色，让他赶紧杀了刘邦，可项羽却装作没看到的样子迟迟不动手。

范增一看事情有变，赶紧出帐去找门口的项庄（项羽堂弟）道："项庄，咱将军是个仁慈之人，不忍击杀刘邦。他不杀那咱们就替他杀。这样吧，一会儿你进帐佯装舞剑助兴，然后趁机将刘邦杀死。如果刘邦今日不死，咱们以后都会成为他的阶下囚啊。"

项庄点头，直接持剑入内，然后对项羽深深一拜道："今日群雄共聚，没有些节目怎能尽兴，不如就由我项庄来给大家表演我楚地剑舞吧。"

说罢，抽出宝剑当即便舞动了起来。

要说这楚地的剑舞那真是没话说，在春秋战国的时候就是天下闻名的剑舞，项庄更是此中好手，舞得那叫一个英姿飒爽。

可就在其他人都专心致志地观看项庄舞剑的时候，刘邦却是冷汗哗哗地往下流，因为这项庄却在舞剑的同时正不知不觉地向刘邦走去，刘邦大惧，张良也紧紧地握住了腰中宝剑，准备奋力一搏。

可就在这时候，突然从人群中走出一人，此人同样拿着宝剑和项庄对舞起来，他就这么挡着项庄的道，让项庄迟迟近不了刘邦的身。

这人不是别人，正是项伯！

开玩笑，刘邦可是自己以后的亲家，现在亲家有难，怎能不舍身保护？于是此二人就在当场"舞"了起来。

大帐之外，此时的樊哙正时刻警戒着周围的一举一动，见中军大帐闹得厉害，便派人前去打听，这一打听之下才知道刘邦有难。

他二话不说，左手持盾，右手持剑，径直便往大帐冲去，门口的卫兵想要拦住樊哙，被樊哙一下扒拉到两旁。

静……本来热闹的酒席在樊哙闯进来以后出奇地安静，看着堂下这满目狰狞的大汉，除了项羽、刘邦和张良以外所有人都有些慌张。

那项羽乃是当世第一猛将，最喜欢的便是樊哙这等猛男，也不在乎樊哙的无礼行径，而是玩味地道："你是谁呀？"

张良怕樊哙这莽夫不会说话得罪项羽，赶紧抢先道："回禀将军，这是沛公的陪乘樊哙。"

话毕，项羽哈哈大笑道："好，好个壮士，来人！"

"在！"

"此等壮士怎能没酒？给我赐此壮士一壶酒和一只猪腿！"

不一会儿，樊哙面前酒菜上全，这猛人就直接在堂下大块吃肉大口喝酒。

堂上诸多贵人全都是一副嫌弃的表情，只有项羽看得津津有味。

不一会儿，肉吃完了，酒喝完了，但项羽的兴致还很高，便问樊哙："还能再喝吗？"

听了项羽的问话，樊哙哈哈大笑道："将军太小看樊某了，死我都不怕还怕一壶酒吗？不过我心里憋屈得很，这酒也喝得没滋没味。"

项羽道："哦？壮士因何不乐？"

樊哙道："将军！我家沛公替您鞍前马后地效命，灭掉秦国以后不敢有丝毫贪婪之心，将所有的财宝都运到灞上等待着将军来收取，这是多大的功劳啊，可将军如今一到关中便听信坏蛋的谗言，和沛公有了隔阂，所以我才会不乐，并且我相信不但我因为这事儿不乐，全天下的人都会因为此事怀疑将军，我恐怕天下将再次分裂啊。"

这话说完，项羽沉默了，坐在那里良久不言语。

看到项羽在那思来想去，刘邦这心跳得突突的，这地方他可不敢留了，直接借着上厕所的工夫领樊哙尿遁了，然后给张良留下一对精美的玉璧，让他留此地善后。

过了很久，项羽见刘邦已然不见踪影，便问张良刘邦哪去了。

张良对项羽一拜，然后道："启禀将军，沛公怕您责罚他，已然逃回去了，为了向将军赔罪，特此献上玉璧，还请将军笑纳。"

项羽收了玉璧，呵呵一笑道："这个刘季，怎能如此胆小？我怎么会惩罚他呢？算了，走了也就走了吧。去，将这玉璧赐给亚父吧。"

说罢，下人急忙将玉璧给了范增，范增大怒，当着众人的面将玉璧往地上一摔，恨恨地道："我们就要成为刘邦的俘虏了！"

说完，转身就走。

看着渐行渐远的范增，项羽也只是呵呵一笑而已，毕竟这范增就是这么个脾气，还是"两朝元老"，自己能信得过的谋士也就这么一个，所以也不能拿他怎么样。

就这样，刘邦有惊无险地逃过了一劫，项羽大军则向咸阳方向开进了。

刘邦回营以后直接把曹毋伤烹了。

就在这时，我又回到了"现实"。

3.4 天下"大定"

我问："陛下，我想请问，项羽最后为什么放过您了呢？他在鸿门宴上对您到底起没起杀心呢？"

刘邦道："在鸿门项羽是绝对对我起了杀心的，要不也不会任由项庄在宴会上卖弄，我想就是因为范增说的那一句'天子之气'吧。

"至于他为什么放过我，那就是因为项伯的帮忙和樊哙最后说的那些话了，如果没有项伯和樊哙，我是绝对不会再有以后的事业了。"

我道："您说得对。"

刘邦道："继续往下说吧。

"项羽进入咸阳以后直接斩杀了降王子婴，并放任士兵在关中烧杀抢掠，使得关中的秦人'一朝回到解放前'。

"这还不算，项羽还放火烧掉了阿房宫和咸阳城内的王宫，大火竟然连烧三个月而不绝，项羽干的这些事儿使得关中秦人对其极为憎恨，也为我以后用关中士兵和项羽开战提供了基础。

"项羽全掠了关中的财宝和美女以后就打算往东返回。

"说实话，在那时，天下最适合定都的地方就是关中了，因为关中有山河要塞险阻，并兼土地肥沃、气候宜人，在此地建都必定称霸天下。

"项羽手下有一个叫韩生的，也如我所想的一样建议项羽。

"如果项羽接受了这项建议，以后我想统一天下就费劲了，可你猜项羽怎么说的？"

我问："怎么说的？"

刘邦道："他竟然和韩生道：'富贵不还乡，如同锦衣夜行。'

"哈哈，这把韩生气的，直接嘀嘀咕咕道：'世人都说楚国人就是猴子学人戴帽子（沐猴而冠），这话以前我还不信，这回可真信了。'

"项羽那是什么脾气？就是个视人命如草芥的主，听了这话以后大怒，扑哧一下把韩生给攮死了。

"之后，项羽请示楚怀王，大致意思是说'当初你说了，谁进入关中就给封王，现在我不但进入了关中，还把秦朝给灭了，应该给我封王'。

"可楚怀王早就恨项羽嚣张跋扈，同时也不想让他坐大，遂只回了简简单单的两个字，'如约'。

"楚怀王这一回复令项羽大为不满，竟不经楚怀王同意便强尊其为义帝，然后召集所有的诸侯共聚戏下，并开始了他愚蠢的大封诸侯王。（注：大封诸侯以后，项羽又以没有任何功劳为名将义帝降为王爵，命其迅速前往当时还是贫瘠之地的长沙一带生活）

"来，看看我手上这个单子你就知道项羽和当时参与策划的范增有多愚蠢了。"

说罢，刘邦将一个单子递到了我的手上。

一、项羽，西楚霸王，领地梁楚九郡（以徐州为中心，东至海，北至泰山，西至大名、安阳、濮阳、开封、淮阳，南至江浙地区），国都彭城。

二、刘邦，汉王，领地为汉中与巴蜀之地（陕西南部与四川省），国都南郑（陕西南郑）。封王原因：灭秦功劳是所有诸侯中最大的，不得不封。

三、章邯，雍王，领地为咸阳以西（陕西中部与甘肃南部、东部），国都，废丘（陕西兴平）。封王原因：领二十余万秦军戴罪立功（投降）。

四、司马欣，塞王，领地为咸阳以东至河（陕西东部），国都栎阳（陕西临潼东北七十里）。封王原因：曾经替项梁平过事，并劝章邯投降。

五、董翳，翟王，领地上郡（陕西北部），国都高奴（陕西延安）。封王原因：曾力劝章邯投降。

六、魏豹，西魏王，领地河东（山西西南部），国都平阳（山西临汾）。封王原因：得到魏国二十多城邑以后就率兵支援项羽。

七、申阳，河南王，领地为现今河南西部及中部，国都洛阳。封王原因：领兵支援项羽。

八、韩成，韩王，领地为今河南南部，国都阳翟（今河南省禹县）。封王原因：项梁之前所立。

九、司马卬，殷王，领地为今河南北部，国都朝歌（今河南省淇县）。封王原因：平定河内有功。

十、赵歇，代王，领地代郡（今山西省北部及察哈尔南部），国都代（察哈尔蔚县）。降为代王原因：分化赵国。

十一、张耳，常山王，领地为今山西中部及河北西部，国都襄国（今河北省邢台市西南）。封王原因：分化赵国。

十二、英布，九江王，领地九江郡（今安徽省淮河南岸与江西省），国都六（今安徽省六安市）。封王原因：诸军将领中军功最高。

十三、吴芮，衡山王，领地为今湖南省及湖北省东部，国都邾（今湖北省黄冈市）。封王原因：领百越诸种辅助联军入关。

十四、共敖，临江王，领地为今湖北省大部，国都江陵（今湖北省江陵县）。封王原因：领兵震慑南郡，让项羽和刘邦没有后顾之忧。

十五、韩广，辽东王，领地为今河北东部、辽宁省、热河南部，国都为无终（今河北省玉田县）。降为辽东王原因：分化燕国。

十六、臧荼，燕王，领地为今河北省中北部，国都蓟（今北京市）。封王原因：辅助项羽入关，分化燕国。

十七、田市，胶东王，领地为如今的胶东一代，国都即墨（今山东省平度市东南）。降为胶东王原因：分化齐国，打击三雄一脉势力。

十八、田都，齐王，领地为今山东省中北部，国都为临淄（今山东省临淄市）。封王原因：辅助项羽入关，分化齐国。

十九、田安，济北王，领地在山东省西北部，国都博阳（今山东省博平县南）。封王原因：分化济北数城，领其兵降项羽，分化齐国。

刘邦道："看完没有？"

我道："看完了。"

刘邦道："看出什么门道？"

我一脸蒙。

刘邦道："你就是块木头！并且是朽木！"

我："……"

刘邦道："给我听好了！这里面乍一看没有什么破绽，将战国时期最强大肥沃和富足的关中与齐地给分成了三份（三秦、三齐），并且将实力仅次于他自己的我弄到了巴蜀之地，还派遣了章邯、司马欣与董翳堵在了我的上面，防止我出关造反，可这里面潜藏的破绽太大了。

"先说我，当时的巴、蜀、汉中之地虽然人少物稀，道路也非常崎岖，但经过当年秦国的大改造，粮食方面是一点儿问题都没有的，再说这些地方占地面积极大，拥有非常大的发展潜力。

"所以，一旦给我机会，我一定会出汉中，定天下！这就得益于萧何当年从咸阳弄出的地图了，我敢保证，如果项羽看过了这个地图，一定不敢将我弄到巴蜀。

"其次，那齐国的'三雄'是什么选手？那都是亡命之徒！他项羽和范增将田儋一脉弄到了偏僻之地，然后用当初战国末期齐王建和一个旧齐将来瓜分齐国，这不是开玩笑吗？不打仗才怪。

"还有，当初劝降章邯投降陈馀也是出过力的，可是现在呢？和张耳相比他就是个乞丐。

"这都是不稳定因素，还有太多的问题我就不一一说明了，以后我再慢慢讲给你听，反正项羽这次的封王行动绝对是失败的。"

3.5　大乱再续

我道："嗯，我懂了，可陛下，当时的巴蜀之地如此残破，您多少也是见过世面的人，怎么会忍受如此恶劣的环境呢？"

刘邦道："我当然忍受不了！所以那段时间我是整日烦心，要不是有张良给我求来的汉中之地，我肯定就造反了！当初封王之前，项羽和范增只想把巴蜀给我，汉中都没想给，可张良深知汉中的战略重要性，便将我赏赐给他的金银珠宝全都给了项伯，并说这是我的意思，只求项伯能劝项羽将汉中也交给我。

"项羽和范增根本就没有张良的战略眼光，所以当项羽将汉中给了我之后范增也没说什么。

"可我真的不甘心，虽然额外给了我汉中，但我这心里还是憋屈！那一夜，我难以入睡，想着那无尽的财宝和女子都被项羽弄走，想着我即将去那荒无人烟之地，我烦！所以，我冲动了！"

我："……"

刘邦："当天夜里，我紧急召集众将，气愤地对他们道：'当初楚怀王说了，"先入关中者王之"！我刘邦带领着大家费尽千辛万苦才打到涵谷关，统一关中，可那项羽一竿子把我怼到了巴蜀这穷乡僻壤之地，我不想受这窝囊气了，全军将士给我听命，今夜紧急集合士兵！我明天就要和项羽决一死战！'

"哈，这话一说我手下的那些将领可都吓坏了，周勃、灌婴和樊哙这仨人更是劝我不要冲动。

"我一看他们就烦，三个武夫而已，也配和我谈论什么大道理，简直臭不可闻，所以我果断拒绝他们的劝阻。

"可就在我要冲动到底之际，萧何说话了：'汉王！可否听我一言？'

"'说！'

"'汉王虽然讨厌在汉中称王，可好死不如赖活着，您在汉中最起码还能活，可您一旦和项羽决战就是必死无疑了。'

"我一听这话就怒了，可萧何从来不会无的放矢，于是我就忍着胸中怒火问他为什么这么说。

"萧何道：'汉王和项羽比谁更能领军打仗？'

"我无言以对。

"'汉王和项羽比谁的军队更精锐？'

"我无言以对。

"'汉王和项羽比谁的军队更多？'

"我还是沉默。

"萧何：'屈居一人之下，而能在万乘大国之上施展才能的人他早晚都会得到整个天下，现在汉中、巴蜀虽然条件艰苦，但是粮草丰富，臣希望大王能在汉中安心称王，进而休养生息，招揽贤才，待完全同化巴蜀之地以后便挥军北上直取三秦之地，到时候便可夺取天下！'

"萧何这话我想了好久，最后对其竖起了大拇指，就回了两个字，'高见'。

"之后，各路诸侯各回各家，项羽亦将我的部队全部遣散，只给我三万人前往领地，我忍了，但令我没有想到的是，当初有很多跟从我的士兵都想继续跟着我，便自发地躲藏在我至南郑的必由之路上，等遇见我的部队时便前来投靠，等我到汉中的时候竟然发展到了近十万人的部队。那项羽屠过城，我刘邦也屠过城，可到最后为什么人心都在我这？啊？这就是差距！"

我："……"

刘邦道："可是，就在这时，张良也离我而去了。"

我惊异地道："张良不是您最忠诚的左膀右臂吗？他怎么会背您而去呢？"

刘邦道："唉，并不是他背弃了我，而是我主动让他回去的。"

"这话怎么说？"

刘邦道："这一路上张良帮了我实在太多了，但张良毕竟是韩国人，虽然和我关系很好，但还是要回去的。

"然而张良怕主动提出来伤了我的心，所以一直没提，可他不提我也不能一直把他留在身边啊，所以我挑明了，让他回到韩王那里。

"那一天，我送张良走出好远，最后在张良一句'天下无不散之筵席'下分别了，还在临走之前特意嘱咐我，让我将能出汉中的栈道全部烧毁，以绝项羽之疑。

"所以，到了汉中以后，我遵张良之意烧掉了栈道，并封萧何为丞相，安心在本地发展，如果没有什么大的意外的话，我估计自己还要等好几年才敢北上三秦和项羽决战，直到我遇到了一个人，一个足可以和白起、李牧等人相提并论的军事妖孽！

"那天，我还如平常一般百无聊赖地坐在我那所谓的'王座'上醉生梦死，可突然来了一个传令兵向我报告了一件事，这事差点儿把我给吓死！"

我插嘴道："啥事啊？"

刘邦道："你知道吗，因为我的军队大多来自东方各国，很多人都不适应汉中这地界，所以到了这地方以后很多士兵和一些小将都往东方逃，我懒得管，也就睁一只眼，闭一只眼了。

"可谁逃跑萧何都不能跑啊，说句一点儿都不夸张的话，他对我的作用一丁点儿都不比张良低，甚至还要更胜过张良！

"而这名士兵呢，他报告我说萧何逃走了！我怎能不害怕？

"得到此消息以后我惊恐无比，策马扬鞭便去相府中寻找萧何，这一看果然不在，然后我往东面狂追，可怎么追都追不上，当时我差点没崩溃你知道吗？竟然有一种想哭的感觉。

"可就在我要当众失态的时候，这萧何竟然回来了，后面还跟着一个人，当时我可真是又喜又怒，也没管萧何身后那小子，直接拽住萧何往大帐就质问：'你个负心人，别人逃走也就算了，你是和我一同起事的兄弟，你为什么也要逃跑，你说你说……'"

我："……"

刘邦道："咳咳，萧何见我误会了，赶紧道：'汉王这是说的哪里话，我怎么可能会逃走？我之所以向东去不是逃走，而是去追一个大才去了。'

"我当时很不屑地道：'大才？谁呀？'

"萧何兴奋地道：'就刚才我身后的韩信！'

"我一听萧何这话就怒了，他之前已经向我多次推荐这个韩信，但你知道吗？这韩信是个胯夫，我怎能用如此没种之人？于是便生气地道：'你就骗我吧！诸多将领中逃跑的已经有十多个了，你谁都不追，偏偏追这个没种的胯

夫，你就是在骗我，就是想逃走。'

"萧何也急了，赶紧和我说：'我的汉王啊，之前那些逃走的将领都是平庸无能之辈，您想要的话多的是，可像韩信这样杰出的人才您是打着灯笼都找不着的，他可是举世无双之才啊！'

"'啧……'

"'您怎么还不信呢，我就明白说了吧，汉王您要是只想安安稳稳做汉中王的话那就没什么能用到韩信的了，可如果您想要争夺天下的话除了韩信没有第二人选！'

"看到萧何如此认真的态度，也让我对韩信产生了一些兴趣：'难道我之前真的误会他了？'

"抱着此种疑问，我问萧何道：'你真的没骗我？'

"'不敢。'

"'好吧，我就看在你的面子上让他当一次将领吧。'

"说实话，我当时是真看不上韩信那个胯夫，可萧何既然都这么推荐了我还能说什么，给他个将领当当吧。

"可谁知这萧何还来劲了，他很着急地对我说：'汉王啊，您咋还不相信韩信的才能呢？他的才能确实是天下无双的，有此等才能的人都是骄傲的，您要是让他当一个将领的话他最后还是会逃跑的，只有大将军！只有大将军才能让他死心塌地地跟随您！'

"'我……我的萧大丞相，你知不知道什么是大将军？那是统率三军的最高将领，从我刘邦起事以来一直到现在都没立过，可你竟然让我立一个胯夫当大将军，你这是不是有点儿过分了？'

"'过分？一点儿都不过分，只能是大将军！'

"看到萧何如此坚决，我也只能妥协，便直接叫过来一个传令兵：'你，去和那个什么韩信说，就说他以后就是我大汉的大将军了。'

"萧何这老东西看我这种态度竟然罕见地急了，几乎是对我咆哮着道：'汉王！您开玩笑呢？就是因为您总是这样傲慢无礼韩信才会逃跑的！'

"我也急了，对着萧何吼道：'那我还能怎样？我给他磕一个呗？'

"以前萧何要是看我急肯定疯了，可咱也不知道这个韩信究竟有多大的魅力，萧何竟然为了他和我一杠到底了：'汉王您如果真心想用韩信的话，一定要郑重，应该特意挑选一个良辰吉日，沐浴斋戒，然后在广场上设置高坛，在三军面前举行一个隆重的册封仪式才行。'

"话毕，我就这么看着萧何，一直看着，而萧何也没有躲闪我的目光，坚定地和我对视。

"最后，我妥协了，按照萧何的要求封了韩信为我大汉的大将军。

"因为韩信这属于'空降'，我为了不引起军中争端，便只向三军说明我某月某日要册封大将军，并没有说要册封的是谁。

"嚯，这消息一传出去军中可热闹了，曹参和周勃都以为我要封他们呢，就连樊哙这莽夫都以为自己是大将军的不二人选，都咋想的？"

我："……"

刘邦："哈哈，结果在册封当天突然冒出了一个韩信，这些莽夫全都蒙了，他们当时的表情直到现在我想起来都想笑，哈哈哈哈。"

我道："……您可真恶趣味。不过有一件事我非常不理解，那韩信之前从来都没有带兵打仗的经历，兵书上说的那些著名军事家也都是一仗一仗打出来的，萧何丞相一直都是个谨慎之人，怎么就敢向您推荐这么一个没有实战经验的人呢？"

刘邦道："唉，这就不得不说萧丞相的厉害了，这世界上有很多人在某一方面都有妖孽般的才能，哪怕是没有这方面的经验也能打出个艳阳天，而这韩信就是这样的妖孽。

"这韩信是淮阴县（今江苏省清江西南）人，从小家里就非常贫穷，穷到了家徒四壁的级别，因为这小子好吃懒做，所以上不能当官，中不能耕田，下不会做买卖。"

我插嘴道："那他拿什么养活自己呢？"

刘邦道："呵呵，蹭饭呗，这小子那时候经常去别人家里蹭饭。

"他母亲死得早，因为穷所以没钱安葬，韩信就找了一块四周宽敞，并且又高又干燥的地方将母亲埋在了中间，希望以后别人埋人的时候埋在自己母亲的旁边，这样过不了多久自己的母亲就有万户陪衬了。"

我："……"

刘邦："之前过得还算好，这韩信能一边吃母亲的一边蹭饭，可自从母亲死了以后他就再也没有依靠了。

"这要是一般人一定会找一个卖苦力的活儿来养活自己，可这韩信简直是社会的蛀虫，他既不给人做苦工，又不肯学人做买卖，只想把好吃懒做的事业进行到底，于是便前去一个亭长家里混吃。

"咱也不知道这亭长和韩信他们家是什么关系，反正这亭长也没说啥，可韩信在亭长家里白吃白住了几天以后，亭长妻子不乐意了。

"想想也是，那时候战国乱世刚刚统一，天下百废待兴，谁都没那么多闲米给别人吃。

"于是有一日，亭长妻子在做完饭以后直接在床上偷摸把饭菜都吃光了，然后在自家的院子里洗碗。

"你知道吗？韩信这小子虽然是个混吃等死之辈，却狂得没有边际，他不但要免费吃喝，还不能让别人给他脸色看。

"这不是吗？一大早起来准备吃饭的他看到亭长妻子在那洗碗，便明白了她的意图，直接甩袖子走人了，并从此不再来往。

"哈！一个废物而已，还要什么自尊心，真是个矛盾集合体。"

我："您就这么看不上韩信？"

刘邦："嗯，最开始确实很看不上。"

我："……"

刘邦："韩信离开亭长家里以后无法养活自己，便只能到城下的小湖里面以钓鱼为生。他一个连种地都不会的废物怎么可能会钓鱼呢？于是好几天一条鱼都没钓上来的韩信直接饿晕在地上。

"这要是没有人相助的话，我准保这个以后天下无双的大将军会饿死在那里。

"可当时有一个在湖边洗衣服的老太太可怜韩信，便每天都会给韩信一些饭食，让韩信不至于饿死。

"韩信当时非常感动，就和老太太说：'大姨，等我以后发达了一定会报答您。'

"那个老太太一听这话也不高兴了，有些生气地对韩信道：'你不用想得太多，我就是可怜你才给你一些饭食，你说你一个大丈夫，不靠自己的劳动来养活自己，一天天的就知道在这钓鱼，你有什么能力报答我呢？算了吧。'

"说完，继续在原地洗着自己的衣服，根本连搭理都懒得再搭理韩信。

"也许是老太太的话刺激了韩信，使得他几日后便拿着自己的宝剑去淮阴城里找工作了。"

我问："韩信不是家境贫穷吗？怎么会有钱买剑呢？"

刘邦道："我哪里知道，有可能是他祖上传下来的吧。"

我："哦。"

刘邦道："可就是因为韩信这把剑，却差点儿葬送了他。"

我："这话怎么说？"

刘邦道："当时在淮阴城里有个小混子混得挺开，周围一天到晚都有一帮偷鸡摸狗的跟着，他看韩信没什么能耐还拿着一把大宝剑就想收拾他，所以就在那一天把韩信堵在了闹市。

"韩信见一帮混子给他堵住了，就问：'有事吗？'

"'看你不顺眼，想揍你。'

"'你想怎样？'

"'你要是不怕死就拿剑刺死我，你要是怕死就从我胯下钻过去。'

"结果韩信看了那个混子一会儿就从他胯下钻过去了。

"当时天下大……"

我插嘴道："等！陛下您等会儿！这就完了？"

刘邦道："什么完了？"

我道："闻名千古的胯下之辱您这就讲完了？您叙述得比《汉书》还要简

单哪。"

刘邦惊讶："就这破事儿还闻名千古呢？你们现代的人都怎么想的？不以此为耻，反以此为荣？"

我："当然要学习韩信了，如果没有这次的胯下之辱他以后怎么可能成功？这叫小不忍则乱……"

刘邦怒了，道："胡扯！没有这次的胯下之辱他就不能成功了？我告诉你，真正有能力的人到什么时候都会成功！

"当初吴起一怒之下杀死很多地痞流氓，结果怎么样？结果还不是千古传诵的名将？再不济被打一顿也就得了，那小混子还能杀了韩信不成？还小不忍则乱大谋，这就叫懦夫！这就叫没有血性！

"试问，如果人人都像韩信这样，那国家还能够强盛吗？"

听了这话，我久久不能言语，因为无法反驳。

刘邦继续道："当时正是天下大乱之时，韩信非常看好项梁的楚军，便前去投靠，做了项梁手下的一名小卒。

"后来，项梁被杀，项羽看韩信生得人高马大，便任命他为自己的执戟郎（守卫）。

"当时，韩信曾屡次向项羽进献自己的计谋，可项羽和韩信行军打仗完全是两种风格，所以一次都没有采纳韩信的建议。

"后来，我被项羽安排到汉中，韩信一看再跟着项羽也是一辈子小卒的命，便前来投靠我了。

"不过那时候我什么身份？他根本没资格见到我，便被我的手下分配到一个粮仓当管理员了。

"好像是偷盗，我记不清了，反正之后韩信和十几号人都犯了罪，要拉到广场斩首示众。

"也许是受老天眷顾吧，那天韩信被排在最后一个，就当刽子手要砍他的时候，韩信突然对监斩的夏侯婴吼道：'汉王不是要统一天下吗？为什么要杀掉壮士呢？'

"夏侯婴看韩信这小子谈吐非凡，生得人高马大，就制止了刽子手，并和韩信进行了详谈。

"最后，夏侯婴感觉韩信很有些才能，便推荐我重用他，可我一听说这小子是个胯夫也就没怎么在意。

"夏侯婴一看我不重用韩信就把这事儿捅到了萧何那里，萧何是个稳当人，没有盲目听从，而是找到韩信交谈，考验他是不是真的奇才。

"最后，萧何被韩信的军事理念折服，便不停地向我推荐。

"可我瞧不起韩信，依然没有重用他，于是，韩信就逃了，这就有了前面那一幕。"

我问："那陛下您就这样封他做大将军了？也没有考验考验他是不是真有真材实料？"

刘邦道："当然要考验了！那天册封仪式结束以后我将他召到大帐里面便问：'韩将军，萧丞相之前曾多次向我推荐将军你，不知你有什么计策想对我讲呢？'

"韩信也知道自己这大将军能不能坐稳就在这一次了，所以非常认真地回答：'汉王，我想请问，现在天下能与汉王相争的是谁呢？'

"我说：'除了项羽别无他人。'（注：汉中、巴蜀地形险要，易守难攻，并兼粮草丰厚，刘邦被誉为'长者'，得天下人心，虽有东方士兵不断逃亡，可关中百姓却如潮水一般投靠刘邦，使他实力大涨）

"韩信说：'汉王估计在勇猛、统御力和士兵多寡强悍上与项羽相比谁更强？'

"'那自然是项羽。'

"韩信很郑重地对我深深一拜，然后道：'我韩信也认为汉王并不如项羽，但是，我曾经身为他的执戟郎，对他是最了解的。所以，就让我来对您说说这个项羽吧。项羽嗓门极大，气场极强，他的一声怒吼就能让上千精锐吓得不敢动弹，他领兵进攻如烈火，来去如疾风，可以说现在没谁能打得过他。但是，他刚愎自用，根本就不信任也不任用有才能的将领，所以只不过是一个匹

夫罢了。我想请问汉王，您手下跟着你拼死拼活的是为了什么？'

"'封土地，做大官，永享富贵。'

"'对了，可是项羽呢？他待人有礼，语言温顺，甚至有手下得了病都会心疼地流下眼泪。可当他的手下立了功应该给官封爵的时候，他却将手中的印信攥得死死的，棱角都快磨平了也不给手下，这叫什么？这叫小女人心态！'"

我道："韩信这评价确实狠。"

刘邦："还有更狠的呢，他继续和我说：'不过这都不算什么，最致命的是项羽现在虽然称霸了天下，各路诸侯也都暂时臣服于他，但他却不占据关中而定都彭城，又违背义帝对诸侯的约定，而任人唯亲，您看这天下的诸侯王哪个不是跟他要好的？所以，有很多人都对他的行为感到不满。那项羽的军队虽然勇猛精锐，可项羽却放任他们烧杀抢掠，他们所过的地方寸草不生，那可真是一走一过就是杀人。所以天下的百姓全都怨恨他，只不过畏惧他的淫威暂时不敢反抗而已。他项羽现在虽然是霸主，但早已经失去了天下人心。所以，现在项羽实际上是很弱的。可汉王则不然！汉王您爱才如命，并将天下城邑都分给有功之人，全天下的人愿意归附您！汉王您赏罚分明，从来不偏心任何一人，所以军队纪律严明，百姓都爱戴您（这里面更以关中百姓为最）！那项羽虽然弄了三个王压在您的头上（章邯、司马欣、董翳），但他们当初都是秦朝的将领，最后却欺骗了二十多万秦国士兵投降，最后令士兵们命丧黄泉。所以关中的百姓们恨不得吃他们的肉、喝他们的血。有如此反差，汉王夺得整个关中便只是弹指一挥间的事！关中，此为成王霸业之根基，得此地，天下一统不远矣！'

"这话说完，我整个人都站立起来，当时我再也没有半分瞧不起韩信的念头，有的只有'相见恨晚'这四字。

"自此以后，我放心将军事大权交给了韩信，让他训练士卒，等待时机来临便北上强取三秦之地！

"这个机会很快就来了！

"就像韩信说的，项羽分封诸侯的时候私心太重，使得天下不少英雄豪杰对其有很大意见。我们先来看东方的三齐之地。

"之前，项羽曾经在齐国旧地封了三个王，但这其中并没有原齐国的实际领头人物田荣，就是因为当初田荣不去救援项梁，使得项梁死于章邯之手。

"田荣，当初齐地三雄之一，当然不肯忍受如此侮辱，所以他先将黑手瞄准了田都，并让原齐王田市（田儋之子）别去胶东赴任（胶东王），他会将齐国都给打回来。

"可是田市畏惧项羽如虎，害怕项羽回头杀他，便偷偷地前去胶东赴任了。他以为自己的二叔和父亲关系极好，一定不会怪罪自己，可他错了，大错特错了。

"那田荣一听自己的大侄子瞒着自己偷偷前去胶东赴任，气得暴跳如雷，感觉这大侄子是个扶不起的阿斗，让他当齐王最后也会害了齐国，便追上去直接把田市给杀死了，之后回军就开始对田都和田安发起猛烈的攻击。

"你知道的，齐地三雄个个都是当世豪杰，统兵打仗不是田都和田安能比的，再加上有彭越的帮助，使得田荣更是如虎添翼，所以没过多久田荣便平定了三齐之地，并自立为齐王。"

我插嘴道："那彭越是怎么投靠的田荣呢？您之前不是将彭越给弃在昌邑了吗？"

刘邦道："咳咳，当初我弃了彭越，带领部队继续向西进击，可没想到彭越并没有因此放弃反倒不停地收拾散兵，最后竟然发展到了一万多人。

"他就带着这一万多人在南方不停地和秦军进行游击作战，成功地阻挡了不知多少拨秦国的援军和粮食运输队。

"可以说，彭越的游击作战对我汉军和联军帮助是巨大的，按说凭借他的功绩是应该封点儿地盘的，可项羽根本就没理彭越，使得'天下大定'以后他还是一支散军。

"所以，彭越对项羽的恨是无以复加的。

"最后，彭越见田荣独立，便前去帮助他平定了三齐之地，希望从此能得个富贵。"

我问："哦，那田荣这么做不就属于宣布独立了吗？项羽能饶得了他？"

刘邦道："呵呵，当然不能了，可这个之后再说，咱先把现在混乱的局势介绍完。

"说完了齐地再看北方。

"之前，项羽将赵歇安排到了代地当了一个代王，而封张耳为常山王，这使得陈馀极为不满，因为现在陈馀的地盘仅有南皮附近的三个县。因此，造反的心思早就在陈馀心底埋下。

"正巧这时候田荣在三齐叛乱，陈馀便派遣使者前往田荣处借兵，并宣誓从此成为田荣的屏障。

"田荣那时候正好缺少值得信赖的盟友，便派了很多士兵给陈馀。

"得了齐地士兵，陈馀心里有底了，便开始在自己的三县公开征兵，之后直接攻击张耳。

"张耳在军事方面的造诣根本无法和陈馀相比，所以很快便败落了。

"一开始，张耳本来想去投靠实力强大的项羽，可他手下的谋臣甘工却和他说这天下早晚被我所得，所以张耳便来投靠了我。

"陈馀把张耳赶跑以后，全侵占了赵国之地，并将赵王歇从代地接回邯郸，让他继续当赵王。

"赵王歇见如今陈馀实力强大，实在不想让这个'定时炸弹'成天跟在自己身边，便将代地赏赐给陈馀，并封他为代王，希望他能去代地赴任。

"但陈馀醉翁之意不在酒，他早有取赵王歇而代之的想法，只不过现在项羽威胁太大，不想给他口实而已，所以他干吗还要去代地呢？

"于是，陈馀以赵国刚刚平定、百废待兴为由，只接受了代地，却派夏说前往代管政事，自己依然在邯郸做那实际上的'赵王'。

"再看东北方向的燕国。

"最早之前，燕国只是韩广一人的国家，而臧荼也只不过是韩广手下的一个部将而已，可项羽分封天下以后直接将臧荼立为燕王，却将韩广赶到了辽东，这让韩广怎能接受？

"于是，韩广把守住燕国的各个险要，拒绝臧荼入内。

"臧荼大怒，遂对韩广发动了总攻击。最后，臧荼击杀韩广于无终，全并燕地。

"这就是现在天下的总体形势了。

"本来我还想在汉中多忍几年再出去，可现在天下再次大乱，此时不出，更待何时？

"于是，便定下大战略方针交与韩信实行。

"现在我攻打三秦的出口一共有三个，它们分别是子午道、傥骆道、褒斜道，不过这三个地方的栈道和基本道路都已经被我破坏，想要修好它们不仅需要庞大的人力物力，还有无尽的时间，而现在时不我待，所以我只能选择其他的道路走。

"而这个道路是哪儿呢？就是汉中西南的故道，此道白水起始，陈仓为终，然后再越过陈仓拿下雍城，三秦必为我所得！[注：雍城为老秦旧都，地理位置极佳，雍城一旦被攻破，三秦危矣，故《读史方舆纪要》载：'居四山之中，五水之会（汧、渭、漆、岐、雍），陇关西阻，益门南扼，当关中之心膂，为长安之右辅……东收京邑，南固蜀口……制驭梁益，凤翔为官毂之口……控京兆之咽喉，繇大散而北出凤翔，则绝秦川之要膂。若其西上秦陇，守险阻以攻瑕捣虚；南下梁洋，席富饶而出奇制胜，可耕可屯，宜战宜守。规关中者，此其先资也。'

"于是，我带着几乎全部家当开始了我的远征。

"首先，我命萧何坐镇后方，替我镇抚百姓，并收巴蜀租税以给军中。

"其次，我命曹参领中郎将樊哙及数万士兵为前锋。

"最后，我命大将军韩信为三军统帅，领将军周勃、太仆夏侯婴、中谒者灌婴、右骑将傅宽、骑都尉靳歙，统大军十余万跟随曹参前部向北进击三秦之地。

"那一年（前206）八月，我曹参部直袭白水，副将樊哙大破敌军，后大军一路急速北侵，出大散关后急袭陈仓。

"因为故道险阻，不适合大军行进，所以章邯根本就没想到我能从这里攻击他，直到我都已经打到他家门口（陈仓）了他才仓促出兵抗击我的军队。

"但我曹参前部都是百战精锐，再加上章邯仓促调兵，所以大阵很快便被樊哙的冲锋部队冲散。

"章邯见大事不妙，遂弃雍城东走，退守废丘（今陕西省兴平市南十里），以待司马欣和董翳的增援。

"呵呵，他想得美，我前部主帅曹参深知时机的……"

我插嘴道："陛下，陛下！您等会儿！"

刘邦不耐烦地道："又怎么了！"

我问："陛下，您是不是落下了什么？"

刘邦道："没有啊，我落下什么了？"

我道："陛下，我所知道的是明修栈道，暗度陈仓。可按照您刚才说的，只有暗度陈仓却没有明修栈道啊。"

刘邦道："明修栈道？什么明修栈道？"

我道："就是您一边修之前被破坏的栈道，一边偷袭故道与陈仓啊，这样就分散章邯的注意力了。"

刘邦："哈哈哈哈！这都谁编的故事？"

我道："……元代的《气英布》、《暗度陈仓》和明代的《三国演义》都说过这事儿啊。"

刘邦道："你说说你，看史书也不会选，这都是虚构的小说你也信？还有，你知不知道在当时修缮三道（子午道、傥骆道、褒斜道）中任何一条的栈道需要多少人力、物力还有时间？再加上当时章邯就没想到我会从故道急袭他，所以根本没有设防，我还明修个什么栈道？那不是多此一举吗？还有你们那《史记》和《汉书》不是说得明明白白的吗，那时候樊哙正在随曹参出击陈仓，哪有时间搞什么'明修栈道'，真是荒谬！"

我："……"

刘邦道："懒得再跟你废话，我继续说了。

"当时章邯大败退守废丘以待援军，按说我汉军前部应该等我主力大军到达以后再行攻击，可韩信没管那个，依然命曹参部攻略章邯领地。

"得令，曹参与樊哙向东急袭，先至雍粼（今陕西省武功县西南），破！樊哙亲率士兵奋战，第一个夺下城上旗帜。

"后率军继续向西攻击好畤（今陕西省咸阳市乾县）。

"章邯的弟弟章平领军与曹参军战于好畤以南，被我汉军大破。

"但后来，章平领残兵退守好畤顽抗，曹参部一时之间竟无法拿下。

"然而就在此时，司马欣命手下大将赵贲（原秦将，非王贲）与内史保率步骑兵从栎阳（今陕西省西安市临潼区东北七十里）疾进废丘增援章邯。董翳军亦已自高奴（属今陕西省延安市主城区东）向泾水地区疾进。

"章邯得了赵贲援军以后信心大增，竟出了废丘，主动寻得我汉军主力部队决战！

"两军就这样在壤东（今陕西省咸阳市武功县东南二十里）相遇。

"哈哈，章邯这个二流将领怎是我韩大将军的对手？韩信早就料敌于先，所以之前才未让曹参与樊哙等待他的部队。但到了现在，是用曹参的时候了。

"于是，韩信乃命曹参部迅速南下钳击章邯部，令章邯陷入两面被围之劣势。

"曹参行动异常迅猛，没多久便冲到了章邯军的侧翼，并进行凶猛的冲锋打击。韩信也在同时命三军狂攻章邯军正面。

"由于我汉军前部冲杀得太过猛烈，所以章邯军侧翼畸形，导致阵形大乱，再加上韩信的总攻时机掐得特别好，所以此战根本没费多大的劲儿便轻易破了章邯的部队。

"章邯见兵败如山倒，便领残部退往废丘继续坚守，而章邯为军中灵魂，他一撤退，这仗也就不用再打了。

"于是，赵贲与内史保也令自己的军队退守咸阳柳中（即细柳，今陕西省咸阳市西南）。

"如此，敌方主力殆尽，我大军则势如破竹。

"首先，好畤守章平见章邯主力部队被我歼灭，遂丧失了抵抗的意志，直接弃城投奔董翳去了。

"我曹参前军遂继续东进，与周勃、灌婴等主力侧部合军一处，兵锋直逼咸阳柳中，并大破赵贲各部，全力攻打咸阳。

"之后，我汉军主力部队驻扎咸阳，将此地改名为新城，以新城为根据地四面出击，不到一月便全定雍地。

"全定雍地以后，韩信一方面派曹参领军守景陵（具体位置失考，大概在今乾县北，泾水西岸），以防章平和董翳军反击；另一方面则命樊哙、灌婴等将领前部直袭栎阳司马欣。

"然而，此时司马欣主力已殆尽，在万般无奈下降了我大汉。

"如此，我兵不血刃便拿下了全部塞地。

"可就在这时，章平和姚卬（董翳军统帅）开始狂攻曹参。可曹参不愧为一流名将，将景陵守得水泄不通，使敌军狂攻二十日而不得入。

"这时候，章平和姚卬的部队已经极为疲劳（长途行军没休息多长时间就狂攻曹参二十日），曹参见时机已到，乃令全军于一日拂晓对敌军发动凶猛的攻击。

"敌军损失惨重，大败溃逃，我部曹参则如疯狗一般死咬。如果这样下去，章平和姚卬支部必被全歼。

"可就在这时，董翳倾国而遣的第二拨援军已到，局势顿时逆转，改成曹参跑，章平、姚卬追。幸好此时韩信亦遣周勃领一军自咸阳紧急驰援曹参，这才使得战局再次发生逆转。

"如此，章平和姚卬的部队被全歼，三秦之王再也阻挡不了我大汉前进的步伐。

"见此，韩信将大军分为三部，一部由郦商为帅，直攻上郡（陕北地区）、北地（今甘肃省宁县西北），以暴力逼迫董翳就范。

"另一部则由周勃为帅，继续向东侵袭。韩信自己则率领本部兵马坐镇咸阳，以备不测。

"先看郦商方面，章邯现在唯一的希望便是董翳，于是遥控别将周类等据守乌氏（今甘肃省平凉市西北）、枸邑（今陕西省旬邑县）等地以钳击防守之势阻挡郦商军势。

"可现在雍军主力已经损失殆尽，就是有再好的地形也是白搭，所以尽被我汉军所破。翟王董翳最后无奈投降。

"周勃方面则更是顺利，他从栎阳出发，先是拿下频阳（栎阳北），然后南渡渭水，向西攻下郿（今陕西省眉县），向北攻下汧，肃清了整个渭水河谷的残余未服者，然后直接回军参与主力部队围困废丘的战役。

"于是，整个三秦除废丘以外全为我大汉所占，而此时距离我汉军暗度陈仓还不满一个月，韩信之用兵确实可当'如神'二字。"

我插嘴道："陛下说得是，可我有一点不明白，现在天下如此之乱，而您这里和田荣那里更是难搞，项羽难道就这样干坐着不管吗？"

刘邦道："呵呵，他当然要管，可是我军如此迅捷，他拿什么……哎算了，我说得太多了，口干舌燥的，让我休息会儿，剩下的你自己看吧。"

说罢，刘邦手一挥，我又置身于彭城的王宫中。

3.6 疾如风，徐如林，侵略如火，袭若雷霆

地点：西楚国都——彭城王宫。

时间：公元前206年6月。

"报……报告霸王，田荣斩杀胶东王（田市），攻齐王（田都）、济北王（田安），现已全定三齐，自立为齐王，还请霸王裁决！"

项羽大怒，吼道："来人！"

"在！"

"给我集结三军将士，我要出全部精锐灭了三齐之地！"

"是！"

一个月后，项羽集西楚全部精锐（注：项羽之兵为十万精锐，并不是所有

西楚军队）准备攻击田荣。

可就在项羽即将出征的时候，突然又来一人报告："报……报……报告霸王，西面刘邦暗度陈仓，对三秦发动突然袭击，现在雍王（章邯）被围于废丘，塞王（司马欣）和翟王（董翳）已经全部投降，何去何从，还请霸王裁决！"

听了这话，本来已经决定前往平定三齐的项羽犹豫了，便令大军暂且不动，自与众将文官开会商讨具体要打谁。

说实话，项羽本来是倾向于先打刘邦的，可三齐之地实在太肥，从春秋以来便是天下最富足的地方，再加上田荣野心不小，如果给他发展时间到底是自己的心腹大患，遂迟迟而不得决定。

然而就在这时，张良的一封信却改变了项羽的想法，使他毅然决然地前去攻打田荣。

张良信件的大致意思是这样的："尊敬的霸王，汉王实际上对您非常畏惧，他是不敢与您交战的，而之所以有今天这局面，主要原因是当初他先进的关中，而您却只给他汉中、巴蜀，这才让他心生不快，打了三秦的主意。如今汉王已经得了三秦之地，统一了整个关中，他的愿望已经满足了，是绝对不会再次反叛您的，可如果您领军对汉王进行军事打击，汉王最后一定会狗急跳墙，和您决一死战，到时凭借函谷关与关内的严峻地形，您绝不可能于一朝一夕之间平定汉王。田荣则不同，齐地富甲天下，平原居多，可速战速决。再者说，那田荣和陈馀联合造反，其势甚众，意图以齐、赵之众灭掉楚国从而瓜分天下，汉王与他们相比只能是小巫见大巫。所以如今上策还是先灭齐，后伐赵，等陈馀和田荣都被消灭之后，刘邦还不是霸王一挥手的事儿吗？"

要说这张良游说的功夫真是得了刘邦的真传，这一番下来，项羽便决定了北伐田荣。

可张良现在怎么在项羽这边呢？他不是回去投靠韩王成了吗？

原来，项羽因为韩王成和刘邦的关系非常好，张良也跟随过刘邦一段时间，怕以后有心腹之患，便将韩王成直接给杀了，并立郑昌为韩王。

本来项羽也想除掉张良的，可这会儿张良已经是天下名士了，项羽便想要收张良为己用。

而张良表面上对项羽唯命是从，实际则时常与刘邦保持联系，关注项羽方面的一举一动。

这不，张良一看项羽要挥军攻打刘邦，便致信劝项羽去攻打田荣了。可项羽那边一走，张良就直接抄小道跑到关内投奔刘邦去了，自此刘邦和张良这对黄金搭档再也未曾分离。

刘邦再次得到张良信心大振，以后的战役也是连战连捷，不过这是后话，现在还是先来看看项羽的战况吧。

项羽确定打击目标以后再没有半分犹豫，领军直奔阳城（菏泽县东北六十里），然后以此地为根据地进逼齐地。

其间，项羽曾派使者前往九江王英布处求援军，可此时英布却推说有病，只派了一支四五千人的队伍前去支援项羽，使得项羽和英布之间产生了隔阂。

（注：关于英布没领全部主力支援项羽有这么几种说法。一、英布真有病。二、英布现在已经没有了当初的热血，只想享受富贵，安度晚年，不想再去战场厮杀了。三、英布觉得项羽治理天下的才能实在太烂，见天下再次大乱，不敢随意押宝，遂等局势明朗以后再行决策。四、英布怨恨项羽让他杀义帝之事。至于哪个才是对的，史书没写，还请各位看官自行分析）

田荣见项羽大军来袭，不敢有半点儿大意（没人敢对项羽大意），遂命彭越领本部兵马为先锋前去阻击项羽，意图在决战以前消耗项羽兵力，而自领主力部队（十余万）于后跟随，准备和项羽方面决战。

项羽是什么？那是战神一般的人！我可以很负责任地说，在当时没有一个人能够在率领十万以内士兵的情况下打败项羽的，韩信也不行！

所以，彭越被项羽打得连战连退，最后直接溜到巨野泽藏于山水之间，甚至连头都不敢冒。

结果，消耗西楚兵力的目的没有达成不说，还白白助长了西楚军队的士气，这是田荣始料不及的。

可现在箭在弦上，不得不发，田荣只能领主力部队继续向南开进。

结果，两军在郊外相遇，展开一场一边倒的屠杀闹剧。

遗憾的是，这仗怎么打的史书没有记载，只有简简单单的四个字，"齐军大败"。

齐军失败以后，田荣本欲至临淄，可项羽用兵如神，他好像早已提前算好了田荣的打算，每次都能在田荣走下一步之前将其堵死。

于是，前往临淄的道路全被封锁，田荣无奈之下只能退至平原以待下一步行动。

可项羽的凶名天下皆知，齐地的人民闻听田荣被击败，一个个吓得不行，生怕项羽再玩儿什么屠城。

于是，平原士民自发组成卫队，将田荣斩杀，并将首级献与项羽，希望项羽能够饶齐地百姓一命。

可项羽并没有！

大家都知道，古代想让三军卖命最好的办法就是一个字——赏！而赏也分为两种，一种是国家赐予（有强大国力的前提下），这算比较文明的。

还有另一种就是用得最多的，那就是打到哪抢到哪，我抢你家的金，抢你家的粮，抢你家的女子抢你家的床！而项羽选的就是第二种，毕竟这种方法最省钱。

但项羽可恨在哪呢？他不但抢，他还杀！

在当时，项羽的军队绝对是天下最残忍的军队，他们不但对自己的对手凶，对非楚国的老百姓更凶，可以说楚军过处，横尸遍野！

于是，项羽不顾齐地百姓的投降，依然大迈步地向齐地行军，所过之处烧杀抢掠，处处都是人间炼狱，好像只有这样齐人以后才不会再造反。

可这回项羽错了，大错特错！

在项羽刚刚于齐地展开屠杀的时候，齐国的百姓们很绝望、很害怕，他们祈祷着项羽不要路过自己的家，不要杀死自己的父母和孩子。

可当项羽继续向东北行进以后，整个齐地的百姓都沉默了，这沉默中遍布着狂躁的气息，仿佛一经点燃便会爆发。

最后，当项羽军队杀到北海的时候，整个齐地大爆发！所有齐地的百姓为了抵抗项羽，自发组成小股部队偷袭西楚军，这就好像飞蛾扑火，虽然明知必死却还是源源不绝。

利用此点，田荣的弟弟田横立田广（田荣之子）为齐王，自发组织部队和项羽玩儿起了游击战。

田横，齐地三雄之一，领兵才能不次于田儋和田荣，且在三齐威望甚高，所以一听田横起事，三齐的老百姓无不前去投奔，使得田横的部队一下就增到了数万之众。

彭越见田横横空出世，也领着本部军马前往投奔，两军合为一处，再利用齐地的民心和项羽打起了游击战，使得项羽的军队如同陷入沼泽之中不得脱身。

可就在这时，突然从后方传来一个极具爆炸性的消息，使得项羽迅速领一部向南急退。

项羽的老巢——彭城，被刘邦端了！

话说刘邦平定三秦以后并没有立即东出（此时项羽还未出兵攻击田荣），而是一边窝在关中装作很满足的样子，一边派人前去说服王陵，希望王陵能归顺自己，并在归顺以后领本部兵马至沛县，将自己的父亲刘太公和媳妇吕雉给接到关内。

王陵，沛县人，沛中响当当的扛把子，黑白两道通吃，当初的刘邦和雍齿都尊其为大哥。

刘邦刚刚起兵的时候，想让王陵跟着自己混，可王陵不看好刘邦，便拉了一伙人驻守在南阳单干。

但王陵的野心很小，只弄了几千人守住自己一亩三分地，并不想自立为王，所以基本上哪个势力他都没得罪过，也没什么太大的发展。

可如今，刘邦的使者已到，这就是要王陵站队了。

以前，刘邦是自己的小弟，可现在的刘邦却不是自己能得罪得起的。

于是，在万般无奈下，王陵服从了刘邦，遂领部队向沛中方向行进。

可项羽认为，刘邦此举名义上是接自己的老父亲回家，可实际却是要用王陵之兵侵略韩国，所以直接命一部堵在阳夏（今河南省太康县），使王陵部队不得寸进，然后挟持了王陵的老母，逼迫王陵归顺自己。

王陵遂派使者前往项羽处商谈条件，希望项羽能放了自己的老娘。

为了表达诚意，项羽特意在会见王陵使者的时候将老太太安排在朝东的贵宾座位上，诚心实意地邀请王陵加入自己。王陵使者没有多说，却明显有些心动，说回去和王陵商量再做决定，其间老太太也没有什么异常。

可等使者走掉以后，老太太却偷偷地跟去送行，并对使者道："这位先生，请你替我转告王陵，我知道他是个孝子，一定会违背自己的心来救我这个老太太，可我不要他这样，我只要求他一定要谨慎地侍奉汉王，不要办错事！汉王是个仁慈宽厚的长者，不要因为我的缘故而三心二意。"说完，连施救的机会都不给王陵的使者，拔出短刀直接抹了脖子。

消息很快传到项羽处，项羽为老太太反抗他的事大怒，遂将老太太的尸体放在大锅里烹了。

得此消息以后，王陵怒不可遏，便从此下定决心跟随了刘邦，并从此誓与项羽为敌，不死不休。

书接上文，这一年（前205）十月，项羽收到张良的信件，并见刘邦始终没有东出的意图，便决定北上攻齐。

为了消除后顾之忧，他还令英布等人袭杀义帝于江中。（因为义帝现在虽然被项羽安置在充满瘴气野兽的郴，可人家曾经毕竟是楚国之主，有一定的威信，所以项羽怕自己出征的时候义帝在身后搞小动作，这才让英布等人将其击杀。）

然而就在项羽和田荣交手之时，刘邦动了，且速度格外迅猛！

首先，刘邦自领将兵至陕，做出要攻打河南王申阳的架势，河南王大惧，乃向刘邦投降。

其次，刘邦命韩信（此韩信非大将军韩信，为了方便区分，以后我称其为韩王信）领一部兵马向南攻击韩王郑昌。

最后，郑昌降，刘邦遂立韩王信为韩王，河南地区被刘邦悉数平定。

三月，刘邦立汉之社稷，祭祀各路神明以收买人心，然后亲自挥军北上。

现在刘邦实力极为强大，连续的大胜仗也使得汉军威震寰宇。所以，当汉军渡过黄河以后整个河北都慌了。

结果，魏王豹未战先怯，直接向刘邦投降，殷王卬被刘邦生擒。

如此，河北地区亦被平定。

就这样，刘邦已然占有天下一半之地。

那边刘邦风风火火闯九州，这边项羽在干什么呢？呵，他还在与田横缠斗而不得脱身呢。

刘邦遂利用此天赐良机继续向东挺进，大有一举灭楚之意。

可现在虽然知道项羽的动向，但对楚国国内实力刘邦还不了解，惧怕陷入楚内泥潭而被项羽两面夹击。

可就在刘邦犹豫不决之际，突然从西楚来了一个叛徒，将西楚内部所有的军事机密全都汇报给了刘邦，促使刘邦对西楚发动了规模宏大的总攻击。

所谓谋略家一直都分为两种，一种至阳，一种至阴，其中代表人物便是张良（阳）和陈平（阴）了，而这个从西楚来的叛徒，正是陈平。

陈平，阳武县户牖（今河南省兰考县北）人，他小的时候家里非常贫穷，却特别喜欢读书，他的哥哥陈伯想陈平以后出息，便将所有的钱财都拿出来支援陈平外出求学。

陈平长大以后异常俊朗，且人高马大。

有人嫉妒就在背后议论：“这陈平家里特别穷，可却生得如此英伟俊朗，到底是吃什么长大的？”

正巧说这话的时候陈平的嫂子从此路过，因为看不上陈平不从事劳动却整天在家白吃，便生气地说：“哼！只不过是吃糠咽菜罢了，这样的小叔还不如没有！”

这嘴瘾过了，可后果很严重。这话不知怎么地就传到了陈伯耳中。陈伯对于陈平的溺爱是无以复加的，所以一听媳妇这么贬低自己的弟弟，二话不说便将她休了。

后来，陈平到了应该成家立室的年龄，可有钱的人家不肯将女儿嫁给他，没钱的人家陈平又看不上，所以这事儿就一直搁置了。可过了一段时间以后，陈平的机会来了。

话说户牖有一个叫张负的富商，他的孙女是村里著名的"扫把星"，前后嫁了五个爷们儿，丈夫全都被"克"死了。

陈平想用张负的财力帮助自己铺路，便将目光瞄向了这个女子。

话说一次，户牖有一个大家族办丧事，陈平认为这种级别的丧事张负一定会参加，便假装去帮忙，实际则是趁机接近张负。

陈平，这个当时最一流的阴谋家，忽悠一个老头子那是手到擒来。张负见陈平相貌英伟，能说会道，便有将孙女嫁给陈平之意。

可这老头也是个谨慎之人，竟偷偷跟着陈平前往其家中，想更深入地了解一下陈平。

然而到了陈平的家门口以后，张负被惊呆了，他惊的当然不是陈平家里有多穷，而是因为陈平的家门口有很多车轮印记。

这说明什么？这说明陈平平时结交的朋友都是有身份、有地位的人，一个有很多身份高贵的朋友的人，他的未来能差吗？

所以张负当即便决定将自己的孙女嫁给陈平。

陈平和张负的孙女结婚以后，张负给了陈平许多财产，使得陈平交友更加广泛，张负还告诫自己的孙女："不要因为陈平家里穷就瞧不起陈平，侍奉陈平一定要像侍奉自己的主人一样，侍奉他的哥哥一定要向侍奉自己的父亲一样。"

不得不说，张负的"战略眼光"绝对和吕公有一拼了。

后来，陈胜吴广起义，天下大乱，陈平便前去投奔了魏咎，可魏咎从来不听取陈平的建议，再加上有很多人在背后说陈平的坏话，使得陈平无奈离去。

后来，陈平投奔了项羽，并跟随其南征北战，其间出了很多锦囊妙计都为项羽所采纳，遂被封卿一级爵位。

后来，殷王卬有叛楚的异动，项羽就命陈平带领士兵前往平定。

结果陈平很顺利便将殷王卬打服，项羽为了表彰陈平的功劳，便赐给陈平黄金二十斤，并封其为都尉。

可等到刘邦平定河北以后，项羽大怒，放出话来要杀掉当初降服殷王卬的那一批人。（为什么？因为殷王卬等人不是投降就是失败，所以项羽又怪陈平等人当初不应该接受投降，应该直接杀了他们。呵呵，简直幼稚）

陈平害怕丢了性命，便将当初项羽给他的黄金打包并派人奉还，自己则向刘邦方向逃亡。

值得一提的是，当陈平渡河的时候，船家看陈平腰挎大宝剑，仪表堂堂，认定这是一个正在逃亡的将领，身上一定有很多财宝，便想杀人夺宝。

陈平何其敏锐，直接便感受到了船家的杀气，于是很随意地道："船家，你船划得太慢了，我来帮帮你吧。"

说罢便将自己的上衣全部脱去，帮助船家划船。

那船家一看陈平身上并没有值钱之物，便放弃了杀人的想法。于是，陈平有惊无险地来到了刘邦的驻地。

后来，陈平打通了魏无知的关系，请求面见刘邦。（注：魏无知，据说是豪侠公子魏无忌的孙子，也是刘邦身边用得顺手之人）

当时的刘邦已经并了三秦、河南与河北，成为天下唯一有能力与项羽决战的势力，所以每天请求面见的书生不计其数。

而当时和陈平一起拜见刘邦的就有十多个。

刘邦不喜欢读书人，所以也懒得和这些书生废话，直接就赏赐他们伙食，叫他们吃完以后去休息。

陈平深知此道，明白过了今天就再也没有出头之日了，便突然说道："汉王，我原为楚国官员，有重大机要想向您汇报，害怕过了今天就晚了。"

当时刘邦正愁没有西楚国内的情报，所以一听陈平是从西楚叛逃而来，便单独招待了陈平。

可谁知道这个陈平有经天纬地之才，一番闲聊以后深深将刘邦吸引。

于是，刘邦任命陈平为都尉，让他做自己的贴身侍卫，并监督诸将。

然此决定一出，刘邦手下的那些悍将们可炸了锅了，他们都愤愤地道："大王得到了一个楚国的叛徒，还不知道他本领的高低就让他监督我们这些征战沙场的老将，这是什么道理？"

消息很快传到了刘邦的耳朵里，可刘邦非但不冷落陈平，反而对其更加宠信。

最后，周勃、灌婴等军中宿将都看不下去了，二人联合来找刘邦诋毁陈平：

"大王！那陈平长相虽然不错，可就怕像帽子上的宝石一样中看不中用啊。我们可都听说了啊，当初他在老家的时候和自己的嫂子不清不楚的，在魏王身边做事人家也不能容他，所以才逃到了楚国。现在楚国得不到重用便又来投靠大王，这种人能信吗？再说了，如今大王委任他做高官，让他监督众将，这是一种信任，也是陈平的荣幸。可他呢？我听说他从上任开始便接受众将贿赂，给钱多的他就派到好的地方，给钱少的就派到差的地方，这种人能用吗？还请大王明察吧。"

听了这话，刘邦怒了，直接将魏无知宣来责问。

魏无知呵呵一笑道："我想请问大王，您是想要有贤德的人还是有能力的人呢？"

刘邦道："现在这种时候当然是需要有能力的人。"

魏无知道："那就对了，现在正值乱世，我大汉与楚相持不下，所以我推荐的人只会考虑他的谋略会不会有利于国家。至于私通嫂子和接受贿赂，这种小事儿值得您操心吗？"

刘邦的责问虽然被魏无知完美地顶了回去，可他心里总有点儿疙瘩，便召来陈平亲自责问："陈平啊，我听说你侍奉魏王不能善终，侍奉楚王又半途而废，我想问，有信用的人能像你这样吗？"

陈平对刘邦一拜，然后道："我侍奉魏王，魏王不听取我的计谋，还听信小人谗言，如果我不离开只能被羞辱。我侍奉项王，项王却不信任别人，他所宠爱的，不是宗室成员便是妻家兄弟，纵使有奇人异士也不能任用，这是我离开他的基本原因。我听说大王信任手下，能听人言，这才来归顺大王。但您也知道，我来投奔您的时候两手空空，而这个世界没有钱什么都办不了，这才用其他的方式收取钱财，最后所用却都在大王您的身上。"

说完，直接从怀中取出很多钱财，然后道："我也不想再解释什么，如果大王觉得我陈平可以任用，那么就请您对我别再怀疑；如果大王觉得我陈平人品不行，不值得您任用，那么钱都在这里，大王您收回去吧。现在我真诚地请求大王批准辞职，我不想干了。"

说完，转身就要离开。

这一举动给刘邦吓得够呛，赶紧拦住陈平又是道歉又是赏赐才将陈平留住。

而自打这以后，刘邦再也没有怀疑过陈平，那些眼红陈平的将领也再不敢在刘邦的面前诋毁陈平了。

我们书接上文。

陈平归顺刘邦以后，刘邦决意和西楚全面开战，但在全面开战以前，刘邦采用了多种手段对项羽进行舆论打击。

首先，刘邦在兵至洛阳之前命人前往拜访洛阳一带的三老，告诉他们等自己进入洛阳以后该做些什么。

其次，刘邦亲至洛阳，这一带的三老领人拜访刘邦，并说明项羽的残暴，希望刘邦能代替天下惩罚项羽。

于是，刘邦以为楚怀王报仇为名与楚正式开战，并派出使者前往天下诸侯处求援。

而各路诸侯支援都很顺利，只有北面的陈馀表示虽然可以帮刘邦攻击项羽，不过必须要献上张耳的项上人头。

这本是一件极不好处理之事，当初项梁不就折在类似的事情中吗？可到了刘邦这儿却变得异常简单，人家直接找了一个长得很像张耳的人杀了，并将人头献给陈馀。

陈馀信以为真，遂出兵支援刘邦。

轰隆隆！一时之间，天下军队从四面八方向洛阳集结，没过多久刘邦便拥有五十六万大军。

军队集结完毕，刘邦分北、中、南三路大军对西楚发动了猛烈的军事打击，其总部署如下：

一、令萧何镇守栎阳（此为当时汉国国都），并筹三军军资，自渭水黄河顺流而下，以补给前方；

二、令韩信率领一部继续围攻废丘之章邯，不给其喘息之机；

三、命曹参、樊哙、周勃、灌婴率一部汉军及赵军前部组成北军进逼楚国方向；

四、令薛欧、王吸、王陵率一部组成南军进逼楚国方向；

五、命张良为军师，陈平为参乘，刘邦亲自率夏侯婴、卢绾、靳歙、司马欣、董翳、殷王卬、常山王张耳、河南王申阳、韩王信、魏王豹等一众联军组成中军，向西楚方向进逼。

首先看北路方面，曹参率军自围津（河南东明）渡济水狂攻煮枣（山东菏泽西南）。

煮枣为西楚北路第一个抵抗点，亦为定陶重镇之屏障，如若煮枣一丢，定陶危矣。所以楚将龙且、项它亲领大军驻守此地，并命当地百姓协同守城作战。

这一战打得极为艰辛，北军费了牛劲才将煮枣拿下。为防止以后再碰到百姓协同作战的情况，曹参、樊哙对煮枣的百姓进行了疯狂屠杀，使此地变成一片炼狱。

拿下煮枣以后，定陶屏障已失，兼主力被全歼，所以被轻易拿下。

拿下重镇定陶以后，北军战略任务基本完成，曹参遂使樊哙领主力大军至外黄（今河南省杞县东）与中路大军会师，自率一部追击龙且与项它的军队，直到将龙且和项它一脚踹出胡陵（今山东省鱼台县）才回军与刘邦中路会师。

中路方面，刘邦以周勃为前军将军，先攻曲遇（今河南省中牟县东），破之；后进抵外黄。

正在东方和项羽玩游击战的彭越一看刘邦势头极猛，便舍了田横，领三万部众来投，同时赶上樊哙领北军会师，遂向砀萧地区推进，并于砀萧集合中、北、南三军，对彭城发动了潮水一般的攻势。

而项羽此时不在国中，彭城根本无法抵挡刘邦五十六万联军，乃不日被刘邦所破。

进入彭城以后，刘邦先是令周吕侯（吕雉的哥哥）驻军下邑（苏北砀山东），再拜彭越为魏相前往梁地。后命樊哙领一军北攻邹、鲁、瑕丘（今山东省济宁市兖州区西二十五里）、薛（今山东省滕州市东南四十四里），然后于邹县、曲阜、滋阳一代建造超长警戒线，以保护彭城外围的安全。

而刘邦自己呢？老毛病又犯了，他到了彭城以后直接冲向了项羽的后宫，将那些后宫佳丽们糟蹋个遍，然后将彭城所有的金银财宝全都收进了自己的腰包。

上一次进入咸阳刘邦就差点儿因为贪财好色的毛病丢了性命，那么这次刘邦已经有五十余万部队（彭城一带共有三十万，北方樊哙的警戒线大概二十余万），他还会重复当年的故事吗？

刘邦不相信，汉将们不相信，诸侯王不相信，甚至张良和陈平都不相信，但最后，事情还是发生了，并且惊天动地。

齐地，楚军中军大帐，项羽端坐于正中，下面的将领都在七嘴八舌地讨论着："霸王，回军和刘邦老儿决一死战吧！"

"霸王，现在齐地已然力竭，不出半月便会被全盘拿下，不如等彻底将齐地打服，到时候再回军与刘邦决战不迟。"

"霸王……"

项羽缓缓地睁开了眼睛，非常平静地道："来人。"

"在！"

"即刻点三万骑兵随我南下，其余众将领兵留齐地。"

静，此话说完场中一片寂静，项羽这是要干什么？拿三万骑兵南下与刘邦的五十六万大军决战？

于是，场中众将全都死命劝谏项羽，希望他出全军南下与刘邦决战。

可项羽一声怒吼，将领们全都乖乖闭了嘴。

次日，三万骑兵集合完毕，项羽鼓舞士气都懒得做，直接领他们南下突袭樊哙警戒线。

第一站，瑕丘。

此地处于樊哙警戒线最前端，为重点防护之地，兵力自是不必多说。可他们现在刚刚到达此地，根本没想到项羽能在这么短的时间便展开攻击，遂毫无防备，结果为项羽攻破，防守此地之汉军四散溃逃。

然而，项羽并没有追击逃走的汉军，而是毫不停歇地继续南下攻胡陵。

此役，项羽依然利用汉军毫无防备的大意心里，采取包围闪击战术，突令士兵从四面攻击。

因为胡陵守军根本没想到项羽已经突破了防卫线（项羽军队的机动力已然超越汉军斥候），再加上是突然袭击，汉军不知楚军虚实，遂大乱，根本未组织有效抵抗便被楚军突进至城内。

于是胡陵亦被攻破！

之后，项羽兵锋直指萧邑（彭城西，汉军守彭城主力驻扎处）。

而此时刘邦在干什么呢？他还在一天天地饮酒作乐，以为整个世界都在他的掌控之中，却不知死神已经离他越来越近了。

拂晓，正是人们睡得最香甜的时候，萧邑驻军也不例外，就连守门的士卒也正眯眼打着瞌睡。

可就在这时，轰隆隆的马蹄声响彻云霄，三万不知从哪儿冒出来的骑兵杀入了汉军大营，见人就砍，见帐就烧。

汉军大乱，直接向彭城方向溃逃。

项羽领众骑于后疯狂追击，斩杀溃逃汉军不计其数。

刘邦闻讯大恐，本欲守城以待援军，可通过探子来报，项羽士兵一共不过三万，遂领彭城之兵收集散兵（约二十五万）与项羽决战于平原。

两军对峙，威风凛凛的刘邦立于高处，轻蔑地看着对面的三万骑兵，直接命夏侯婴出战车部队正面突击，然后领中军及左右两翼呈钳阵向前推进，意图包围项羽部四面击之。

项羽见此阵，未有丝毫犹豫，直接令一万胡骑正面游击汉军，自领两万精锐近战骑兵迅速向汉军右翼奔袭。

战阵东方，西楚胡骑与夏侯婴的战车部队展开搏杀。

战车，一般为两马一车，车上三人，一御者（负责驾驶）、一弓手（负责短兵相接前的远程攻击）、一大戟士（负责近战突击），车轱辘的中心部位还有两个极为恐怖的长刃，这东西突击能力超强，一旦进入人群中就如同绞肉机一般，在春秋时期是最为流行的战争工具，最早的楚国就是以战车的精良而闻名天下。

然而，战国时期，竞争激烈，列国军事大改革，他们的精锐早就有了一套对付战车的方法，战车便慢慢被淘汰了。

可随着秦始皇一统天下，削天下之武力。胡刀骑士、魏国武卒、齐国技击、韩国劲弓等列国特种兵皆消失于世间。

待秦二世继位，天下大乱，起义的基本都是些非专业士兵，所以战车再次成为一种潮流。

然而，此次刘邦面对的正是和战国时期列国精兵同等级的胡骑。

这些胡骑面对着成群结队的战车部队没有一点儿慌张，反倒是无比轻蔑，只见他们抽出骑弓，对着拉着战车的战马便是无尽地乱射。

这些马被箭矢射中，无不应声而倒，结果战车翻滚，车上的汉军士卒都成了空中飞人。

之后，为了配合侧翼的项羽主力，这些胡骑则来回奔袭于楚军和汉军之间，他们一边跑一边射，用无与伦比的骑术和机动力拖延汉军，就是不和你短兵相接。

战阵北面，项羽率领的近战骑兵已经杀到了汉军右翼，这些精锐骑士在距离汉军还有四十米左右的时候从马鞍的枪袋中抽出了突击长枪，然后在项羽的带领下直入战阵。

砰砰砰，汉军侧翼顿时血雾弥漫。

突入战阵的骑士待冲击削弱以后，将长枪往枪袋里一放，然后抽出短刀就是一顿猛砍猛杀，并不停向两侧移动，意图突出以后再迂回继续冲杀。

然而刘邦亦不愧为沙场老将，面对项羽凶猛绝伦的突击，竟指挥有序，使士兵不致胆寒溃败。

刘邦其实是想让中军迂回包围项羽的，可无奈那些可恶的胡骑不停用中远程火力游击骚扰汉军，使得汉军只能被动迎击，不敢妄动。

战争就这样持续着，一直从早晨打到中午，其间项羽的部队不断向南突进，简直无人能挡。刘邦也因此不断向南后撤。

最后，当项羽突击到汉军中军之时，正好把箭矢射光的胡骑也抽出了手中的胡刀，与项羽精骑合兵一处对汉军进行打击。

汉军士兵撑不住了，一见局势越来越不利便有人撤退，之后越撤越多，逐渐演变成四面溃逃的结果。

此役，西楚军大胜，歼汉卒十万有余，可项羽并不想就此放过刘邦，遂领不到三万骑兵继续对刘邦进行追杀。

刘邦本欲向南撤至吕梁山，然后在此收拾残兵和项羽继续决战，可项羽的机动力实在是太过强悍，那边刘邦刚至吕梁山，还未等筑营扎寨，项羽便奔杀过来，一点儿都不给刘邦喘息之机。

刘邦无奈，只能一退再退。

而项羽呢，就好像遛狗一样，不紧不慢地向南驱赶汉军，汉军不知项羽真正意图，只能怀着一种极度恐惧的心理狂奔溃逃。

然而就在汉军撤退至睢水之时，项羽突然发力，令大军对汉军展开疯狂突击。

汉军这时候已经成了惊弓之鸟，对楚军的畏惧已经到了极限，所以未触即溃，疯狂逃窜。

一拨又一拨士兵也不管那奔流的睢水，直接便跳将下去，剩下不敢跳的全被楚军击杀殆尽。

就见睢水的尸体越来越多，最后尸体堆积成山，竟将整个睢水堵得不能流淌。

此时的战场，刘邦身边的士兵不满万人，而楚军将士则里三层、外三层将刘邦围在场中。

此局势，除非老天相助，不然刘邦必死无疑！

结果，老天来挺刘邦了。

因为就在刘邦已然绝望之时，天空突然狂风大作，大风从西北刮起直面楚军，这风大到什么程度呢？

《汉书》载："大风从西北起，折木发屋，扬沙石，昼晦。"

刘邦见天赐良机，乃令士兵疯狂突围，到最后只领数十骑遁去。

据说刘邦在逃到彭城以西的时候，还被项羽手下部将丁固追上，刘邦大恐，急忙掀开车帘对后面的丁固道："丁公啊！贤人何苦为难贤人呢？"

丁固感觉刘邦说的有些道理，便撤兵而去了。

（注：关于丁固撤退历来都有几种说法，我列举出来，各位自行分析对错。一、刘邦当时百分之百被丁公给抓住了，这厮肯定是许了丁公天大的好处才让丁公放了自己，要不就凭刘邦当时的身价，丁固是绝对不会因为一句"贤人何苦为难贤人"就把刘邦放了的；二、丁固是真正的圣人，就是因为他认可刘邦对自己说的话才将刘邦放了的，史书说的没有错；三、丁固对刘邦一见钟情）

此战，汉军主力部队折损大部，项羽再一次威震天下。

那么刘邦以后便要一蹶不振了吗？

非也！刘邦是打不死的，只要给他机会，他就有能力东山再起。

话说刘邦领数十骑逃走之后，在路过沛县的时候曾派人前去将自己的家小接来，可此时刘邦大败的消息已经传遍天下，负责伺候吕雉和刘太公的审食其生怕项羽领军屠杀刘邦一家，便领刘邦一家从小道前去找寻刘邦了。

可当时整个沛县的人全都在逃亡，局势非常混乱，刘邦的家人也走散了，最后审食其、刘太公和吕雉没找到刘邦反被项羽擒获。

再看刘邦，他找寻不到家人，再加上后面还有楚军追杀，便领众人向西奔逃。可巧的是正在逃亡的过程中却遇见了与亲人走散的儿子刘盈（后汉惠帝）与女儿鲁元公主，便将二人抱上车一起向西逃窜。

可项羽这次是决计要弄死刘邦了，他就像一条疯狗一般死咬刘邦，不将刘邦除掉誓不罢休。

而此时刘邦只感觉车子行进太慢，便将车上一切金银珠宝全都扔了下去。

可追兵依然不断逼近，现在刘邦已经陷入一种疯狂的状态，心里极为扭曲，为了减轻车辆的重量，他砰砰两脚将自己的儿女踹下车去。

刘盈和鲁元公主跌落于车下狂哭不止，而就在这时，刘邦的车却突然停了下来，刘邦大怒，对夏侯婴嘶吼道："你停车干什么？"

可夏侯婴理都不理刘邦，只是下车将刘盈和鲁元公主抱到车上，然后才继续驾车。

这一下可给刘邦气坏了，他疯狂大骂夏侯婴，可夏侯婴却一句话也不说。

看夏侯婴没有反应，刘邦只能再次将目光盯住了自己的儿女。

刘盈和鲁元公主吓蒙了，姐弟二人相拥在车厢犄角瑟瑟发抖，用那无限恐惧的眼神看着刘邦。

可刘邦根本就不管这两个孩子可怜的眼神，一把抓住两人衣襟再次将二人扔了出去。

然而令刘邦发疯的是，夏侯婴再次将车子停下，将刘盈和鲁元公主抱在怀中。

这次，他也不把两个孩子往车厢里面送了，直接一手搂着俩孩子一手驾车。

刘邦疯了，彻底疯了，他将腰中宝剑抽出，架在夏侯婴的脖子上怒吼道："夏侯婴，你要造反是不是，把两个孩子给我！"

夏侯婴没管刘邦，只是驾驶他的车辆。

刘邦加重手中的力道，再次吼道："我让你把孩子给我！"

夏侯婴继续驾车，只是搂着两个孩子的手臂更加紧了。

就这样，刘邦数次想要杀了夏侯婴，将两个孩子扔掉，可一想没了夏侯婴自己也无法逃脱，便只能无奈罢休。

最后，刘邦听说手下周吕侯领一军驻扎在下邑，便赶紧前往下邑将周吕侯的部队收纳，后直接逃往荥阳去了。

3.7 楚汉争霸

荥阳，天下重镇，曾为春秋郑国与战国韩国之国都，城墙高厚自是不必多说，还北邻广武、修武，西邻成皋、军邑，可多点互援。

因此，刘邦打算以此地组成战略防御线来抵挡楚军进攻。

为此，刘邦一边收拾残卒，一边命韩信迅速领关中之兵前来增援，至于废丘的章邯，留一部分士兵拖住他就好。

刘邦还写信给萧何，命他迅速征召士兵前来荥阳支援。

可刘邦心里依然没底，于是将张良招至身边询问良策："子房，现在天下形势如何？"

张良眉头紧锁道："现在形势对汉王十分不利，赵国方面，陈馀得知汉王弄了个假人头欺骗自己，所以在汉王战败以后便与项羽握手言和了；齐国方面，项羽击杀了逃往楚国的田假，并调回了正在齐地的所有战力，使得田横与项羽握手言和；彭越方面也放弃了之前攻下魏国的十余座城邑，现正驻军河上（濮阳滑县附近），看样子是要保存实力观察风向了；至于司马欣、董翳等人也都叛汉归楚，殷王卬则死于乱军之中；另外郦食其也回来报告，说魏王豹也反汉归楚了。"

刘邦大怒道："魏豹这个畜生，我进军彭城之时和我勾肩搭背，我一失败便以老母有病为名回了魏地，现在还公然背叛于我，我早晚杀了他！"

发了一阵脾气，刘邦继续问："子房，现在局势已经恶劣至极，我愿出关中以东的国土为封赏，你看这天下谁能为我建功立业。"

张良对刘邦深深一拜："汉王壮哉，只要有重赏便必定有勇士。对于大战略上，我有三点建议！"

刘邦道："子房速速讲来！"

张良道："首先，我汉军当务之急便是寻找盟友，而九江王英布为项羽军中第一猛将，之前因为项羽伐齐未能亲赴产生了嫌隙，汉王此时正可派人前往说服，一旦英布反楚，项羽定会在第一时间对其进行讨伐，只要英布能拖住项羽一个月，我荥阳防线便可得喘息之机！"

刘邦道："妙！"

张良道："其次，彭越在这些年积累了不少兵力，且习惯于游击作战，所以我王务必和他保持联系，我相信，在关键时刻一定能用上他！"

刘邦道："好！"

张良道："最后，我军能独当一面的大将只有韩信一人，经过前一段时间的实践，相信大王也看出韩信的才能了，既然如此，那就彻底放权给他。所以，如果大王一定要将关中以东赏给别人，此三人便是最佳人选！"

刘邦道："就听子房所言！"

就这样，在张良的建议下，刘邦确立了对付项羽的战略总纲。

公元前205年五月，萧何尽召关中壮年与老弱未成年者前往荥阳与刘邦会师，韩信也在此时抵达。

荥阳大防线已经初步建成，而项羽此时也在彭城集结了庞大的兵力，打算给刘邦致命一击。

为了不让刘邦得以喘息，项羽首先派出了一个骑兵团前往荥阳方向游击刘邦，主力大军则慢慢向荥阳方向推进。

而刘邦经彭城一役深知骑兵之强，遂销毁了所有战车，将战马空了出来，并向全军征召擅长骑兵作战的将领。

当时刘邦军中上将虽人才济济，但基本都是农民商贩出身，领导步兵冲锋陷阵是一把好手，骑兵就有些难看了。

于是，军中将领们全都推荐前秦将领李必和骆甲，刘邦便将二人招至帐中，想让他们训练汉军骑兵，并充当骑兵将军。

二人吓了一大跳，赶紧推脱道："承蒙汉王信任，我二人无比荣幸，可我们都是前秦的臣民，大王的宿将则都是关外之人，恐怕到时候无法服众！我二人也没有韩大将军的那种能力，不如将我们指派为一名勇猛将军的手下，我俩到时候必尽心尽力辅助他训练骑兵！"

刘邦一想也有些道理，再一想军中的大将灌婴虽然年轻，可从自己起事以来便一直跟随，作战也很是勇猛，便命灌婴为中大夫，令李必和骆甲为左右校尉，协助灌婴训练骑兵，后命韩信为三军元帅，总领全军作战事宜。

韩信不负众望，带领汉步骑混编军对楚军前部骑兵作战，并大获全胜。

现在的汉军经过彭城，及以后数次作战的失败，士气已然低落到谷底，如果再没有一场大胜仗，那结果就太惨了。

所以，这一场战役的胜利不但让汉军士气重振，还让韩信威名大盛。

楚军前部撤退了，汉军得以休养生息。于是，刘邦紧急增建城墙，并用大量人力物力建造甬道，连接敖仓（战国时期天下第一粮仓）。

可就在一切逐渐好转之时，刘邦的大本营却出事儿了！

出什么事儿了呢？并不是项羽袭击到那里，也不是关中的百姓造反，而是因为关中稍微有点儿战斗力的百姓全都被萧何收到荥阳那边去了，以至于关中劳动力大缺，再加上汉军的军费消耗极为庞大，及旱灾连连，使得关中粮价涨到了一斛米万余钱，这谁还能吃得起粮食呢？萧何见此大急，赶紧写信给刘邦询问对策。

此事极为重大，如果关内百姓造反，大后方不稳不说，身在荥阳的关内百姓也必然造反，到那时，一切都完了。

基于此，刘邦令韩信率三军防守荥阳，自己则带领亲信迅速返回关中。

回到关中，刘邦分几步彻底稳住了关中局势。

第一步，刘邦前往灾区，大开官仓赈济灾民，让老百姓暂时前往巴蜀地区居住，并向老百姓反复保证，说这只是暂时的，等战争结束，一定会让百姓们重返关中。

第二步，命刘盈为太子，萧何辅助镇国，以固人心。

第三步，率领樊哙等人前往废丘，也不再与章邯周旋，直接引水灌城，将废丘弄成了真正的废墟，章邯自杀身亡。

第四步，将关中还有的兵力全都分布于临晋关、函谷关、武关、峣关以备不测。

当这些都做完以后，刘邦再次返回荥阳前线坐镇，以稳定军心。

回到荥阳以后，刘邦用两步战略来完成张良制定的大战略方针。

第一步，用激将的方式派出能人前往英布处说服英布叛楚投汉。

第二步，分给韩信一支军队，让他率军北伐之前的反王，彻底巩固北方，以增抗楚之力。

首先，我们先来看英布方面。

刘邦回到荥阳以后，直接将所有谋臣全都聚在一起，什么也不说，劈头盖脸就是一顿臭骂："你说你们这帮废物，哪有一个人能和我商量天下大事的？"

这一骂给众位大臣都骂蒙了，可看刘邦正在气头上也不敢反驳，但有一个叫随何的谒者却走上前来道："大王请把话说明白，你这样不明不白地骂我们，我们也不知道你想做的是什么啊。"

刘邦道："我想做什么？我想派人去九江说服英布，只要他能将项羽拖住几个月我就能夺得天下！"

随何也很生气，便直接道："我当是什么事惹得大王如此恼羞成怒，如果只为此事大王不必如此，我随何自愿请命前往说服英布，如果失败，提头来见！"

就这样，随何领着二十一个随从前往九江面见英布。

可一到达九江就出事儿了，因为英布根本就不愿意见他们。

等到第三天，随何实在忍耐不了，便和招待他的太宰道："哎，我恐怕九江王死期将近啊。"

太宰有些生气地道："先生这话过了吧？"

随何道："呵呵，过了？我看一点儿也不，九江王之所以不见我随何就是认为楚国强大而汉国弱小，所以想要选择楚国侍奉，但就是因为这样他才死期将近，至于详细原因我不便和你直说，现在我再次请求面见九江王，如果我随何说得不对，那就请九江王杀了我；如果他依然不见我，那我也没什么可说的了，走人便是。"

这话说完，太宰急急忙忙便去寻得英布，并将随何的话重复一遍。

英布有些心虚，便召随何一见。

随何见到英布也不客气，直接便问："我想请问大王，您为什么和项羽如此亲近呢？"

英布道："我本来就是霸王的臣子，亲近有什么不对的吗？"

随何道："大王说的不是心里话吧。"

英布道："何以见得？"

随何道："当初项羽攻打齐国之时，命大王您领军前去相助。可是您呢？只派了四五千士兵应付一下，这是臣子应该做的事情吗？之前汉王领兵攻陷彭城之时，大王您就在不远的九江，如果您真的是项羽的臣子，就应该出兵抗拒汉王，可是大王您出过一兵一卒吗？这是臣子应该做的事情吗？所以我料定大王您已经将自己放在和项羽同等的地位上了，您是不愿意受制于项羽的，难道我说错了吗？"

英布："……"

随何道："大王现在之所以还在依附楚国，就是因为您觉得楚国强大汉国弱小，可您根本没有看到事情的本质，看的只是表面，再者说，前两次您已经伤了项羽的心，您觉得，凭项羽的性格能放过您？我想他现在还没动您唯一的原因就是不想在消灭汉国之前和您撕破脸，一旦汉国被灭便是您葬身之时！"

英布道："说得倒是有那么点儿道理，但你觉得汉国比楚国强吗？我觉得汉国要弱很多。所以，一旦汉国被灭，我还是死，不如从今天开始重新投靠霸王，如此还有生的希望。"

随何道："呵呵，楚国的士兵虽然强大精悍，可他们走到哪杀到哪，早已为天下所唾弃。项羽虽然英勇无敌，可他违背约定斩杀义帝，也成了无义之人，天下人都恨之入骨，所以早晚灭亡。汉王则不然！他为贤良长者，天下人心归之，现在这些诸侯虽然背叛汉王，但只是畏惧项羽淫威而已，早晚还会重回汉王怀抱。而在军事上，汉王已完成荥阳一带的布防，且粮草充足，各个关卡都有重兵把守。可楚国呢？楚国想要攻击荥阳，中间却隔着一个梁地，来回运送粮草就有千里之远，这样的部队凭什么和汉王进行持久战？假如，我说的是假如，最后项羽真的战胜了汉王，可凭项羽那德行，天下诸侯都会怕他如虎，到时候定然联合在一起攻击他，他项羽再牛，难道还能凭借一己之力对抗整个天下吗？所以我说，汉国的势力实际上是要超过楚国的。而现在正是汉王危难之时，大王您却不把握时机与汉王交好，反倒是托身于一个即将灭亡的楚国，这真是让我大为不解。再者说，我家汉王的意思也不是让您灭了楚国，而是拖延！如果大王您能将项羽的主力部队拖延几个月，到最后汉王一定会夺得天下，您也一定会裂土封王，我希望您能好好考虑一下。"

这一番说辞将英布说得迷迷糊糊，直接便答应了随何的请求。

可过了几天随何发现英布对他又开始冷淡了，结合英布的性格，随何料定必是项羽也在此时派人游说英布来了。

随何深知当断不断、必受其乱之理，便直接领人前往英布处。

而一切都如同随何所料，当他前往王官的时候，就听见项羽的使者不断游说英布，让他赶紧出兵会师项羽。

很明显，英布动心了。

随何见此仗剑而入，直接对项羽的使者大吼道："九江王已经归顺我汉国，楚国凭什么让他发兵？"

这一下子不但把英布吓得够呛，就连楚国使者都蒙了。

过了一会儿，楚国使者反应过来，直接站起斥责英布，随何趁机对英布道："事已至此，还有什么好说，不如斩杀这厮，与汉军协力作战！"

话毕，英布下了决心，遂将楚国使者斩杀，并出兵攻打楚国。

项羽闻讯大怒，乃遣龙且、项声领一部攻击英布，自己则亲率主力向西推进。因为少了部分力量，项羽的进军速度确实缓慢了不少，这也为刘邦的大战略提供了优良的基础。

几个月以后，英布抵挡不住楚军的进攻，便从小路逃至汉国了。

那时候，英布自认为拖延了项羽部队好几个月，是汉国的功臣，刘邦不说亲自出迎也一定会对他大赏特赏，可当他见到刘邦以后，这种天真的幻想被击得支离破碎。

还记得当初刘邦是怎么见郦食其的吗？没错，英布也享受到了当时的待遇。

英布气得面红耳赤，出了荥阳临时行官便想自杀，幸好得手下劝阻才回到自己的住处以谋后路。

可当他回到自己住处的时候却被眼前的一切惊呆了，原来汉王给他安排的住宿条件和随从官员都和自己的一样，这不就证明刘邦已经默认自己的王爵了吗，可之前为什么要对自己如此无礼呢？

细想后英布明白了，原来刘邦就是怕他恃功骄傲，所以第一次见他才来了个下马威。

所以，从这以后，英布非但没有对刘邦有任何的不满，反而老老实实做人，规规矩矩做事，其忠诚之心可见一斑（起码当时是这样的）。

英布这方面说完了，再看看这几个月韩信那边的战况吧。

之前说了，魏豹以自己母亲有病为由返回魏国，可回到魏国以后立马反水，刘邦遂令韩信领一部前往攻魏。

那么刘邦攻打魏国就是因为一时之气吗？

非也，刘邦之所以令韩信北上攻魏主要有两层原因。

一、现天下诸侯几乎清一色叛汉归楚，使得刘邦陷入四面皆敌之窘境，其中以魏国最为危险，如果在与项羽决战之前未能将其扫平，那时战事将会陷入极为被动的局面。

二、地理因素，魏都平阳（今山西省临汾市），汉都栎阳（今陕西临潼东北七十里），两国以黄河为界。自栎阳东渡河进入魏地，必经临晋关（今陕西省朝邑东黄河西岸，亦名蒲津关）之重要渡口。而渡临晋关则可至安邑，安邑自从战国以来就是河东的重镇，曾经为魏国国都，其南有中条山、北有稷山与汾水以为屏障。《战国策》载："秦有安邑，则韩必无上党，三晋之祸，盖始于失河外，而成于亡安邑。"《方舆纪要》载："州面石门而背鸣条，外控底柱之险，内擅盐池之利，河东奥区也。"而平阳则东连上党，西略黄河，南通汴洛，北阻晋阳。由此可知二地的重要性。

所以，刘邦想要布置一个完美的没有破绽的荥阳核心防线，就必须先将魏国这个钉子拔掉。

公元前205年八月，刘邦得郦食其回报，乃决意进击魏国，遂拜韩信为左丞相，统率部将曹参、骑将灌婴等步、骑混编部队（具体兵力无记载，但依照判断应该不过三万，因此时楚军也在向荥阳方面挺进）前往击魏。

看着渐行渐远的韩信军，刘邦面色凝重地问一旁的郦食其："魏国的大将为何人？"

郦食其道："柏直。"

听了这话，刘邦凝重的面色稍缓，点了点头道："呵呵，乳臭未干的黄口小儿，绝不是韩信的对手。魏军骑将是谁？"

郦食其道："冯敬。"

刘邦点了点头道："嗯，这是原秦将冯无择的儿子，虽然有些贤名，但绝不是灌婴的对手。那他们的步将是谁？"

郦食其道："项它。"

刘邦道："哈哈哈哈，他也不是曹参的对手，此三人皆不如我军将领，我无忧也！"

那么事实真的如刘邦所料吗？

话说韩信领兵以后兵锋直指临晋关，可魏豹也不是省油的灯，深知临晋关之重要性，乃命主力部队布防于临晋关渡口及要塞，其意图就是采取守势，不放韩信过河，以待项羽援军。

韩信观察河对岸魏军布置，洞穿这一意图，乃于临近西岸大量集中船只，佯装要大规模渡河攻击，用以迷惑魏军。可实际上，却令曹参领一部士兵连夜向北急袭阳夏。因为魏军主力全都在临晋，所以阳夏毫无防备，遂为曹参所破。

破了夏阳以后，曹参向南奇袭守临晋的魏军。那魏军如何都没想到自己和韩信对峙的时候大后方已经被人端了，所以毫无防备，一遇突袭则乱作一团。

韩信趁此机会命三军迅速向临晋码头挺进，其船队分为三段：

一段为弓，其主要作战目的是为二段、三段的汉军提供火力掩护，让其能够成功登岸；

二段为骑兵，意图登上岸后直接对魏军发动突袭，迅速空出一片场地让步兵登陆，且对魏军造成一定的打击；

三段为步兵，其目的不言而喻，那便是于骑兵后收割残余魏军。

然此时魏军已经大乱，首尾不能相顾，再加上汉军凶猛的火力掩护，乃使汉军成功登岸，结果自是不必多说，汉军大胜，魏军则死的死，降的降，主力殆尽。

韩信抓紧时机，不给魏豹半点儿喘息之机，便领大军直袭安邑。

这安邑的重要性之前也说过了，所以魏豹仓促领所余士兵前往迎战，又被韩信大破，并擒魏国大将王襄。

魏豹兵败溃逃，意图找一据点聚集残兵再战。可韩信根本不给他反击的机会，率军狂追不止。

于是，公元前205年九月，韩信将魏豹生擒，并将其押解送往荥阳，还将魏豹的母亲、妻子一同送往荥阳。

之后，韩信四面出击，尽定河东五十二县，并将魏国投降的精壮士兵全部送往荥阳支援刘邦，使得刘邦的荥阳大防线彻底巩固。

纵观韩信此次平魏战役，八月从荥阳出发，九月便全定魏国，其速何其神也，不愧有"兵仙"之称。

然此时，项羽主力部队已逼近荥阳，随即令前部对荥阳发动试探性攻击，刘邦因之前得了魏国精锐，并且楚军另一部主力被牵制于九江，乃不改原定大方针，命韩信不要顾忌荥阳，继续向北攻击赵国。并准韩信之奏，命张耳、张苍领三万汉军前往支援韩信。

韩信得令，遂领大军北上（约五万），对赵国发动了凶猛的灭国之战。但要攻赵国，必取道于井陉，而欲穿井陉则必先攻破太原。

于是，韩信兵锋直指太原。

但在详细描述此次战役以前，我认为各位还是有必要先了解一下太原和井陉的地理形势。

太原，为华北之肩背，控带山河，为河东之根本，属华北兵家必争之地。

《方舆纪要》载："太原东阻太行、常山，西有蒙山，南有霍太山、高壁岭，北扼东陉、西陉关，是谓四塞之地也。"

又云："周封叔虞于此，其国日益强盛，狎主齐盟，屏藩周室者，几二百年。迨后，赵有晋阳，犹足拒秦人，为七国雄。秦庄襄王二年，蒙骜击赵，定太原，此赵亡之始矣。"

井陉，据《方舆纪要》载："井陉关在今河北获鹿县西十里，山西平定县东九十里。"

《吕氏春秋》载："天下九塞，井陉为之一，亦曰土门关。"

《地记》载："太行八陉，其第五陉曰土门关；山势自西南而东北，层峦叠岭，参差环列，放数百里，至井陉县东北五十里曰陉山，其山四面高平，中下如井，故曰井陉。燕赵之间，亦谓山脊为陉。"

由此可知太原和井陉之险要。

当然了，除去这两个地方，还有很多小地方都是需要说明的，因为它们都和本次大战息息相关。

抱犊山，在获鹿县西八里，本名萆山，《方舆纪要》载："韩信伐赵井陉，使人持旗帜登萆山。"

井陉水，在获鹿县西南，自井陉县境流入，如今已干枯不存。《水经注》载："井陉水，世谓之鹿泉水，东北流，屈经陈馀垒，又东注绵曼水，即泜水。"

《方舆纪要》载："泜水在元氏县南五里，东流入临城县境内，下流亦合于胡户河。北有韩台，相传韩信破赵，斩杀陈馀时建造于此。"

公元前205年后九月（九月十五日以后叫后九月，以后都这么称呼了），韩信从魏地出发，以曹参领步兵为前军，自率主力与张耳等于后跟随。

那防守太原的夏说听说韩信来攻，不知是否未睡醒，便令四万人左右的赵卒前往野外迎击韩信。

他本以为，凭借赵卒之精锐，定能斩杀韩信，使自己的大名威震天下。可事实是赵军根本不是韩信的对手，没打多长时间便大败东去。韩信自是不会放过这些败将，便命三军急速追击，乃于阏与（今山西省和顺县西北）将夏说擒杀，所余赵军非死即降。

所以，韩信没费多大劲便将坚城太原拿下，然后直奔井陉。

可在进入井陉之前，韩信不敢往前走了，因为此时陈馀已领二十余万赵军堵在井陉口建造防御壁垒，韩信感觉硬攻必不能下，其结果便是全军覆没之局，便命间谍潜入赵军探察敌情。

此时，赵军军营，陈馀正和将领们进行军事会议，那些将领的脸上都遍布着必胜的得意之色（包括陈馀）。只有一个叫李左车的和陈馀道："将军！我听说汉将韩信之前渡过西河，以雷霆之势俘虏魏王，灭了魏国，现又血战阏与，斩杀了夏说，这是乘胜而远离国土的军队，其战斗的锋芒是锐不可当的。但远行之军粮草补给困难，必定饥饿乏累。如今井陉关口的道路狭窄，使车不得方轨，骑不能成列，大部队行军前后就得数百里，这种形势下军粮一定是在大部队的最后面。希望将军能借给我精兵三万，从小路去拦截他们的辎重粮草，然后将军您深挖战壕，高筑壁垒，拒不迎战汉军。这就会让汉军进不能战，后不能退，如此不到十天，汉军就会被我赵军活活困死在井陉。"

李左车此计真毒辣至极，用之韩信必死！可陈馀仗着自己四倍于敌的兵力，想要靠着强硬的正面争斗摧毁汉军，在张耳面前显摆威风，便拒绝道："你这话说得不对，我听兵法上讲'兵力超过敌军十倍就可以包围他们，超过一倍就可以正面作战'。如今韩信的部队只有区区五万，且千里行军攻击我们，早已经成了疲惫之师。面对这样一个窝囊的军队如果还要使用计谋的话，那以后如何面对更强大的敌人呢？到时候各路诸侯一定会认为我们赵国士兵是胆怯懦弱的，继而攻击我们。所以，面对这样一支军队，只有正面摧毁才是王道。"

间谍回到汉军阵营以后将陈馀的决议报告给了韩信，韩信大喜，这才敢命张耳率灌婴、张苍直奔下陉道，并在距离井陉口还有三十里距离的时候停止行军，做出休息一夜后与赵军决战的架势。

然后命灌婴领精骑两千，每人手持一红旗从间道潜行至抱犊山埋伏好，并再三嘱咐灌婴："那陈馀看到我败走以后定会倾巢追击，到时候你一定要在第一时间冲进赵军壁垒，拔掉赵军旗帜，插上我汉军旗帜。"

之后，韩信断定陈馀不看到他韩字大旗是一定不会主动迎击的，于是命一万精锐步兵出井陉，让他们在依靠河水之地摆开阵势，架设壁垒，并和他们说："明天不是被河水淹死就是被敌人杀死，到时候何去何从你们看着办。"

士兵被韩信激励，有了心理准备，决意战死沙场，决不后退。

那陈馀听说韩信命一万士兵在河边摆了一个不知所谓的"背水阵"，便嘲笑他不懂兵法，更加地轻视韩信。

次日拂晓，韩信率主力大军出井陉，做出要偷袭赵军的架势，那陈馀也算是沙场老将，深知拂晓之危险，所以早有准备。一看韩信亲自领兵出击，便率军主动迎击韩信。

韩信一见敌人早有准备，立刻命将士们抛弃旗鼓向后亡命"奔逃"。

陈馀见韩信一触即溃，断定他必是偷袭自己，可见自己有准备就撤退了。于是命大军倾巢而出追击韩信。

之后，韩信领兵进入背水阵中，命之前的一万士卒死守壁垒。

这些汉军早就做好了心理准备，所以面对赵军凶猛的攻击毫无畏惧，凭借壁垒死磕赵军，并且组织逃回来的士兵和前方的一万士卒轮换防守。

这场战役从拂晓一直打到了午时，死尸遍布，可由于汉军背靠河水，再加上有坚实的壁垒和阵容，所以无不以一当三，使得赵军久攻不下。

陈馀见一时之间无法拿下汉军，损失还在不断加大，怕拖久了会有溃散之险，遂命士卒稳步撤回阵营。

可当赵军达己方阵营的时候，陈馀傻了，将领们傻了，士兵更是慌了，因为现在的赵军壁垒上面遍布着赤红的汉旗。

因为不知道壁垒里只有两千汉军，再看上方满满的赤旗，赵国的士兵们以为壁垒里面满满的都是汉军，所以一个个仓皇逃窜，导致赵军乱上加乱。

陈馀虽命将士拼命阻止，可无奈溃势如洪，根本不是人力所能阻。

见此，后方的韩信直命全军对已经溃散的赵军发动总攻击，而身在赵军壁垒的两千汉军精骑也趁势对赵军发动了突击。

如此，在两军前后夹击之下，赵军投降，陈馀携赵王歇领零星赵军溃逃。可最终也难逃厄运，陈馀在逃至泜水时被汉军追上斩杀，赵王在逃至襄国时被汉军生擒。

之后，韩信四面出击，赵国同样在一个月内被韩信全部平定。

因为当初李左车给陈馀出了一个极为阴毒之计，能力得到了韩信的认可，所以当韩信平定赵地之时，便传令全军大范围搜索李左车，并宣布只能生擒，不得斩杀，但凡生擒李左车者，赏千金。

正所谓"重赏之下，必有勇夫"，所以李左车没过多长时间便被擒至韩信处。

看到被五花大绑的李左车，韩信赶紧下堂，亲自为李左车松绑，并让其坐在堂下右排首位，礼遇不可谓不厚重。

待众将领入座，酒菜上齐以后，韩信对李左车微微一拜道："先生，我现在想向北攻击燕国，向东讨伐齐国，您看怎么样才能成功呢？"

李左车微微一笑道："将军太看得起我了，正所谓'亡国之臣不配与谋，败军之将不可言勇'，想我这么一个兵败亡国的俘虏，哪有什么资格和将军谈论天下大势呢。"

韩信道："哈哈哈，先生多虑了，想当初百里奚在虞国，而虞国灭，可当他到了秦国以后，秦国却因他而强大，这并不是说百里奚在虞国是愚蠢的，到了秦国才变聪明了。而是在于国君用不用他，采不采纳他的建议。我就直说了吧，如果当初陈馀采用了你的计谋，我韩信早就成为你的俘虏了。因此，你的才能我是一百个认可的，对于您的计谋，我也是完全听从的。所以还请先生畅所欲言，不要推辞。"

听了这话，李左车舒服了，这才将着胡子道："既然将军都把话说到这个份儿上了，那我李左车便知无不言了。如今将军俘虏魏王，斩杀夏说，不到一上午便打垮了二十万赵军，并斩杀成安君（陈馀），活捉赵王歇，使得将军名扬天下，威震诸侯。我听说现在邻国的农夫都预感到将军即将来到，进而放下农耕的器具，每天和老婆孩子窝在家里吃香的，喝辣的。这是为什么呢？因为他们认为和将军你交战是必败无疑的！所以已经没有了胜利的信心，能活一天算一天。可实际上呢？将军你先灭魏，后灭赵，千里奔袭连番交战，士兵早就疲惫不堪兼归家心切。将军你是熟知兵法之人，你认为这样的军队能打胜仗吗？"

听了这话，韩信默不作声，只是低头沉思，李左车则继续道："当然了，凭借将军之谋，是肯定不会大败的，可如若燕国到时候坚壁清野，死守城墙，将军率领如此疲惫且归家心切之兵，即便神仙来了也决计不可能在短期之内拿下燕国的，而到那时我军虚实就全都暴露了，声势也弱了，齐国则必然据守边境，使自己越来越强大。而此时将军却还在与燕国僵持，既无法东出，亦不得南下，到时候，在南面抵抗项羽的汉王可就危险了，而汉王一旦败退，项羽必然要将攻击目标锁定将军，那时候将军将会面对四面皆敌的窘境。所以说，用武力来攻击燕国绝对是下下之策！"

韩信重重地点了点头，对李左车再次一拜道："先生一言，使我茅塞顿开，可现在汉王在荥阳苦苦抵抗项羽的进攻，我这边实在是没时间再耗下去了，请先生教我具体的办法。"

李左车道："现在最好的办法便是按兵不动，摆出养精蓄锐、准备大举进攻燕国的架势，然后派遣一名使者前去燕国劝降燕王臧荼，他一定不敢不听。那时降服了燕国，将军便再无后顾之忧，遂可向东进逼齐国，待齐国一灭，天下大势便确定了。"

话毕，韩信大笑："好！就按先生说的办！"

如此，韩信派一使者前往燕国劝降臧荼。而结果果然如李左车所料，臧荼不敢违抗韩信，只能投降汉国，使得刘邦兵不血刃便除掉了一个心腹大患。

韩信这一系列的军事打击，使得整个北方归于汉国，对楚汉荥阳战局极为重要，不但使汉国对西楚在大战略上逐渐占有优势，还使得刘邦在以后能用机动战的方式巩固荥阳大防线。

之后，韩信起草奏书，请求刘邦命张耳为赵王。

可就在这封奏书到达刘邦手中的时候，刘邦怒了！并从此与韩信之间产生了嫌隙！那这是为什么呢？

因为刘邦深知为君之道，当君主的手中最重要的是什么呢？那就是兵权（话语）、赏权（人心）和罚权(威严)！

《韩非子》说过，一个英明的君主是绝对不能将此三样的任何一样交给别人的！

现在在不得已的情况下，刘邦已经让韩信拥有了兵权，可这无耻之徒转而还想做好人，推荐张耳来当赵王！这赵王的位置是你一个臣子能推荐的吗？你推荐了张耳以后是不是还会推荐自己呢？

所以，刘邦怒不可遏，可现在还需要用韩信，刘邦也不敢轻易得罪他，便准了韩信的奏请，命张耳为赵王。

可这一下子，刘邦连带张耳也怀疑上了，遂遣张苍为代相，时刻监视着张耳的一举一动。

可就在韩信灭了赵国降服燕国的几个月后，刘邦却突然向韩信发布一条紧急求援令，命韩信迅速使一援军南下支援自己。韩信不敢怠慢，命灌婴领精锐骑兵与数万赵降卒南下支援刘邦。

那么刘邦为什么要紧急向韩信求援呢？难道是因为怕韩信发展太快而削弱他的实力吗？

没错，但这只是其中一个原因，最重要的原因是，刘邦快让项羽灭了！

话说韩信灭掉魏国以后，使得刘邦的防线更加巩固，可他深知项羽的可怕，不敢有丝毫大意，于是便在原来的基础上继续巩固防线，其具体部署如下。

刘邦依然以荥阳、成皋为防御核心，却加大了防守范围及兵力部署，使荥阳大防线北沿大河（当时黄河自武陟经滑县东北流）西岸，以今汲县、淇县（殷都朝歌）为北翼据点。

南则利用嵩山、伏牛诸山脉为屏障，以南阳、武关为两翼据点。

荥阳成皋则由嵩山黄河形成险要，中间则有广武山，东连荥阳，西接汜水，并在敖仓西三皇山（《西征记》谓之三室山）上筑有二城，东面的叫东广武城，西面的则叫西广武城，二城各占据一山头，相距二百余步，其间隔深涧。其主要目的便是加强敖仓和荥阳的守备力量。

而汲县、淇县居大河西岸，自春秋以来，已成为东南麓之战略据点，因其为济水（今黄河）北岸东南西北之交通枢纽，且自殷周以来，此地区均已开发，乃粮食生产之地，实为古代河内富饶之核心。

刘邦保有此等据点，便使得荥阳北侧的安全能够得以保障。

而南阳自秦以来便是工商交通的重镇，战国时期楚国此地被秦国所得，乃使郢都不守。

所以从以上可以看出，刘邦的荥阳防御线绝对是坚固至极、毫无破绽的，怪只怪项羽和他的军队太过强悍。

公元前204年十二月，英布被楚军击败，进而溃逃荥阳，项羽与龙且大军会师，遂对刘邦荥阳防线展开了轮番攻击。

起初，因为荥阳防线的完美布置，使得楚军并没有太大的建树，但刘邦深知项羽的可怕，也知道项羽现在只是试探性攻击，并没有真正发力，便整日如坐针毡，生怕项羽又在某一突然时刻给他毁灭性打击。

久而久之，这种紧张情绪开始影响刘邦，他开始怀疑起自己最信任的人了。

那他最信任的人是谁呢？无非就是卢绾、张良和萧何了。

前两个人一直都在他身边，并且手中没有兵权，不至于让刘邦怀疑。只有萧何，这个坐镇于大后方的实际镇抚，一旦萧何叛变，那刘邦便必死无疑，就算再来七八场大风也救不了他。

所以，刘邦整日派人前去大后方安抚萧何，嘘寒问暖。

而萧何呢，这聪明一世、糊涂一时的典范还傻傻地以为刘邦真的是给他送温暖呢。

可这时有个叫鲍生的却看出了端倪，他对萧何道："我说萧大丞相，您难不成真的认为这是汉王对您的关心？"

萧何道："我和汉王的关系天下人谁不知道？他不关心我还能有什么？"

鲍生道："丞相啊，如今大王在荥阳抵抗项羽，不说他是风吹日晒也差不多了，可您呢？虽然后勤工作做得非常成功，但总的来说还是要比汉王舒服的。可汉王却多次派人来慰劳丞相，这很明显是怕丞相于后方作乱啊，如果再这样下去，我恐怕丞相您将晚节不保啊！"

萧何："嘶……"

萧何也是聪明人，听了这话倒吸一口凉气，赶紧道："那该怎么办？"

鲍生道："此事简单，只要您派您的子孙兄弟前去军中效力，汉王必不会再对您表示怀疑。"

萧何道："好！"

于是，萧何在第二天便将自己的儿子、孙子、七大姑八大姨，凡是能上战场的都派到荥阳前线去了，反正萧何也知道，这些人只不过是充当人质，刘邦是绝对不会让他们上战场的。

萧何此举确实打消了刘邦对他的怀疑，可也令刘邦哭笑不得："这个萧何，派个儿子过来就行了，这，这演的算哪一出啊。"

就这样，刘邦打消了对萧何的怀疑，可他如坐针毡的情绪依然在影响着周边的文臣武将，他们都希望能在这时候给刘邦出个良策什么的，那不就等于雪中送炭了吗？

于是，第一个出主意的人来了，这人正是郦食其。

话说一日夜晚，刘邦还是和以往一样在和众人商议对策，可散会以后，只有郦食其坐在原处并未归去。

刘邦疑惑地道："你咋还在这杵着呢？有事儿？"

郦食其道："呵呵，汉王，微臣有一计相送，只要此计成功实施，我大汉必定夺得天下！"

嚯！一听这话，刘邦赶紧道："先生有策快讲！"

郦食其道："大王，想当初商汤讨伐夏桀，封夏朝子孙于杞地；周武王讨伐商纣，封其子孙至宋地。之后秦朝抛弃道义，攻伐消灭各个诸侯国，使他们后代没有立足之地。现在陛下已经成功消灭暴秦，如果在这时候重新封立六国的后代为王，他们就一定会感激陛下您的恩德，进而做陛下的臣民，那个时候天下都是陛下的，我想项羽也一定会沐浴更衣地前来拜见您。"

郦食其在那叙述着美好天真的童话梦想，而刘邦也被带入其中，幻想着那万国朝拜的宏大画面，没怎么多想便答应了郦食其的请求，并让他全权负责此事。

那一夜，刘邦睡得格外甜美。

第二天一早，刘邦正在用膳，正巧张良前来汇报工作，一看刘邦气色极好，便开心地道："哎呀？大王今儿真是好兴致啊。"

刘邦嘿嘿一乐："哦，子房你来了，哈哈，人逢喜事精神爽，这不嘛，之前郦食其给我献了一个夺得天下的大计策，我感觉非常不错，这不就开心了吗？哈哈哈。”

听了这话，张良也开心，给自己倒了一杯酒道："这敢情好啊，大王您也和我说说呗，到底是什么计策啊？"

刘邦于是将郦食其的话从头到尾说了一遍。

可张良的脸却随着刘邦的话一点儿一点儿改变颜色，最后满脸黢黑的张良直接将手中的酒杯放在桌子上面阴森森地道："这是谁给您定的计策？我真得恭喜大王啊，恭喜大王您大势尽去矣！"

刘邦一听这话一激灵，赶紧道："这话怎么说的？子房你快快讲来！"

话毕，张良用手蘸着酒在桌子上一边比画一边道："大王啊！以前商汤和武王讨伐桀纣，并给他们的子孙封地，那是因为那时候商汤和武王有绝对的力量能压制住他们，天下尽在其掌握。可汉王您现在能彻底压制得住项羽吗？"

不等刘邦回话，张良继续道："这只是第一。第二，周武王消灭纣王以后，天下各路诸侯已经完全臣服，所以他在里门表彰商容，在箕子门前表彰箕子，并修比干墓，而这些事情，汉王您现在能做到吗？

"第三，周武王消灭商纣以后天下归心，国库充裕富足，所以他将多余的粮食和金钱赏给那些贫民百姓们，这些您汉王现在能做到吗？

"第四，商朝灭亡以后周武王废弃战车而改为乘车，将武器都倒着插放，以此来表示天下再也不会有战争了，如今大王您能做到吗？

"第五，周武王灭了商纣以后将所有的战马全都放归华山，表示不再用它们，汉王您现在能做到吗？

"第六，周武王灭商以后，将所有运输用的牛都放生于桃林的荒野中，以此向天下表示不再运输军粮，大王您现在能做到吗？

"第七，我请问大王，天下文臣武将为什么舍弃自己的家乡前来跟随大王呢？"

刘邦道："那是因……"

张良道："那是因为他们都希望汉王统一天下以后能封给他们土地啊！可如今汉王您竟然想要将土地全都还给六国的后代，那到时候您拿什么来赏赐那些跟您拼死拼活的文臣武将？既然您都拿不出赏赐的东西了，那天下人才谁还会继续跟着您打天下？啊？

"第八，那天下诸侯都是一帮什么货色汉王您还不知道吗？他们是谁强才会跟着谁的墙头草，那么我现在请问问汉王，你和项羽谁更强？"

张良这一顿劈头盖脸的分析给刘邦直接砸醒了，刘邦也不听张良把话说完了，呸地一口将口中的饭全都吐到地上，并站起来狂吼道："来人！快来人！"

"在，在！"

"快，快告诉我，郦食其出发没出发！"

"回禀大王，现在郦大人正在整理行李，还未出发！"

刘邦道："还收拾什么行李，赶紧让那狗东西给我滚过来！"

"是！"

看着传令兵的背影，刘邦长舒一口气，后怕地道："这下贱的东西，差点儿坏了老子的大事！"

就这样，在张良的及时帮助下，刘邦逃过了一劫，可楚军的攻势依然凶猛，刘邦还是整日如坐针毡。

而就在某一日，果如刘邦所料，项羽突然发难，其以多点开花之战斗模式将刘邦多条甬道拦腰截断，使刘邦无法轻易调动粮草，汉军形势极为被动。

面对此情此景，早就被项羽打怕了的刘邦怂了，于是遣使至楚营，想和项羽求和，并以荥阳以西为汉、荥阳以东归楚为求和条件。

然项羽此时已经占有绝对主动，按照道理来说是绝对不会和刘邦握手言和的，可项羽多年从戎在外，早已厌倦了打打杀杀的生活，便有些犹豫了。

那范增见项羽如此优柔寡断，直接吼道："羽儿！现在正是汉军最容易攻取的时候，如若天予不取，后等刘邦缓过劲儿来必受其咎。"

话毕，项羽猛然想起当初彭城被刘邦端掉的情景，遂拒绝了刘邦的提议，领大军包围荥阳，就等荥阳城内粮尽便行猛攻。

刘邦犯愁，却毫无办法，总不能把荥阳给弃了吧，如果荥阳一丢，那西线将会陷入万劫不复的凶险境地。

可就在刘邦愁得满脸发紫的时候，又有一人前来献策，此人正是阴谋大师——陈平。

话说一日，刘邦正在吃饭，看着那一碗白白的米饭，刘邦心如刀绞，一把将饭桌掀翻。正巧此时陈平面见刘邦，见他如此生气，便微笑着安慰刘邦。

在陈平的安慰下，刘邦心情逐渐好转，不禁感叹道："我真是太累了，不知这天下什么时候才能安定呢。"

陈平微笑道："应该快了吧。"

"哦？你小子有什么坏点子不妨说出来听听。"

陈平道："哈，大王觉得和项羽相比如何？"

刘邦道："没什么可比的，各有优势吧。"

陈平道："是呀，项羽为人有礼，恭敬爱人，那些廉洁好礼的人本都愿意归顺他。可这人却很自私不愿轻易赏人，这实在让人讨厌，所以本来归顺项羽的那些人才最后也都走了。而大王您待人傲慢，不注重礼节，说实话，有时候您骂人我都受不了，实在是太难听了。但大王您却舍得将那些食邑和爵位封给有功之臣，所以天下人有很多都来归顺您。而我所说的这些，便是楚军存在的不安定因素了。"

看着刘邦听得云里雾里，陈平呵呵一笑，然后拿出一根大金条道："大王，这是什么？"

刘邦道："金子呗！"

陈平道："再请问汉王，楚营除了项羽和有限的几个大臣之外，他们最缺的是什么？"

刘邦思考了一下，然后眼睛越来越亮，继而道："你是说……"

陈平道："没错！如果大王能舍出几万斤黄金，我陈平就有信心让楚国君臣相互猜疑，进而互相残杀！然后我汉军趁势急攻，我相信一定能大破楚军。"

刘邦听罢哈哈大笑，然后大手一挥，直接给陈平四万斤黄金，并且告诉陈平，这都是他的了，只要能成功完成任务，其余的黄金不必上缴！

这之后，陈平用大量的黄金收买楚军将士，让他们在楚军军营中散布谣言，就说钟离眜作为楚军的重要将领，功劳是巨大的，但是却始终不能裂土封王，所以钟离眜想要和刘邦联合，灭掉项氏，进而瓜分楚国领土，各自为王。

说到这，估计有人会嗤之以鼻，认为此等伎俩项羽怎么会看不出来。

呵呵，您可真别这么看，正所谓"三人成虎"，谣言止于智者，但智者真那么多吗？抑或那么好当吗？

于是，项羽对钟离眜产生了怀疑，并遣使者前往汉军处探察虚实。

那刘邦一听项羽的使者前来拜见，便配合陈平演了一出戏。

话说项羽的使者来到荥阳以后，立马被安排到了最豪华的驿馆，上的全都是大鱼大肉，这待遇让使者都蒙了，不知道刘邦为什么要这么优待自己。

可过了一会儿，负责招待的汉朝官员却疑惑地问："咦？怎么看大人这么面生呢？难道您是范老先生新任命的使者？"

楚国使者一愣，然后道："什么范老先生？我不是！我就是代表霸王前来面见汉王的！"

招待道："这么说你不是范老先生的人了？"

使者道："当然不是！"

招待道："弄错了，你，你，还有你，赶紧的，把饭菜都撤下去！"

就这样，本来已经摆好的大鱼大肉又被撤了下去，换上来的都是残羹冷炙。

使者大怒，回去后将自己在荥阳的遭遇添油加醋地报告给了项羽。

而项羽呢，信了，并在这以后放缓了攻击荥阳的节奏，意图就是和范增唱反调。

那范增不明就里，依然日夜往项羽处催促项羽赶紧出兵攻打荥阳。可结果呢，范增越是催得急，项羽越是按兵不动。

后来范增也感觉不对劲儿了，就向人打探项羽为什么会这样。可当事情的经过传到范增的耳朵里以后，这老头气得是七窍生烟，直接跑过去和项羽理论。

那范增具体和项羽说的是什么已经无可考，反正老头脾气暴，估计说的也不是什么好听的。

然此时的项羽见范增如此恼怒，大概也相信了他未曾背叛自己，可见这老头一点儿面子也不给自己留，便也来了火气，就是不搭理范增。

后来范增急了，指着项羽的鼻子吼道："看来天下大势已经可以确定了，大王您就自己干吧！我老儿无用，请求辞职回家养老！"

话毕，范增抬头望着项羽，可项羽还是那副不搭理的样子，范增气得狂吼一声，便收拾东西回老家了。

可范增在回家的路上越想越憋气，想自己在项梁的时候就开始跟随项氏一族，如今已是两朝元老，可没想最后没能衣锦还乡，反倒落得如此凄凉。

于是，越想越气的范增在还没走到彭城的时候，便毒疮大发而死。

范增被活活气死了，消息很快便传到了项羽耳中，结合之前范增的表情和他落寞回乡时那仅有的财产，项羽知道，自己被骗了！

于是，怒火中烧的项羽开始对荥阳展开了史无前例的凶猛攻击。

也许，项羽就是想用自己的行动来祭奠已经死去的范增吧，毕竟这是范增最想做的事情。

面对项羽昼夜不停地连番攻击，再加上多日饭食不饱，汉军已疲惫至极，刘邦见荥阳已经无法再守，便有了撤退逃走的想法。可现在荥阳已经被四面围住，他就是插翅也难飞了。

然而，就在这万般危急之时，又是陈平，给刘邦出了一个主意，让刘邦成功逃脱。

次日，荥阳大殿，刘邦激动地握着御史大夫周苛与魏豹的手道："我也不想这样，但现在大汉不能没有我，所以，只能委屈你二人替我受罪了。"

听了这话，魏豹目光闪烁，并没有吱声，只有周苛跪在刘邦面前，激动地道："大王不必多说！能为大王死，是周苛的荣幸！还请大王以后善待我的后人，我就知足了！"

刘邦道："嗯。"

刘邦又对将军纪信一个拥抱，默默地道："纪信将军，我刘邦一定善待你的妻儿！只要我大汉存在一天，你纪家便由国家奉养！"

纪信对刘邦深深一拜，然后道："大王，夜已深，不要再儿女情长，快快离去吧！"

刘邦没有作声，只是对三人深深一拜！

夜深了，整个荥阳被楚军围得里三层，外三层，可就在这时候，荥阳东门却被打开，只见两千汉兵簇拥着刘邦车驾走出城门，声称荥阳粮食用尽，汉军再无抵抗能力，刘邦亲自出城向项羽投降。

这一动作如同旱地惊雷，令整个楚军都炸了锅了。要知道，刘邦的荥阳防线极为坚固，项羽亲自带领士兵四面出击，耗时五个多月才有了如今战果，再加上之前战事不断，所以楚军士卒早就不想打仗了，而刘邦一死，天下各路诸侯必定臣服，这是一个普通老百姓都知道的事情。所以楚军士卒一听刘邦投降了，无不高呼万岁。

这种振奋人心的消息很快便传遍了整个楚军，本来四面围城的那些士兵们也都不围城了，呼啦啦地跑去刘邦投降的东门，想要看看这个之前端了霸王老巢，后又死里逃生，抵抗了霸王五六个月的汉王到底长什么样。

可就在这些士兵全都冲过东门的时候，荥阳西门却悄悄地打开了，一队十几人的骑马队伍悄悄地离去，不久便消失在众人的眼中，你要是细看就能发现，在最前面骑马的不就是刘邦嘛。

再看东门，就在刘邦刚刚逃走以后，满面红光的项羽也从人群中走出，他傲慢地走到"刘邦"队伍的对面，直接吼道："刘季！你个老小子也有今天，还在车里面杵着干吗呢？还不给我下车？"

最后一声项羽是用尽全力的怒吼！

对面的"汉军"在这一声怒吼下吓得全身哆嗦，有的甚至直接跪倒在地上。

项羽一见此情景感觉不对了，汉军就是再窝囊也不会到这种地步吧？于是领兵上前，直接就将一名士兵的头盔拿掉。

项羽见此士兵差点儿没被气死，头盔下面的哪里是什么汉军士兵？就是一个女人伪装的。

项羽心里一激灵，感觉大事不妙，直奔刘邦车驾，直接将车厢的门帘掀开。

就在项羽掀开车帘的一刹那，一柄雪白的大宝剑直奔他而来，可项羽反应太快，直接一个侧身躲过了攻击，然后一把抓住来人的手臂将其扯了下来。

这个刺杀项羽的"汉王"便是纪信了。

纪信跌下车以后，迅速有楚兵上来将其架住。项羽定睛一看，这哪里是什么刘邦，于是大怒吼道："刘邦欺我！"

然后抽出宝剑，剑尖顶着纪信的脖子，凶狠地道："告诉我，刘邦现在可还在城中？"

纪信闭目不答。

"来人！"

"在！"

"给我活活烧死这不知死活的东西！"

"是！"

烧死纪信以后，项羽通过多方打探，得知刘邦已经趁着夜色掩护向西逃窜，断定必是前往成皋，所以领军直扑荥阳以西的成皋。

而刘邦呢，最开始的打算是让周苛和魏豹死守荥阳拖住项羽，然后他在成皋集结大军以两面互援之势机动骚扰楚军。可他却没想到项羽如此果决，直接弃了荥阳而攻击成皋。

于是，刘邦果断放弃初定计划，带着队伍从小道直接返回关中，以图继续集结士兵再行出关。

项羽拿下成皋以后没有找到刘邦，料想他一定是逃回了关中，便继续回攻荥阳。本以为刘邦不在前线，荥阳也就是弹指一挥之事，可万没想到周苛领导有方，城中将士奋力抵抗，竟使得项羽一时之间无法拿下。

那项羽也不想再浪费时间了，便遣使者前往荥阳城内，想要说服周苛和魏豹投降。

周苛自是不必多说，那是从刘邦起义开始便跟随刘邦的绝对忠诚之士。可魏豹就不是了，他本来就背叛过刘邦一次，现在只不过是迫于刘邦淫威不敢反抗，所以项羽使者一来魏豹就忽悠周苛投降。

周苛只是冷冷看了魏豹一眼，突然抽出手中宝剑直接插入其腹中，而后冷漠地道："一个反国之王，留你迟早是我大汉祸害。"

随后直接拒绝了项羽的劝降。

项羽无奈，只能继续围城，想要活活将荥阳防线的汉军给饿死。

可就在项羽围困荥阳之时，突然有消息称刘邦出现在了宛城，项羽遂领兵向南直扑宛城，使得荥阳防线重新得以休养生息。

那这是怎么回事儿呢？已经逃到关中的刘邦又为什么会突然出现在宛城呢？

原来，刘邦逃到关中以后，粗略地计算了一下重新招兵买马所需要的时间，认为荥阳防线必被攻破，所以便遣使者前往彭越处，希望彭越能在背后偷袭项羽，为自己争取时间。

可就在这时，韩信的援军也开到了，使得刘邦重新有了力量，便又升起了救援荥阳防线的希望，可又怕兵力太少，便开始犹豫着是马上领这些士兵救援荥阳，还是等士兵都招足以后坚壁清野打持久战。

正巧这时谋士辕生建议刘邦道："大王！荥阳乃我大军抵抗楚军之核心所在，是万万不能丢弃的，可大王领兵直接救援荥阳又会面对项羽的野战，那胜率基本上没有，所以大王应该迂回作战！"

刘邦眼睛一亮，赶紧问道："怎么个迂回作战法？"

辕生道："首先，大王领兵出武关，驻守南面的宛城，然后深挖壕沟，坚壁清野，那项羽恨大王入骨，必领兵向南攻击大王，可凭大王之英明神武，守住项羽几个月还是可以的。这样的话，荥阳防线也会得到充分的休息。"

刘邦道："你这计谋不怎么样，这不是把我往火坑里推吗？"

辕生道："大王请听我说完。现在大将军已经灭掉了魏、赵二国，威震天下，手中兵多将广，整个北地没有一个国家不敢不听从他的调遣。所以大王在出关的时候可以给大将军写一封信，让他命各国将士兵布置于楚国边境，这样的话，项羽势必将士兵分散布防警戒，不敢集中一点攻击大王。如此，汉军将得到休息，而楚军则会疲于奔命，久而久之汉军必定大胜！"

刘邦大喜，遂按计划行事。

于是，公元前204年六月，刘邦兵出武关，以急行军的速度前往宛城，然后于此地深挖壕沟，增筑壁垒。

项羽闻讯，留终公守成皋，自领主力大军南下宛城攻击刘邦。

刘邦按照原定计划坚守城池拒不出战，以待韩信行动。可多日过去，韩信那边不见一点动静，反倒是东北方向的彭越大放异彩！

之前，彭越得到刘邦的指示以后没有丝毫迟疑，直接率领本部兵马从齐国方向奔袭楚国腹地，并破项声，杀薛公，兵锋直指楚国国都——彭城。

听闻自己的大后方遭到如此严重之危机，项羽再也坐不住了，遂放弃宛城的刘邦，领主力部队紧急救援彭城。

刘邦见项羽领兵疾退，便抓住了这难得的战机迅速北上至荥阳大防线，并用全军之力狂攻成皋。

最后，终公抵挡不住刘邦玩儿命的攻势，成皋告破，刘邦重新夺回了荥阳防线，并重新巩固之。

刘邦方面万事顺利，项羽方面亦然，可他却气得暴跳如雷。

原来，项羽费了九牛二虎之力好不容易赶到彭城，那彭越却不与项羽决战，直接溜了。

彭越的游击战术天下闻名，当初拖延秦军、辅助田荣定三齐及以后的游击楚军无不证明其狡诈之风。

所以，项羽也不想再在彭越身上浪费时间了，因为他知道，只要刘邦一灭，所有的敌人都会灰飞烟灭。

基于此，项羽抽全国之兵，分一部在彭城建立防线，以防彭越的游击作战，自己则亲率主力部队向西直奔荥阳（此时刘邦已重新夺回成皋），打算以闪击战的方式消灭刘邦，以绝后患。

然而，面对项羽不要命的疯狂进攻，重新巩固的荥阳很快便又被攻破了，守将周苛亦被项羽所擒。项羽怜惜城守周苛的能力和忠义，想要他背叛刘邦，到自己手下当将军，并以万户侯诱之。

周苛却狂骂项羽，数落他的种种罪行，最后甚至反过来劝项羽投降刘邦，要不然一定会成为刘邦的阶下囚。

项羽遂大怒，直接烹杀了周苛，然后大军四面出击，深纵韩地，其作战目的便是想将刘邦从成皋引出，进而在野外决战。

可刘邦深知自己并非项羽的敌手，便一尻到底，任你如何攻韩，我就是不出兵。

就这样，韩国被项羽全定，韩王信遭生擒。之后，项羽兵锋直指成皋。

刘邦见项羽兵锋太盛，自知不敌，乃令守将坚守成皋，自己则给北方正在韩信军中的曹参一封密信，然后便让夏侯婴驾车载着他北上直往韩信处。

时间：公元前204年七月某一日拂晓。

地点：修武韩信驻军处。

这时候，韩信和张耳还在营帐中做着美梦，军营一片安静。突然，一辆马车到了军营门口，而那些守门的士兵根本就没阻拦刘邦，直接便让其进入。

进入军营以后，刘邦出奇的顺利，竟无一人前来阻止，然后大跨步直入韩信和张耳的卧室，将他们的兵符和军旗统统"偷"了出来。

后，刘邦用军旗将所有将领全部聚集在中军大帐，并调换了他们的职务，收了他们的士兵，直到所有事情都弄妥当之后，韩信和张耳这两个倒霉蛋才起床。

可起床以后，二人直接被眼前的景象惊呆了，因为此时的刘邦已经高坐于中军大帐主帅之位，下面的将领全都换成了自己不认识的。

"辛辛苦苦二十年，一朝回到解放前。"二人还能说什么？认命呗。

全夺了二人军队以后，刘邦就要走，韩信赶紧问道："大王，您将部队都带走了，那攻齐之事怎么进行啊？"

刘邦呵呵一笑道："攻齐之事当然要进行，那赵国境内不还有很多男子吗？你重新征兵不就行了吗？"

说罢，领着大军直接南下荥阳方向了，只留着风中凌乱的韩信和张耳。

而此时的成皋已经被项羽攻破，残余汉军集结于巩县与项羽对峙，形势极不乐观。

但此时刘邦得韩信之常胜大军,汉军重振军威。

有了精锐大军,刘邦的底气来了,便想趁机迂回至楚军侧翼,与身在巩县的汉军联手夹击楚军!

可就在这时,郎中邓忠赶紧劝道:"大王万万不可!项羽之神勇天下无敌,战场嗅觉无人能比,如果大王认为两面夹击便能击溃楚军就大错特错了!现在韩信之军是大王手上唯一能拿得出来的底牌了,如果再次大败,那我军士气定然崩盘,其恶劣结果是无法想象的。所以,想要击溃项羽只能按照坚壁清野和游击作战配合的大战术,让项羽疲于奔命,这样才有胜利的机会。"

刘邦感觉有道理,遂按原定战术执行,并分给刘贾、卢绾两万精锐及灌婴的骑兵部队向东前往彭越处辅助彭越在大后方游击项羽,自己则领主力部队驻扎于小修武(今河南省修武县东)静观其变。

公元前204年八月,得了汉军精锐的彭越疯狂寇掠楚国,不到一个月的时间便攻拔睢阳(今河南省商丘市南)外黄一带十七座城邑。

刘贾、卢绾则于白马津渡河南下,先破燕郭(今汲县以东)防御线,然后在项羽主力部队后方攻城略地,极力搜寻楚军储粮据点焚毁之。

项羽大恐,乃命大司马曹咎(主将)与司马欣(副将)同守成皋,自己则亲率主力大军回军救国,并在临出发之前再三叮嘱二人:"你们给我记住,十五天!只需要十五天我便能扫平后方重回前线,这期间不管汉军如何挑拨都不要出城攻击,切记切记!"

嘱咐之后,项羽直接领大军走了。

而刘邦一看项羽走了,便想领大军向南支援巩县,于此地再布防线。

可就在这时,郦食其对刘邦一拜,然后道:"大王!知道什么是天的人最终才能够成就帝王之业,而不知道什么是天的人最后绝对不能成功。所以,真正的万世君王都以百姓为天,而百姓,却以粮食为天。那敖仓自从战国以来就是天下第一粮仓,是必须握在手中的,而得成皋、荥阳者得敖仓,这是千古不变的真理。现在项羽已经率主力部队向东救援国内,此正是重夺荥阳防线的天赐良机。所以,鄙人认为大王退守巩、洛的战略是错误的,希望大王能够尽快夺回荥阳防线，重新夺回敖仓！"

刘邦觉得郦食其说得很有道理，便从此提议。

郦食其继续道："大王！如今燕、赵、魏已经被韩大将军平定，只剩下齐国没有投降，而现在田广（现齐王）占据齐地，拥兵二十万，实力极为强大，且齐国背靠大海和泰山，阻拦着黄河、济水的通道，是易守难攻之地。我听说现在韩大将军又在赵国重新征召了数万士卒，可这些士卒都是新兵，没有什么战斗经验，再加上齐地易守难攻，所以没有一年半载是绝对难以攻下的，到时候天下大势便未可知了。我郦食其虽然无才，但愿为汉王分忧，请为使者前往齐国，说服齐国投降我汉国！"

于是，刘邦答应了郦食其的请求，一面领主力部队直逼荥阳方向，一面命郦食其前往齐国说服齐王。

至于郦食其能不能说服齐王我们之后再说，首先还是看刘邦是如何夺回荥阳防线的。

话说刘邦领大军直逼荥阳方向，第一要务便是夺回成皋，因为只有拿下成皋以后才能夺回荥阳。

刘邦兵至成皋以后直接挑战曹咎，可曹咎受了项羽重托，遂不予出战。

不过这可难不倒刘邦，还记得刘邦起事之前在干什么吗？

呵呵，游手好闲，不务正业！

于是，这个"小混混"便命人前去城下辱骂曹咎，骂的是什么史书上一句没记，但凭刘邦骂人的水平，估计是绝对可以颠覆曹咎的认知的。

于是，曹咎被刘邦骂扭曲了。

于是，他领全城士兵出城主动过汜水迎击刘邦。

于是，曹咎和司马欣的末日到了。

刘邦不是宋襄公，不懂什么叫仁义无敌，所以就在楚军半渡汜水之时，他突然令大军对楚军发动猛攻。

楚军仓促结阵，无法抵抗汉军一轮又一轮凶猛的攻势，遂大破。

看着一批又一批被杀死的楚军将士，再想想之前项羽的再三嘱托，曹咎和司马欣无颜再见项羽，遂于汜水抹了脖子。

消灭了曹咎与司马欣以后，成皋的楚军主力殆尽，所以刘邦不费吹灰之力便拿下此地。

然后，刘邦迅速抢占敖仓，并以重兵布防广武及各处险阻，后亲率主力大军围攻正在荥阳的钟离眜部。

花开两朵，各表一枝，我们再看项羽方面。

项羽领兵向东疾退以后连战连捷，可就在形势大好之时，从西方和东方传来两个重磅炸弹般的消息给项羽轰得是五迷三道。

西方的消息自是刘邦趁他不在重新夺回了成皋和敖仓。而东方的消息则是韩信大军已经杀入了齐国复地，使得齐国危在旦夕，如果这样下去的话，楚国可真就成为"孤家寡人"了。

基于此，项羽将大军分为两路，一路由龙且率领向东救援齐国，争取在韩信彻底平定齐国以前将其击退。

另一路则由自己带领向西进击，救援正在遭到围攻的荥阳。

然而，此次项羽却犯了大错，因为他错估了韩信和刘邦二人的能力。

项羽以为，刘邦为久经沙场的军事老手，其手下的士兵更是天下精锐，除了自己以外没人会是刘邦的对手，但韩信则不然，虽然之前连续灭魏、伐赵、降燕、平齐，可大多数都是用的阴谋诡计，登不了大雅之堂，再加上之前的精锐已经全被刘邦抽走，所以现在的士兵都是些乌合之众，根本就不是龙且的对手，所以才有如上布置。

不过距龙且和韩信的大战还有一段时间，所以我们还是先看项羽和刘邦方面吧。

刘邦正围殴钟离眜之际，忽闻项羽率众归来，吓得赶紧退守广武，并守各处险要。

现在项羽的楚军经过之前的疲于奔命，早已经疲惫不堪，再加上主力部队被龙且分走一半儿，使得实力大大减弱，如果这时候还像以往一样打攻坚战，那结果可就难以预料了。

所以，项羽想将刘邦从广武叫出来和他野外决战。

但刘邦呢？就是龟缩在城中不出来，你项羽挑战几次都没用。

于是，项羽怒了。

一日，他命人在广武城下摆放几案，并将刘太公（刘邦之父）放在上面，亲自在城下吼道："刘邦！现在我就给你两条路！第一，马上给我投降，你爹能活！第二，你就龟缩在城中等死，我现在就烹了你爹！"

爹，那可是刘邦的亲爹！眼看他亲爹就要被项羽烹杀了，可您猜刘邦说什么？

只见刘邦嬉皮笑脸地喊道："哎……项老弟，我没你那么大嗓门，所以说什么你给我听真了。当初我与你项老弟面北而接受楚怀王命令的时候曾约为兄弟，那既然是兄弟的话，我爹就是你爹，你要杀你自己的爹这没毛病，不用和我多说，不过这老头怎么也算是我爹，所以你烹了他以后别忘了也分给我一杯肉羹哦！"

项羽道："你……我……来人！来人！"

"在！"

"给我把这老东西给烹……"

没等项羽说完，项伯噌的一下便站出来道："大王等等！且听我说，凡是争夺天下的人没几个会顾全自己家庭的，而那刘邦更是此中之最，所以您就是杀了他的父亲也没什么用，只不过是给自己出了一口气而已，可到时候天下人都会说您项王打不过刘邦，只会拿一个老头子出气，项王您的威名还往哪放？"

听了这话，无奈的项羽只能放弃了烹杀刘太公的想法。可这么干耗着也不是办法，直到现在龙且那边也没有消息，所以项羽着急得不行，便又想出了一个对于男人很"浪漫"的办法。

一日，项羽又在广武城下狂吼："哎……刘邦，现在天下久经战乱，百姓们生活困苦！究其原因就是因为你我二人！不如现在我将士兵后撤数十里，你我约定在战场中间单挑，输的就直接投降，如何？"

刘邦一听这话正在喝着的水都差点儿喷出来，然后一边笑着一边道："你身为一个国家的最高统帅怎么能说出如此幼稚的话呢，我们的身份只能斗智，谁还会斗勇呢！"

项羽道："哼！你就是个窝囊废！那你现在出三军和我在野外厮杀可敢否？"

刘邦嗤笑，根本不搭理项羽。

被无视的项羽大怒，直接命会骂人的士兵在广武城下叫骂汉军，意图将刘邦激怒，进而与自己决战。

看着在下面呜嗷喊叫的楚兵，刘邦只是轻蔑一笑，然后道："樊哙，樊哙！"

樊哙道："唉！这儿呢，怎么了三哥！"

刘邦道："前一段时间你不是向我推荐一个楼烦的神射手吗？你去把他叫来！让他给我射！谁在楼下骂就给我射谁！"

樊哙道："得嘞！您擎好吧！"

于是没过一会儿，一个一身胡服的楼烦射手走到城楼之上，先是对刘邦一拜，然后拿起手中弓箭就是一下子。

噗！

在楼下骂得正欢的楚兵就这样被射杀。

项羽大怒，再遣楚兵上去叫骂，楼烦射手再射，再遣，再射。如此三次，谁都不敢再上去叫骂了。

这次项羽可是真的怒了，只见他跨上乌骓，手拿短戟，身披战甲，单枪匹马便走向广武城。

楼烦射手一看来的是项羽，这心里别提多高兴了，因为一旦将项羽射杀，那他的大名将会威震天下，刘邦给他的赏钱也足够他活几辈子了。

于是，他拉开弓箭就要射击项羽。

可就在这时，项羽突然看向这个楼烦射手。面对项羽如同绝世凶兽一般的眼神，这楼烦射手先是浑身发抖，冷汗直流，进而低下头去，根本不敢和项羽对视。

就在这楼烦射手极度恐慌之时，项羽突然一声惊天怒吼，这吼声仿佛震散了他的灵魂，吓破了他的胆囊。

　　只见之前还威风八面的楼烦射手直接扔下手中弓箭，呜嗷喊叫地奔回了壁垒。他被项羽吓疯了。

　　如此，楚军吼声震天，汉军则寂静无比，两边形成了鲜明的对比。

　　于是，项羽命三军向前推进，直接列阵于广武涧，并叫嚣着让刘邦出来和他对话。

　　因为之前那一幕，现在汉军亟须振奋士气，所以刘邦答应了项羽的要求，和他隔着广武涧对话。

　　正所谓"仇人相见，分外眼红"！那项羽见了刘邦就要质问他为什么背叛自己，并且还要和刘邦单挑。

　　论行军打仗、单打独斗刘邦不是项羽的对手，可要说嘴皮子功夫，刘邦能甩出项羽好几条街。

　　于是，刘邦没等项羽说完便打断了他的话。

　　"你给我闭嘴！项羽！就你还好意思质问我的罪过！你配吗？想我当初与你共侍楚怀王之时是怎么约定的？那就是先入关中者王之！而你呢？翻脸就不认人，最后竟然只给我巴蜀、汉中之地。你闭嘴给老子听着就好！这只是你的第一宗罪！

　　"第二，你假借楚怀王的名义杀了宋义，自称为上将军，这是谁给你的权威？这是谁给你的能耐？你这叫犯上作乱！

　　"第三，你成功救援了赵国以后应该马上返回楚国向楚怀王复命，可是你呢？直接杀到关中去了，你将楚怀王置于何地？

　　"第四，楚怀王当初反复说明入关以后不得施暴寇掠！而你呢？纵容手下横征暴敛！还烧秦国宫室，掘秦始皇墓，私吞本该是楚怀王所有的财产！

　　"第五，秦王子婴投降以后就应该留人家一命嘛，这也方便以后管理关中不是？可你呢？竟然直接将人家给杀了，你项羽就没有怜悯之心吗？难道你就想着解气而不管天下和平了吗？

　　"第六，当初人家秦国二十万士兵投降于你，结果你干了什么？你竟然将人家都活活埋葬了！二十万！那可是二十万活生生的生命！结果全都被你这个刽子手给杀了，你项羽的血是冷的吗？

"第七，你封有功之臣从来不看究竟立功多少，只凭亲密程度而定，看看你划分的天下吧，没多久便战乱再起！这全都是因为你一个人！你配当一个霸主吗？

"第八，你从彭城赶走义帝，以此自立为都；夺韩王土地，兼并梁、楚，甜头都让你自己占了，吃相要不要这么难看？

"第九，那时候义帝对你已经没有任何威胁了，可你还是派人谋杀了他，你到底有多么狠毒啊！

"第十，你杀已降之人，执政不平和，有约定而不信守，所以为天下所不容！就你还配与老子单挑？"

话毕，汉军方面吼声震天，一个个呜嗷喊叫地要杀项羽，楚军这回则寂静无声了。

而项羽呢？被刘邦如同机关枪一般的雄辩气得浑身哆嗦、哑口无言。

第一次，项羽第一次在面对敌人的时候显得如此苍白无力。

就这样，项羽默默地转过身去，对身后一个魁梧的汉子使了一个眼神，那汉子则悄悄地拿出了一把弓箭。

而此时的刘邦呢？正沉浸在"大胜"的喜悦当中。

可就在这时，砰的一声弓弦响动，一支箭矢正中刘邦胸口，刘邦应声而倒。

这一下可坏了，那刘邦乃是汉军的胆、汉军的魂，如果刘邦被射死，那汉军危矣！

可就在汉军即将产生恐慌情绪的时候，刘邦却抽出手中短剑，将箭矢的尾部砍掉，然后直接站了起来，一边捂着自己的脚一边对射箭的那个楚兵吼道："小子！就你射我脚趾是不是，老子记住你了！"

话毕，汉军一看射中的是刘邦的脚趾，这才重新平静下来。然后，在张良等人的搀扶下，刘邦重新回到了大帐。

可一回大帐，刘邦噗的一口鲜血吐了出来，然后直接倒地不起。张良、陈平大恐，迅速召来军医治疗。经过几个时辰的抢救，刘邦终于是度过了危险期，可身体极为虚弱，脸色煞白！

然中军大帐的一片忙碌却使得汉军营内开始躁动不安，甚至有流言说汉王已经被楚军神射手给射死了。

这一流言很快便传遍大营，使得汉军营内一片骚乱。如果继续这样下去的话，汉军的恐慌情绪必将加大，楚军一击便会溃散。

于是，张良找到了刘邦，让他无论如何都要出去巡视一圈儿。

刘邦也知道现在形势紧急，便命人给自己化妆，将已经惨白的脸画得红扑扑的，然后忍着剧痛前去巡视军营。

汉军一看到刘邦，真是欢声震天，钟鼓齐鸣，可怜刘邦一边演戏一边捂着已经被震得开裂的伤口。

稳定住军心以后，刘邦是不敢继续在广武待着了，那样势必会被军中士兵得知真相。

于是，他在夏侯婴等人的护送下撤离了广武，前往成皋养伤，却留主力大军继续驻扎广武，并下死命令，不管楚军如何挑战，一定不要出击迎战。

如此，双方陷入了胶着状态，全都期盼着东方的战况。

公元前204年十一月，东方韩信和龙且的战报终于到了，项羽急忙派武涉前往出使齐国，而刘邦呢，则气得暴跳如雷。

好吧，让我们将时间往前挪几个月，看看这段时间齐国究竟发生了什么。

首先从郦食其出使齐国开始吧。

3.8　灭齐

话说几个月以前，韩信成为光杆司令以后急忙返回赵国招兵买马，没过多久便又招了数万新兵，然后便驻扎齐国边境，准备随时攻击齐国。

齐国方面也做好了准备，打算与韩信决一死战。

可就在这时，郦食其却以汉国使者的身份到了齐国，并面见了齐王田广。

现在齐汉属于交战状态，所以田广高高在上，用极为轻蔑的眼神看着郦食其，好像一个心情不好就要将其斩杀一样。

可郦食其呢，全然不在乎，只是微笑着道："齐王知道天下的归属吗？"

田广冷笑道："不知道，你知道？"

郦食其道："呵呵，如果大王知道天下的归属，那么齐国可保；如果大王不知道天下归属，那么恕我直言，齐国可就危险喽！"

田广道："呵呵，不知天下归属何人？不会是汉王吧。"

郦食其道："正是汉王！"

田广道："真是不害臊，你凭什么这样说？"

郦食其道："当初，汉王与项羽奋力攻打秦军，约好的先入关中者王之，可最后项羽却违背合约，只给了汉王巴蜀、汉中之地，结果全天下的诸侯都知道项羽是一个不讲信义之人。

"后来，项羽杀掉义帝，汉王因此发兵攻打项羽，并立诸侯的后代为王，每攻占一座城池都给降将封侯，所得的财富全都与士卒和百姓们共享，所以，文臣武将都愿意为了汉王而失去生命。可是项羽呢？手中官印棱角磨平了都不愿意给手下封赏，所以双方手下的效忠程度一目了然。

"另外，汉王从蜀汉发兵，平定三秦；从西渡过西河消灭了魏豹；收取上党士兵作为后援。攻下井陉山隘；诛杀成安君；夺取三十二座城邑；这一次次的大胜无不说明了汉王的军队是苍天保佑的军队，不是你能抗争的。如今我汉王已经重新占有敖仓粮米，坚守着成皋天险，把持着白马渡口，封锁了水陆交通，所以项羽只会越来越弱，再也没有机会消灭汉王了。而您要是等到汉王消灭项羽以后再投靠的话就来不及了。所以我说，现在您归顺汉王，齐国就能得以保存，晚了就不能保存。"

现在天下形势确实就是这个样子，所以郦食其说的句句在理，也由不得田广不听从。于是，田广决意投降刘邦，遂撤除了边境防守汉军的部队，改为向南防守楚国，给其施压，还天天与郦食其饮酒狂歌，只等刘邦那边的命令。

正所谓"几家欢喜几家愁"，那边田广和郦食其夜夜笙歌，但在齐国边境驻扎的韩信可真是愁死了。

三齐之地为天下至富，这在当时大家都知道，想当初韩信为什么要推荐张耳当赵王？一是为了拉拢人心；二是想给以后自己为齐王打下一个良好的基础，可如今让郦食其这么一闹，自己的野心全都破灭了，韩信能不生气吗？

最后，韩信无奈，只能领兵向南返回荥阳防线支援刘邦。

可就在韩信刚准备向南撤退的时候，其谋臣蒯通（之前出谋帮武臣收复赵地的蒯通）却突然站出来道："将军莫不是想放弃齐地？"

韩信无奈道："现在郦食其已经说服了齐王田广，我不撤退还能怎么样？"

蒯通道："非也！将军您受汉王的命令攻打齐国，虽然汉王另派了郦食其前往说服齐王，可他有命令让您不攻击齐国吗？"

话毕，韩信眼睛一亮，便开始犹豫起来。

蒯通一看韩信已经被自己一点儿一点儿拉进了阴谋的旋涡，便继续道："将军！那郦食其以一个士人的身份前往齐国，以三寸不烂之舌便游说了齐国七十余城，而将军您呢？连年的南征北伐，付出了多少辛苦，最后竟为他人作嫁衣，您甘心吗？"

话毕，韩信双目一瞪，便改变了撤兵的计划，遂于当夜偷偷渡过黄河，对齐国发动了奇袭战。

因为齐国已经将边境守兵全部撤离，所以汉军根本未受到什么抵抗便占据了所有险隘，并擒华无伤等齐国四十六将。

可韩信深知齐国还有很强大的实力，如果想在短期内彻底攻破齐国，必须直接斩杀齐王田广和齐相田横，使齐国群龙无首，中枢指挥系统瘫痪。

于是，韩信展开了斩首行动，兵锋直指齐国都城——临淄。

韩信的行军速度实在是太快了，直到兵临城下田广才知道自己上当受骗了。愤怒的田广以为郦食其欺骗了他，直接将其烹杀。

可此时临淄守军不多，情况极为危急，整个临淄被恐慌的情绪所笼罩，那些齐国的大臣们也不管什么忠臣气节了，直接领家眷跑路，从此各不相关。

田广和田横也不例外，田广连夜带亲信向东逃亡高密（今山东省安丘市东），并遣使者迅速前往项羽处请求援军。田横则向博阳（今山东省泰安市东南）方向奔逃。

韩信方面，因为田广已逃往更东之高密，不敢在没有据点的情况下深入齐国腹地，便在平定临淄以后一面令灌婴领骑兵追击田横，一面由曹参率领剩余人马迅速分兵略地。

灌婴方面，领骑兵猛追田横，并在博阳大破之，斩齐将一人，生擒齐将四人，田横九死一生才逃至赢下。

曹参方面更是顺利，没过多久便平定了半数齐地。

然而就在韩信打算向西继续追杀田广的时候，龙且的楚军却已开到了高密，并且田广将之前向南驻守的齐兵全都给了龙且，使他的军队一下猛增至二十万。

龙且，项羽手下猛将，行军打仗多年，也算是宿将一枚，其行军打仗的风格也类似于项羽，以速度和凶猛闻名于天下。

所以，在龙且得了齐兵以后，便直接向西面韩信方向进军。

韩信听闻龙且冲自己逼近，亲率主力大军前往迎击，并命灌婴和曹参奔向潍水以西会师。

如此，两军分别在潍水东（齐楚联军）、西（韩信汉军）相对峙，闻名古今的潍水之战即将开幕。

战前双方力量对比：齐楚联军，总数在二十万左右（楚十万，齐十万），因为楚国士兵基本都是百战之士，所以当时说楚国士兵精锐程度为天下第一也绝不为过。而齐国士兵经过田横长时间的训练也可以算是正规军等级。可反观汉军，与齐楚联军相比较就太可怜了。

首先看一下汉军的精锐程度。

各位都知道，之前刘邦已经将韩信的常胜军全都抽走了，所以现在韩信手中的士兵基本都是新兵，和齐楚精锐根本无法相提并论。（刘邦七月抽走韩信

士卒，现在为十月，刨除征召士兵所需要的时间，所以韩信训练士卒的时间满打满算不过两个月）

士兵多寡方面，韩信之前在赵地征召的士兵不过数万，与破齐后所并降卒合在一起也绝对过不了十万之数，再加上对阵的还是老东家，您觉得这些降卒能用心吗？

所以，不管是从士兵的质量上还是多寡来算，汉军都是要被齐楚联军吊打的。

好了，我们直接进入正题。

话说两军在潍水对峙以后，龙且就总想寻摸个机会玩儿一把"抢滩登陆"，他手下的谋臣却劝龙且道："将军，汉兵乃是远离本土作战，那是没有后路的，所以进攻一定锐不可当，齐楚联军则不然，我方为本土作战，所以容易溃逃。我看不如深沟高垒，坚守不战，将韩信的军队全都拖在这里，然后让齐王派他的亲信大臣去招抚已经被占领的城邑，这些齐人听说齐王还活着，又有楚国援军到来，一定会反叛汉军。汉军后方丢失，粮草必被中断，到时候将军不费一兵一卒便可将汉军降服，这不是一箭双雕的好计吗？"

这计谋虽然出得绝妙，可现在齐楚联军的实力要胜汉军好几个档次，再加上龙且从来都是轻视韩信的，便道："哈哈，先生您多心了，我向来了解韩信的为人，这胯夫曾靠一个河边洗衣服的老太太才能活命，还从小混子的裤裆底下钻过去过，这种连自己都养活不了的懦夫有什么可怕的？况且这次我来救援齐国，如果连战都没战韩信就投降的话，我还有什么军功可捞？可如果我能通过战斗打败韩信，那么霸王一定会封给我一半齐国土地，我为什么不战？"

于是，龙且在潍水东岸摆出架势，准备和韩信决战。

可就在当夜，韩信连夜派遣士兵用装满沙子的皮袋偷偷堵住了潍水上游。

拂晓之时，潍水上游已经被堵住，韩信遂在此时对齐楚联军发动了突然袭击。那龙且也是沙场老将，所以警戒心极强，特别是在拂晓这种人睡意最足的时候，他总是会换上已经睡足了的士兵替换。

所以，在韩信偷袭齐楚联军军营的时候，军营内的警戒鼓迅速打响，还在睡梦中的齐楚士卒猛地睁开双眼，以极为娴熟的速度穿上铠甲，拿起兵器，并迅速冲出营帐列阵。

汉军一见楚军已有准备，遂向后急撤。

看着狼狈逃走的汉军，龙且哈哈大笑："就知道这个胯夫是个无胆鼠辈！来人！"

"在！"

"给我传令下去，让三军跟着我一起冲杀汉军，我要在此一战彻底将其消灭！"

于是，杀声震天，龙且一马当先，率齐楚联军跨越潍水，直奔西岸汉军。

估计是当时天还没有大亮，所以龙且并没发现潍水水势比平时低了不少。但就在龙且率一部冲上西岸以后，汉军突然竖起一杆大旗，然后身在上游的汉军在此时将之前垒起来的万余沙袋尽数破坏。

砰的一声巨响，在上游囤积了好久的积水在此时如同一条奔腾的巨龙向下冲去，正在横渡潍水的齐楚联军在此时哭声一片，无一例外全被冲走而杳无音讯。

潍水东岸的士兵一见潍水大涨，一时间也不得渡河。

而潍水西岸呢？只剩下龙且和那一点齐楚士卒杵在原地风中凌乱，而之前逃亡的汉军此时转过了身子，冷笑着朝龙且走去。

于是，身处于潍水西岸的齐楚军队被汉军全歼，龙且死于曹参刀下。

主将已死，西岸士兵被全歼，身在东岸的齐楚联军一下乱了分寸，军中将士极度恐慌。

然就在此时，潮水慢慢退下，潍水又恢复了平静，韩信直命三军对齐楚联军展开冲锋。

韩军虽然没有齐楚联军精锐，但现在士气极为旺盛，喊打喊杀声震天！反观齐楚联军，早就在龙且死亡的同一时间便方寸大乱，所以基本上是一触即溃，直接奔逃了。

可韩信是绝不会放过这种痛打落水狗的机会的，遂命三军玩命追击齐楚联军，终于在到阳城的时候生擒了齐王广并杀之，齐楚士卒则全部投降韩信，韩信实力大涨，拥兵二十余万。

正在此时，身在赢下的田横闻田广已经被韩信斩杀，便于此地自立为王，希望能凭借自己的声望聚集士兵，进而反攻韩信。

可不管你威名有多盛，想要聚集士兵都是需要时间的。而时间这个东西，韩信能施舍给田横吗？

答案当然是"不"。

就在韩信消灭龙且以后，直接命三军四面出击，第一个攻击的目标便是田横！

田横见汉军来势太凶，根本不可抵挡，遂逃出三齐之地，直接投奔彭越去了。

于是，齐地被全盘占领。

如今的韩信那可是威风了，地盘有天下最富的三齐之地，手上有精锐士兵二十余万，还有赵国张耳这个坚实的盟友。可以这么说，现在的韩信绝对有实力和刘邦、项羽叫板了。

于是，韩信给刘邦写了一封信。

"我尊敬的汉王，齐国狡诈多变，是一个反复无常的国家，南边又靠近心腹大患楚国，如果不设立一个代理齐王镇抚的话，那局势就会非常不稳定。而我现在手中的权力实在太小了，不足以安定齐地，所以我请求汉王封我为代理齐王，这样也能为汉王分忧啊。"

3.9　垓下之歌

时间：公元前203年二月

地点：广武临时行宫

此时的刘邦面带微笑，对着堂下一局促不安的文人道："哎呀呀，都是自家人，何必这样不安呢，韩大将军现在身体可还好？说实话，我可是一直惦记着他的身体呢，听说最近韩将军已经将齐国给灭了，那什么时候能来支援我呀？"

堂下那名韩信的使者哆哆嗦嗦将手中信件递给了刘邦的随从，然后道："启禀汉王，韩将军现在身体很好，此次派小的出使汉王也没有别的事，只是让我将他的书信交给汉王，还请恕罪。"

听了这话刘邦很疑惑，看个书信而已，恕个什么罪呢？

可当刘邦看了韩信的书信以后，脸色逐渐涨红，过了一会儿又变成了黑色，再联想之前郦食其的死，他直接将书信往地上一扔，啪地一拍桌子大骂："这个韩信，老子被围在广武抵抗项羽的猛攻，日日夜夜无不期盼他的援军！可这小子，竟然要自立为齐王，你回去告诉他，他……哎哟，你俩干啥？"

没等刘邦说完，张良和陈平如同疯了一般冲到刘邦身边，然后砰砰两脚，使得刘邦的左右脚无一幸免。

刘邦正要开骂，可二人根本不给他这个机会，直接搂住刘邦，在其耳边简洁而又急切地道："汉方不利，宁能禁信之王乎？不如因而立，善遇，使自为守；不然，变生！"

这话一说，如同当头棒喝，直接将刘邦打醒了，可现在已经痛骂了韩信，如同射出去的箭矢无法收回，这可怎么办？

要不说刘邦的反应快呢，就在此时，他直接将张良、陈平推到一旁，然后愤怒地道："怎么了？我骂他怎么了？难道韩信不应该骂吗？难道我不够资格骂韩信吗？我骂他他还能反吗，他是我的心腹、是我的爱将！你们以为他就这么没有义气？"

然后直接看向韩信的使者狠狠地道："你回去将我之前骂他的话原原本本地告诉他，并且和他说，他小子就是该骂！身为七尺男儿当定诸侯为真王耳，当个代理国王算是怎么回事儿？凭他之前给我立的功绩，我早就想给他当齐王了。"

说完以后，直接看向已经发愣的张良，然后道："子房！别愣着了！这个任务就交给你了，你给我去一趟齐国，传我旨意，封韩信为齐王，总督三齐之地。"

张良道："是！"

于是，韩信成了真正的齐王。正巧这时候项羽的使者武涉也来拜见韩信，希望他能背叛刘邦，独立于天下。可这时候韩信刚刚被封为齐王，正是他最高兴和忠心最诚的时候，怎么会背叛刘邦呢？于是便和武涉道："呵呵，你不要再说了，当初我曾有机会侍奉项王多年，给他出了很多的计谋，可他从来不听我的，所以我官不过郎中，职位不过执戟卫士，我这才背弃楚国而归了汉国。结果呢？汉王心胸广大，敢用我一个从来没上过战场的人为大将军，统率千军万马，对我的计谋更是言听计从，这才使我有了今天的地位，俗话说得好，'深信之人，背之不祥'，我要是背叛汉王，估计老天最后都容不下我，所以你不用再说了，我是绝对不会背叛汉王的。"

武涉无奈，只能落寞而去。

可这时候，韩信的谋臣蒯通急了，按照他的想法，韩信自立为王以后自己便是开国功臣，一定是位极人臣，永世富贵，所以之前才劝韩信攻打齐国，到时候韩信一定会自立为王，刘邦也必定大怒，进而造成韩信的真正独立。

可没承想刘邦非但没有任何怪罪之意，反倒是封了韩信为真齐王，这真是让蒯通始料不及。可现在已经箭在弦上，不得不发，如果让刘邦知道是自己出谋划策害死的郦食其，最后自己的结果可想而知了，于是便与韩信道："将军，我之前学过相面之术，所以观察您的相貌不过是侯爵之相，并时刻处于危险之中；可看您的背影，又非常的尊贵，显有帝王之相，此中道理真是一言难尽啊。"

韩信是个聪明之人，听出了蒯通话中有意，便道："先生这话是什么意思？还请明说。"

蒯通道："将军！天下刚刚大乱之时，各路豪杰自立为王，只要振臂一呼，便有无数百姓相从。当时他们唯一想做的只有推翻暴秦。可现在项羽和刘邦楚汉相争，使得天下百姓流离失所，无数家庭家破人亡，所以百姓们都恨透了这两个人。之前，汉王率领几十万部众据守巩、洛险要，一日数战。可结果呢？毫无建树且落荒而逃，在荥阳败退，在成皋养伤。这说明什么？这说明了汉王的能力有很大的局限性，所以他一定不是您的对手。

"再看楚国，最早楚国起兵于彭城，辗转战斗所向无敌，可当他们进军到荥阳防线以后却被汉王拖住而不得进，再加上后方彭越不停地骚扰，如今已经有三年了，楚军的锐气早就被磨没了，粮草也吃得差不多了。所以，此二虎现在都已经身受重伤，只强撑而已。

"如今天下的形势就是，大王您帮汉，最后汉王便会成功；您帮楚，楚国就会成功。所以，我现在为您着想，不如谁都不帮，让他们并存于世，使天下版图三分，从而鼎足而立。到那时，楚国和汉国必定会停战发展国力。而现在将军您威震天下，兵精粮足，正可趁此时机以'顺应民心，制止楚汉争斗'为名，率领燕赵联军偷袭他们的后方，让这二国都臣服于您，试问到时谁敢不从！到那时，整个天下都是您韩大将军的了，所以古人说'天予不取，反受其咎。时至不行，反受其殃'。"

蒯通此计绝对狠毒，如果韩信听取了他的计策，那么以后绝对不会再有什么四百年之大汉了。

可韩信虽然是个杰出的统帅，但他并没有统一天下的野心，并深信刘邦对他的器重，便与蒯通道："呵呵，先生的好意我心领了，可是汉王待我不薄，我怎能做此见利忘义、背恩忘德的事呢？"

蒯通道："汉王待你不薄？您不见利忘义？将军可还记得当初是谁强夺了您的兵权，这叫待您不薄？将军可还记得最早时候汉王让您率诸侯牵制项羽，可您动了吗？汉王现正在广武遭受项羽的攻击，可您这时候非但不前往救援，反倒管汉王要齐王的位置，这叫不见利忘义？将军可还记得当初张耳和陈馀的交情？这两人感情好的程度天下人没有能够相比的，可最后怎么样？还不是自相残杀以致灭亡，这是为什么呢？因为人的欲望使得人心难测。现在您忠心耿耿地与汉王交好，但关系能好过当初的张耳和陈馀吗？所以我坚信汉王不会害您这句话是错误的。

"还有，再早时候的春秋时期，大夫文种功高盖世，使即将灭亡的越国生存了下来，并称霸天下。可最后呢？还不是被勾践所杀！所以文种在临死前才会说出'野禽殚，走犬烹；敌国破，谋臣亡'的话来。

"综合以上来看，在个人交情方面，没人能比得上张耳和陈馀，从忠臣的角度来说，没人能比得上文种。可他们最后的下场都是什么呢？我希望大王您能好好考虑一下。况且'勇略震主者身危，功盖天下者不赏'。您渡过西河，生擒魏王，活捉夏说，攻下井陉，讨伐陈馀的罪过并将其杀死，得以在赵国发号施令，进而威吓燕国，平定齐国，然后向南挫败楚国几十万兵众，斩杀龙且。这叫什么？这就叫'功无二于天下，略不世出者也'，现在您的功劳实在是太大，所以一定会使得君主产生忌惮。所以，您归附楚国，楚国不信任您；您依附汉国，汉人也必定害怕您。您还指望着带着这些功绩归附谁呢？所以，只有独立，才是您唯一的出路和生路！"

听完这话，韩信沉默良久，然后与蒯通道："你先出去吧，容我好好考虑一番。"

蒯通以为韩信一定会听取自己的建议，便告退了。可一连几天过去了，韩信非但没有半点儿独立的想法，还一次都没召见过自己。

于是，蒯通害怕了，他赶紧跑去找韩信，开门见山便道："大王啊！能否听从我的忠告是事情成败的关键，如果您甘心做奴仆的话，就会丧失成为万乘之王的机会；如果您只想偏安一方，那最终等待您的便只有灭亡一途。然而这些都不是最可怕的，最可怕的是您明明知道这些道理还不敢作出决断，这便是祸患来临前的征兆。将军啊将军，此种天赐良机不会再有第二次了，我请求您不要再犹豫不决，直接干了吧！"

蒯通这番话是真心的，可韩信却已经有些不耐烦地道："你不要再说了，像你之前说的根本不会出现在汉王身上，我对汉王忠心耿耿，功劳又这么大，汉王是一定不会过河拆桥的，你出去吧！"

话毕，蒯通愣愣地站在原地，他实在没想到，之前一直认为会夺得天下的韩信原来就是这么个没有野心的东西。

于是，蒯通对韩信深深一拜，然后道："大王，既如此，我也不好再说些什么，但您既然不肯用我的计谋，便请容我告老还乡吧。"

韩信道："准了。"

于是，蒯通离开了韩信，回到了自己的家乡，他料定以后韩信一定会失败，自己对韩信的谏言也一定会让刘邦知晓，所以打从回到家乡以后便伪装成一个疯子，希望能通过这种办法为自己避祸。

好了，蒯通走了，韩信下决心了，那么项羽的末日也就来到了。

公元前203年，韩信命灌婴领全部骑兵，运用强悍的机动力奔袭楚国后方，展开大扫荡行动。

如今楚国剩余的精锐全在广武与刘邦对峙，所以后方并没有什么太强的力量，所以，灌婴发威了。

首先，灌婴南下奔袭楚国的消息被楚将公杲得知，乃率众前往阻击，被灌婴所破，并趁机攻下克虑（今山东省沂水县附近）。

后又奔薛郡（今山东省东南部分土地），大破楚军，然后向南扫荡淮水南北，连下徐（今安徽省符离集）、僮（今山东省泗水县东北）及各处城邑，又渡淮至广陵（今江苏省扬州市东北）。

正在与刘邦对峙的项羽听闻此消息，本来想亲自率兵回军攻击灌婴，可经过之前彭越不停地游击骚扰，现在楚军精锐已经完全成了疲惫之军，实在禁不起继续折腾了。

于是，项羽命项声、薛公、郯公领本部兵马前往救援，可项羽手下那些人的能力与项羽比起来简直云泥之别，于是在下邳决战的时候被灌婴大破，薛公也死于灌婴刀下。

此次灌婴的军事行动可以说是给了项羽背后重重一刀，让项羽整个粮道都陷入了瘫痪状态，进而使得楚军士气低迷。而此时的刘邦方面则是士气大振，其原因有二：

第一，北貉王见汉国局势越来越好，便增援了很多精锐轻骑兵来讨好刘邦，汉军平添了很多战力，怎能不士气大振？（北貉，华夏东北方向的少数民族，一说为如今朝韩的先祖）

第二，刘邦颁布命令，凡是汉军士卒在战斗中不幸身亡的，国家免费给将士置办棺材，并将棺材送到死者家中。因为当时常年战乱，所以老百姓过得十分困苦，一般家庭根本置办不起棺材，身在战场被杀的士卒也只能埋骨他乡。

而刘邦此举，不但减轻了军士家中的负担，还让死去的士卒落叶归根。

当时人的土地情结是特别重的，所以刘邦这些举动使得天下归心，四面八方的青壮年都希望投靠刘邦，汉国的士兵也甘愿为了刘邦去死。

反观项羽的楚军呢，则是粮道尽失，士气越来越低迷。

可别看楚军现在这样的士气，但只要有项羽在，他们的战斗力就绝对不会太低。并且，刘邦害怕项羽在楚军彻底粮尽以前狗急跳墙，乃遣陆贾前往项羽处求和，承诺只要项羽肯归还刘邦的老婆和老爹，他就与项羽划鸿沟而分天下。

项羽是什么人？这一辈子从来没对任何人低过头，所以一开始的时候，他果断拒绝了刘邦的提议，还想与刘邦决战。

可这一下楚军将士不干了，多年的战争已经将他们的热血磨灭了，他们现在只想回家陪陪父母，见见老婆孩子。如果刘邦不来求和也就算了，可他如今已经来了，并且条件还算公平，你项羽怎么就放不下面子投降呢？

最后，这种厌战的情绪传遍了全军，项羽也是极为无奈的。

见此，刘邦再次遣侯公前往项羽处说服他停战。这一次，项羽没有再拒绝了，而是归还了刘太公和吕雉，然后领兵东去了。

当时，不管是楚军还是汉军，一听上头已经决定停战，无不欢声雷动，看着逐渐远去的楚军背影，身在广武的刘邦长出了一口气，便打算也率领本部兵马西归。

可就在这时，张良和陈平突然找到了刘邦，并一齐献计道："大王，如今天下地盘汉已占据大半，诸侯皆附；而楚兵经过多年的攻城略地早已疲惫不堪，再加上粮食已尽，正是天亡之时，此乃彻底消灭项羽之天赐良机。如此时放项羽回归楚国，便如同放虎归山，后必有大祸，还请大王三思！"

张良、陈平，这两个天下最一流的谋士，再加上能听人言的刘邦，那还有什么可说的，直接打！

于是，刘邦立即遣使往齐、魏，约韩信、彭越，期会于阳夏打击项羽，并命樊哙领一部进略楚地，向胡陵（今山东省鱼台县）方向进击。还令英布与刘贾南下围攻寿春，更遣使诱楚国大司马周殷叛变楚国，在楚国内部给予项羽痛击，刘邦则携张良、陈平，亲率十万主力大军前往追击项羽。（注：关于刘邦背信弃义追击项羽还有一种说法，便是此计都是刘邦一人所谋，张良和陈平只不过是替刘邦背黑锅而已）

公元前202年十月，汉军停止了前进，驻军于阳夏以南（今河南省太康县），其意图为等待齐（韩信）、魏（彭越）联军，可苦等多日都不见援军到来，又怕项羽落跑，乃拔营追之。

可就在汉军追击到固陵（今河南省周口市淮阳区西北）的时候出事儿了。因为此时项羽已经得知刘邦的主力大军在追击自己，进而恼怒刘邦的背信弃义，乃领三军掉头直击刘邦。

刘邦也是怒了，一辈子和项羽正面冲突没打赢过一次，现在项羽的士兵都是疲惫之师，不如就趁此机会一雪前耻！于是，刘邦出了壁垒，打算和项羽决一死战。

十万对十万，精锐程度楚军稍胜一筹，可却是疲惫之军，所以士兵数量和质量都可以扯平。

于是，胜败的关键就要看统率三军将领的能力了。

刘邦本以为这次会一雪前耻，岂料又让项羽给了个下马威，便赶紧率军撤回固陵壁垒，一面命士兵死守壁垒，一面对张良和陈平道："我算看出来了，这群孙子没有一个靠谱的（指韩信和彭越），他们现在不来援救我，我该怎么办？"

张良沉思一会儿道："大王，楚军即将失败，天下即将大定，可诸侯们并没有得到他们的封地，所以不来会师，就是想以此来要挟汉王给他们封地，只要……"

刘邦道："彭越也就算了，他韩信算怎么个意思？之前不是已经给他整个齐国了吗？还想要什么？我亲自过去给他磕一个呗？"

张良道："大王别急，听我说完，韩信虽然得到了三齐之地，可他也知道这是他在大王为难的时候胁迫大王拿到的，所以并不放心。而彭越之前平定了整个梁地，当初因为魏豹的缘故，所以只能拜彭越为魏相。可如今魏豹已死，彭越明显也是想当王了，所以才学韩信一般要挟大王。我建议大王直接封彭越为梁王，再将陈县以东至沿海地区交给韩信，这韩信老家就在楚地，当初那地方有很多人都瞧不起韩信，如今他能耐了，所以一定很想要回此地。这样，此二人一定会前来与您会师的。"

于是，刘邦按照张良所谋，遣使前往魏国和齐国请求援兵。韩信和彭越一听刘邦的话，高兴得不得了，直接便派兵前往支援了。

齐国方面，韩信留曹参镇守齐国，自己亲率数万大军疾奔固陵救援刘邦。并一路大破彭城与秦柱国项佗的楚军，然后连破萧（苏北萧县）、鄼（豫东永城西南）、谯（豫北亳县）、苦（豫东鹿邑县东十里），兵锋直逼楚军背后。

最开始，项羽亲自领兵回军对韩信发起了绝猛冲锋，他认为只要在最短时间内杀掉韩信，汉军一定会崩溃，可韩信并不是章邯，更不是刘邦，他就叫韩信。

平原作战，项羽从起兵开始都没遇见过能抵挡住他冲锋的军队，所以认为韩信的军队也不是自己一合之敌，可他这次错了。

虽然自己的攻势极猛，可韩信军队的防守则是滴水不漏。虽然一冲之下将韩信所部冲得很是狼狈，但在韩信的指挥下队伍很快便恢复了从容，和项羽的楚军厮杀在一起。

项羽组织进攻的能力天下无双，虽然韩信统率能力也很强，但在正面作战上估计过不了多长时间便会被项羽击溃，可现在项羽最缺的就是时间，之前对韩信发动绝猛冲击也是想在极短时间内攻破韩信，继而使汉军崩溃。然而却没能在第一时间攻破韩信，反倒被其拖住，那项羽就悲剧了。

果然，刘邦见项羽和韩信厮杀在一起，乃命汉军从固陵杀出，使楚军陷入前后夹击的窘境。

项羽行军极为果断，根本就不与刘邦交战，一看汉军从固陵杀出来便直接领大军撤退了。

结果，此次大战楚军阵亡一万人左右，汉军和齐军阵亡人数史书未表。（注：有一种说法认为韩信在此次大战中被项羽打得很狼狈，所以才在后面的垓下之战中将所有精锐都布置在中军，更解释了为什么每次韩信带兵打仗都有具体的士兵人数，可这次却没有。不过此种说法并没有史料支持，所以有待推敲）

　　项羽撤退了，汉军与齐、魏两军正式会师（彭越这时候也率军来了），正巧这时候周殷、英布和刘贾也完成了自己的任务，与刘邦会师，使得刘邦之汉军猛增至三十万。

　　刘邦最大的优点就在于有自知之明。当初，五十六万大军让他统率得大半亏输。如今，手上又集合了三十万大军的刘邦实在不敢再亲自统率，乃将军权都交给了韩信，命他为三军统帅，领大军直逼项羽。

　　于是，悲壮的垓下（今安徽省灵璧县东南）之战便要展开了。〔注：之前就在刘邦和项羽对峙于固陵的时候，楚国大司马周殷接受刘邦的招降，直接起兵反楚，率舒地之兵突然于楚国内部发难，首先将六地（今安徽省六安市）的百姓屠杀殆尽，然后举九江之众同英布一起北上会师刘邦〕

　　垓下战场地形：河川纵横，沼泽颇多，因为当时已经到了冬季，所以很多地方都已结冰，极不适合骑兵作战。然项羽此时欲往淮北就食，所以被韩信逼至垓下决战。

　　力量对比：汉军方面，兵三十万，其中刘邦、韩信、彭越之兵皆为百战精锐，英布、刘贾、周殷之军虽未有前三人之精，但也是正规军档次，并兼粮草充足，精力充沛。

　　楚军方面，项羽兵力九万，其士卒跟随项羽征伐天下多年，绝对是天下至精之兵，可这些年连年征战，疲于奔命，精力已经大不如前，再加上粮道被断，士气极为低落。所以，光从战力上来看，汉军是占有绝对优势的。

　　将领方面：韩信对项羽，对于此二人到底谁的统兵能力更加高超，我只能说，如果双方士兵都在十万以内，且于平原作战的话，韩信绝不是项羽的对手，但双方士兵都超过十万的话史书也无据可靠。

　　公元前202年十一月，韩信领三十万大军向垓下进逼项羽，其将大军分为三部（左、中、右），其中韩信自领汉、齐全部精锐组成中军，孔将军领左军、费将军领右军布置两侧，而大后方跟随部队前进的刘邦乃是三军灵魂，所以绝不可失，乃将所有预备兵全部安排在刘邦四周负责警戒。

　　项羽方面，因为双方实力严重不对等，故将九万士兵集合于一处成重拳，准备采用项羽最擅长的闪击战略直捣中军，进而斩韩信诛刘邦，只要韩信和刘邦一死，汉军的左右两军便形同虚设。

可兵法上说绝不能在野战之时令大军陷入钳击之地，更何况三围之境地，项羽的计划能成功吗？

别忘了，项羽打仗可从不按照套路出牌，当初巨鹿之战不就是一个很明显的例子吗？但这次项羽错了，错大了！

之前韩信前来救援刘邦之时项羽都没能在最短的时间内击溃韩信，更别说现在了（战马不能使用）。

但反过来说，项羽现在还能有什么办法呢？逃？饥饿疲惫的楚军拿什么来逃过精力充沛的汉军追击？还不如在还有体力的时候与汉军决战。

咚咚咚，鼓声雷动，大汉三军与项羽军队都开始缓缓向对方移动。然而，就在双方距离还有几十米的时候，项羽突然一声怒吼，然后手持长矛，一马当先地杀向汉军。

楚军见主帅已动，无不跟随其后向前冲杀。

韩信见此，迅速挥动令旗，砰砰砰！无数的箭矢如同蝗灾一般，遮天蔽日地冲向楚军，但楚军毫不畏惧，在项羽再一次的大吼声中迅速藏身于大盾之下，然后在此波箭雨过后继续冲杀。

就听砰的一声巨响，项羽持长矛直接杀入汉军阵中，然后一根大铁矛四下翻飞，但凡被项羽抢中的汉军将士无不脑浆横飞。

很快，在项羽的作用下，汉中军一点被打破，后方的楚军便从此点突入，与汉军搏杀于一处。

按照项羽以往的经验，凭己之勇，楚卒之精悍，这天下的军队没有不一触即溃的，可自己面前的汉、齐之士根本悍不畏死，竟踩着战友的尸体向前奔来送死，这让项羽非常惊叹。

于是，项羽急眼了。因为再这样消耗下去，汉军左右两翼将会围攻过来，所以项羽拼了命地指挥搏杀。

在项羽的努力下，楚军三军用命，果然突破了汉中军一层又一层的防御，整个汉中军的阵形基本被项羽冲得扭曲，如果再这样下去的话，楚军过不了多久便会冲到韩信本阵之中。

可此时的韩信根本没有半分惊慌，冷笑着举起了一面令旗，然后就听汉军战鼓很缓慢地敲击了三下。

汉中军的士兵们听了战鼓，缓缓向后撤退重组阵形，只留一排将士用躯体抵抗楚军冰冷的刀刃。

看到韩信后撤的军队再次组成阵形，项羽怒不可遏，正要继续冲杀。可就在这时，左右两翼杀声震天，再看重组阵形完毕的韩信中军也重新杀了过来。

项羽知道，自己已经陷入了三围之境，再无胜算。按说现在剩下的路只有一条，那便是向南逃走，可项羽知道本军疲惫至极，是不可能成功逃脱的，乃令将士迅速呈防守方阵，一边架设防御壁垒，一边抵抗汉军的三面围攻。

很快，汉军以三面围攻变成了四面，可就是无法对楚军给予致命一击。

在项羽的指挥下，楚军防守滴水不漏，很快便架设起了一座防御壁垒，然后项羽带领最外围的楚军边打边退，不一会儿便退入了壁垒之中。

进入壁垒的同一时间，项羽迅速组织人员分配任务，使一小部楚军手持长矛守于壁垒之上，另一大部楚军手持长弓在壁垒之内四方乱射。

此举使得汉军损失惨重。

韩信见此，惧怕久攻之下军心涣散，以致给项羽可乘之机，乃令士兵将楚军壁垒层层围住。

韩信也惧怕楚军养精蓄锐以后在项羽的带领下突击而出，便命周殷领之前的楚降卒遍布于四周，于入夜之时大唱楚歌。

楚歌，乃楚地独有歌谣，由于方言所限，北方士兵根本无法在一时之间学会。所以楚军一听汉军之中遍布楚歌，以为整个楚国都已经被汉军所并，乃陷入一种极为恐慌的状态（此时楚地确实已经被汉军侵蚀大半，但要说都被汉军所占未免夸大）。

此时的西楚中军大帐，听着那遍布四周的楚歌，项羽惊异地道："为什么汉军中有这么多楚人，难道楚国已经都被汉军占领了吗？怎么会这样？怎么会这样？"

听了项羽愤怒中带有一丝绝望的怒吼，项羽身边的美人虞姬轻轻抚动了琴弦。

也许是太过悲伤，也许是太过绝望，项羽有感而发，配合着虞姬的琴声悲歌唱道："力拔山兮气盖世，时不利兮骓不逝。骓不逝兮可奈何，虞兮虞兮奈若何！"

这苍白无力又显一丝霸气的悲歌配合着虞姬优美的琴声反复咏唱，使得闻者无不落泪，项羽也在这种环境中流下了霸王泪。

良久，歌毕，看着项羽颓废的表情及脸上残余的泪痕，虞姬抽出特制短剑，在项羽面前舞起了楚地剑舞，并唱道："汉兵已略地，四方楚歌声。大王意气尽，贱妾何聊生。"

歌毕，在项羽还没反应过来的时候，端起宝剑对着自己的玉颈便是一下。

项羽呆呆地看着横尸于前的爱姬，先是双手颤抖着将虞姬搂在怀中，然后放声大哭。四周心腹见项羽如此颓废，害怕其有自尽的倾向，于是以虞姬歌中内涵劝之，遂使项羽下定决心突围逃跑。

而现在，南方诸地已尽被汉国所并，唯有江东一带还未被汉所涉及，乃领八百余精锐心腹趁着夜色突围而走。

那么项羽为什么这么做呢？他为什么不领八万军队一齐突围呢？

因为项羽料定自己的疲惫之军就是突围也必会被汉军追上，进而被全歼。所以与其这样，还不如自己领八百精骑逃亡，这样速度快，目标小，而刘邦身为天下长者必会善待余下八万楚卒。

可项羽这次又错了，因为就在项羽趁夜间突围以后，刘邦便命韩信对楚军发动了灭绝式打击，将楚军残杀殆尽。八万楚军，最后无一生还。

而对于追击项羽方面，刘邦更是要斩草除根，乃令灌婴率五千精骑于后追击，活要见人，死要见尸。

于是，一场疯狂大逃亡开始了。

那项羽的亲随趁夜色突破汉军逃跑以后死了近七百人，所以现在所余仅有一百多人。

之后，项羽率领着这些亲随直往东部长江方向奔逃。

项羽这一百多人全都是清一色的骑兵，所以机动力非常强，如果按此下去，汉军追到他的时候项羽已经渡过长江了，可就在项羽逃到阴陵（今安徽省和县北八十里）的时候，却突然迷失了方向，因为前方岔路为一左一右，使得项羽不知该走哪一条路。

正巧这时有一老农在田间劳作，项羽赶紧下马问候："老丈请了，我想请问，前往乌江应该走哪一条路？"

那个正在劳作的老丈抬头看了一眼项羽，然后只说两个字："往左。"

项羽信以为真，便向左大逃亡，可让项羽没想到的是，这个老农把他骗了（项羽领兵征战这些年造的杀孽实在是太多了，所以天下百姓没有几个不恨他的，老农对其撒谎也在情理之中），左面不但是乌江的反方向，还有一大片沼泽，使得项羽等人深陷其中，等他们好不容易从沼泽里逃出来，汉追击军前部也已经杀过来了。

项羽二话不说，直接领百名勇士正面硬撼追击军前部，然后突围向东逃亡。

经过一番厮杀，项羽手下精骑只剩二十八人，而此时项羽已经暴露，灌婴迅速布置，以五千之兵将项羽及二十八勇士团团围住。

见此，项羽料定今日便是自己的葬身之日，那紧张的表情也慢慢变得从容，他笑着对二十八勇士道："兄弟们，我项籍从跟随叔父起兵到现在已经有八个年头了，其间历经大小战役七十余次，所碰到的对手不是死便是降，从没有过败绩，这才霸有了整个天下。可如今我还是陷于绝地，这是天要亡我，非战之罪。"

说罢，项羽将手中马鞭指向远处："看哪，我们现在已经被汉军团团围住，呵呵，为了杀我弄得好大的阵仗，既然今天我们都要死，那就让我再和兄弟们痛痛快快打他一仗，并且我保证，在战死以前一定会连斩汉将，砍汉旗。我要让你们看看这就是天要亡我，和会不会打仗没有丝毫关系。"

话毕，项羽一声怒吼："兄弟们！"

"在！（齐声）"

项羽："现在，立即给我分出四队，我会一马当先吸引汉军的注意力，然后你们找准空隙给我奔杀过去，如果侥幸得活，我们就在山的东面集合，听没听到！"

"听到了！（齐声）"

项羽道："把你们的兵器给我亮出来！"

噌！二十八柄银光闪烁的宝剑屹立于长空。

项羽道："把你们的宝剑指向汉军，现在跟我杀！"

轰！随着项羽最后一声怒吼，二十八勇士分成四队，呈扇形向前疾进，然后慢慢扩散，在即将接近汉军的时候，项羽对他后面的勇士们哈哈大笑："来！看我先为你们斩他一将！"

话毕，项羽手持冲锋长矛直奔迎面之骑将，此骑将见项羽直奔自己而来，恐慌至极，慌忙指挥道："快！快给我拦住这疯子！"

话毕，此骑将身边的士兵直奔项羽而去，可项羽根本没有半分惧色，对着迎面而来的汉军精骑便是一声怒吼！这怒吼如同旱地惊雷，将这些汉军的马儿吓得四散奔逃。

然后，项羽抓住空隙，直奔那名汉将就是一个横扫。

就听砰的一声，这汉将人头直接被项羽砸得稀烂。

然而，就在项羽打算继续向前的时候，汉骑将杨喜又领兵奔来，项羽回头直直地盯着杨喜。这如同洪荒猛兽一般的凶目将杨喜及身后骑兵盯得浑身乱颤，然后项羽又是一声怒吼："来呀！"

轰！一声巨吼吓得士兵四散溃逃。结果，在项羽猖狂的大笑声中，汉军眼看着他远远离去。

此时，大山东面，因为汉军所有的注意力全都集中在项羽身上，所以项羽及二十八勇士全部完成集结。

而此时的汉军已经失去了项羽的具体位置，那灌婴通过多年行军打仗的经验断定项羽必向东奔去，乃令五千骑兵分三路盲围项羽，让他无所遁形。

项羽方面，看着再次将自己包围的汉军毫无惧色，因为他知道，现在汉军在明处，自己在暗处，一旦对汉军发起突然袭击，定能再次突出重围，便率领二十八勇士突然杀出，然后直奔正在搜索自己的汉军中心。

顿时间，惨叫连连，不断有断胳膊断腿甚至丧命的汉军骑兵从马上坠下。

当项羽再次冲出重围的时候，汉军已经死亡一百余人，而项羽的二十八勇士只死两人而已。

现在，已经突破了灌婴的重围，前面大道再无阻碍，项羽便领二十六勇士直奔乌江浦。

可当他到了乌江浦以后却傻了，因为此地不知何故，只有亭长一人有船一艘。回头看了看和他一起到此地的二十六勇士，项羽知道，他们是不可能和自己一起前往江东了。

这时，撑着船在江边等候项羽的亭长见项羽还在犹豫，大急，便与项羽道："霸王！江东虽小，可依然有民众几十万人，且多山多林，极适合游击防守作战，足以让霸王在此地割据一方。而现在乌江浦只有我一人有船，汉军便是来了也不可能马上渡江。最后等到汉军主力制作完船只准备渡江的时候，霸王也必定完成军事集结与防御工事，还请霸王迅速渡江！"

话毕，剩下的那二十六名勇士也一齐对项羽道："还请霸王迅速渡江！"

看着憨厚（项羽眼中）的亭长，看着跟着自己逃亡至现在的二十六名楚国勇士，项羽默默地闭上了双眼，他想起了当初和叔父项梁的艰苦创业，想起了之后和刘邦一起抵抗章邯，想起了巨鹿城下的奋勇搏杀，想起了大封天下诸侯的雄伟时刻，想起了彭城会战那震惊天下的鬼神之威，又终于想起了自己为什么会输给刘邦。

"也许我真的不是一个合格的君王吧。"

最后，项羽释然了，他将紧闭的双眼微微睁开，然后对亭长微微一笑："天要亡我，哪怕我渡江返回江东又能怎么样呢？当初我江东八千子弟兵随我一同西征暴秦，可如今只剩下我一人而已，我还有什么面目再去看江东父老呢？您是一位厚道的长者，这匹乌骓马已经跟随我五年了，我骑着它所向无敌，曾经一日行千里之遥。如今我要死了，可却不想杀掉这个老朋友。如今，我把它送给您了，还希望您能善待它。"

老亭长哽咽地道："霸，霸王！您怎能……"

项羽微笑道："我意已决，先生不必再说。"

那名亭长还想再劝，可此时后方马蹄声震天，汉军已经狂追而来，项羽又对亭长吼了一声："快走！"

如此，亭长划船走了。

看着越来越远的背影，项羽微笑的面容慢慢转为狰狞。就见他对着手下二十六勇士大吼道："有谁想走？"

二十六人眼神坚定地看着项羽，没有一个人逃走的。

项羽道："哈哈哈！不愧是我江东男儿！现在，下马！将跟随我们多年的战友放走吧！"

话毕，二十六人跳下战马，狠狠地拍打马儿的屁股，二十六匹战马嘶叫了一声便远去了。

项羽道："现在我们再也没有顾虑了，兄弟们，让我们在临死之前再次痛快一战吧！"

"是！（齐声）"

话毕，项羽扔掉冲锋长矛，从双肩抽出两支厚重的短戟直奔那五千汉军而去，而他身后的二十六勇士也抽出各自的短兵器跟着项羽朝五千汉军杀了过去！

砰！

这二十七人狠狠地撞进了汉军，然后奋勇搏杀。二十七……二十……十二……四……一。

最后，二十六勇士全都死在了汉军刀下，只剩项羽手持双戟在汉军中奋力搏杀。

此时的项羽如同一尊魔神，但凡他所过之地便是成堆成堆的死尸。战！战！战！杀！杀！杀！一个又一个汉兵死在了项羽的双戟之下。

数百！项羽一个人便砍杀了汉军数百之众，虽然项羽本身也受了十余处重伤，但他依然奋战。

慢慢地，再也没有一个人敢逼近项羽，他们怕了，发自灵魂的战栗让这些汉军将士离项羽远远的，全身是血的项羽执双戟遥指四方，猖狂大笑。

可突然，项羽看到汉军中有一骑将的身影特别的熟悉，他遥对那名骑将喊道："吕马童？你不是吕马童吗？哈哈哈，没想到你现在也投降了汉军啊。既然汉军中有熟人，我就送你一个大礼如何？"

话毕，项羽扔掉双戟，抽出腰中利刃直接抹了脖子。

噗！鲜血四散喷洒，天下无敌的西楚霸王项羽就此命丧黄泉，死时年仅三十一岁。

这时候，部将王翳走向了项羽，拿起手中利刃割掉了项羽的首级，然后转身而去。

就在王翳走掉的一刹那，四面的汉军如同疯了一般冲向项羽的无头死尸，都想拿项羽的肢体来拼个富贵。

你抢我也抢，之后演变成了械斗，直到死掉了几十人以后项羽的肢体才被分完。

最后，王翳取了项羽的首级，杨喜、吕马童取了项羽的左右手臂，吕胜和杨武取了项羽的左右大腿。五人都因为保有完整的项羽肢体而得到了封侯的奖励，至于项羽身体其他的部分，早就被士卒们抢得灰飞烟灭了。

就在这时，我身处的世界再一次扭曲，毫无意外地，我又回到王宫之中，刘邦微笑地看着我道："小伙子，该我讲了。"

04

第四章

安得猛士兮守四方

4.1 赏

看着明显有些压抑的我，刘邦笑着道："怎么着，我那项老弟死了你还挺悲伤？"

我道："唉，不管他屠杀了多少百姓，毕竟他也算是一个绝世猛将，这么一个人死了，心里多少也有些感触。行了，陛下不必在乎我，请继续吧。"

刘邦点了点头道："嗯，项羽死了以后，西楚已经没有了根基，没过多长时间便被我全部平定，所以现在天下只剩下了小小的鲁地而已（当初楚怀王将鲁封给了项羽）。

"于是，我派出了使者前往鲁地劝降，我本以为鲁人见了我的使者后会吓得乖乖投降，可没想到他们却拒绝了我的使者。"

我问："现在天下大定，鲁国人为什么还要顽抗您的天威呢？"

刘邦道："因为他们认为项羽根本没有死，而是逃亡到了江东，所以拒不投降。哼！鲁地的这群书呆子，不懂天下大势，到现在还信奉什么忠义，简直愚不可及！基于此，我打算干一件比秦始皇焚书坑儒还震撼的事儿，那就是把整个鲁地的男女老少全给屠了，我看天下以后谁还敢反抗我刘邦！"

我道："您太狠了，至于这样吗？"

刘邦道："那又能怎么样？屠城我又不是没干过，杀普通的百姓和杀那些儒生又有什么区别？"

我："……"

刘邦道："可就在我领千军万马到达鲁地以后，出现在我眼前的一幕让我改变了想法。你知道吗，当我大军兵临城下的时候，鲁城只有一点儿守兵，儒生们还在城内背诵着诗书，没有半点儿即将要被斩杀的恐惧，仿佛想要在死之前再多背诵一点儿诗书才算不亏。

"见到这种情景，我沉默了，意识到儒生是不能和普通百姓相提并论的，也知道了什么叫威武不能屈。

"你相不相信,只要我今天杀了这些儒生,那么天下人都会骂我刘邦是牲畜不如的东西。

"反之,如果我将这些儒生伺候好了,那我将得到天下书生之心,进而在舆论上占据绝对主动。"

我道:"您说得没错。"

刘邦道:"于是,我没有攻城,而是命人将项羽的人头送进了鲁城之内。

"那些儒生一看项羽真的死了,这才答应了我的劝降。

"之后,为了巩固我的'成果',我在鲁城亲自为项羽发丧,并当众宣布绝不加害项氏亲属,还将项伯等项氏核心成员封为列侯。

"当时给项羽发丧的时候我哭得昏天暗地,还说了很多如果不是天下大乱,我会和项羽怎么怎么好的话,使得鲁城很多儒生都被我的戏码感动。

"最后,在全鲁城的百姓相送下,我离开了此地。"

我:"……"

刘邦道:"离开了鲁城以后,大家以为我会直接返回国都处理政务,毕竟天下刚刚平定,百废待兴,还有很多事情需要我来处理。但在此之前我得先摆平一人才可以。

"离开鲁城以后,我直接向东前往韩信处,再次以突然袭击的方式夺其军权,后让他前往楚国就任楚王。"

我问:"陛下,楚国在春秋战国时期为天下至大至强之国,陛下为什么给韩信这么强的一块地方呢?"

刘邦道:"呵呵,现在的楚国早就不是当初的楚国了,之前秦始皇统一天下以后便将楚国分为了好几个郡,后来虽然复国,但经过多年战乱,又被分成了几个国,现在我刘邦统一了天下,你认为我还会让楚国那么强大吗?所以,韩信所统治的地区只有淮河以北的一带而已(都城下邳)。

"而齐国则不然,此地为天下至富,素有'东秦'之称,再加上这韩信反复无常,后必为我之大患,所以必须将韩信清出去我才能暂时安枕无忧。

"军权再次被我所夺，韩信纵是当代兵仙也无可奈何。可你还别说，韩信回到楚国以后还真得意了一把，他重赏（千金）了当初在河边救济他的老婆婆，甚至连当初逼他钻裤裆的小混子也赏赐了。"

我问："为什么？"

刘邦道："他说要不是当初被这人强逼着钻裤裆，就不会有今日的成就。这是什么理论？真是让我理解不了。"

我问："那当初不是有个亭长也救济过韩信一阵子吗，他的结果怎么样了？"

刘邦道："呵呵，他的结果不怎么样，被韩信召来以后扔了点儿钱就撵走了，无外乎羞辱而已。

"可其实在这些人中，亭长一家在韩信身上投入相对是最多的，由此便可看出韩信的气量，不过如此。"

我："……"

刘邦道："韩信这个心腹大患暂时被我弄走了，可还有更烦心的事儿等着我来处理，那便是封王。

"你知道的，当初项羽就是因为分地盘分得不好才重新造成天下大乱，如今天下刚刚被我平定，还有很多双眼睛在注视着我，所以一个不好就有可能重蹈当年项羽的覆辙。

"于是我不情愿地封彭越为梁王、吴芮为长沙王，其他像英布（淮南王）、韩王信、臧荼（燕王）、赵王敖等原来就是王的诸侯依然如故。"

我问："这不是挺好的吗？分封了天下诸侯，您只管理自己那一块，也乐得清闲不是？"

刘邦道："分封天下诸侯那都是多久远的事儿了？就是因为这种制度，使得国家不能真正统一，才有了春秋战国。之前秦始皇为什么改分封制为郡县制？不就是这个原因吗？

"再加上我那太子刘盈如今年纪尚小（八岁），等我死了（刘邦此时五十四岁）以后拿什么来制衡这些凶恶如狼的诸侯王？所以我当然不乐意了！"

我："有道理。"

刘邦道："也许是惧怕我翻脸不认人想稳住我，当时所有的诸侯王都一起上表请求我让我来做天下皇帝。呵呵，我当然要拒绝了。"

我问："您不想当皇帝吗？"

刘邦道："想，做梦都想。"

我问："那为什么还要拒绝呢？"

刘邦道："不知道什么叫'一推、二受'吗？哪怕是演戏你也要拒绝一次再'勉强'答应不是？这是当时的规矩，懂吗？"

我："懂了！"

刘邦："于是，在拒绝了这些人一次后，我答应了他们，并于那一年（公元前202）二月正式成为大汉皇帝，建都洛阳。

"那天，在洛阳皇宫，看着堂下的群臣，我感慨良多，当初的一个小流氓如今竟然当上了皇帝，这是谁敢想的？这是谁能想的？

"所以，我看着下面的群臣，便问他们，我得到天下的原因是什么。

"这时候，堂下的高起和王陵站出来答道：'陛下对人很不尊重，生气的时候非打即骂，可是您过必罚，功必赏，愿意和将士们一起分享利益，所以文臣武将都愿意为您效死命。那项羽虽然仁爱敬重别人，却嫉贤妒能，对于有军功的人也不赏赐，所有的官印和财宝都留在自己怀里，这样的人怎么会是陛下的对手呢？'

"当时我微微地点了点头，然后和二人道：'你们说得不错，但只知其一，不知其二。

"'要说运筹帷幄，决胜千里之外我比不上张子房；镇抚国家，安抚百姓，供给粮饷，不绝于道，我不如萧何；统领百万大军，战必胜，攻必取，我不如韩信。

"'可这三个天下人杰都愿意为我所用，这便是我能取得天下的根本原因。而项羽手下就一个谋士范增他都用不明白，你们说他能不败给我吗？'

"呵呵，听了这话，堂下那些大臣们都一个劲儿地点头，对我心悦诚服。

　　"好了，现在王封完了，也成皇帝了，我便开始着手处理当时比较重要的几件事情。

　　"第一，当然是大赦天下。

　　"第二，想当初我带兵进入关中的时候士兵多是关东人士，如今多年过去了，那些关东人有很多已经在关中成了家。所以，我必须要厚赏这些人，要不然会寒了他们的心。于是我下令让这些身在关中的关东人十二年不必向国家缴纳赋税，有思念家乡想回去的，我也减免了他们六年的赋税。

　　"第三，当初因为天下大乱，有很多百姓禁不起战争的摧残，便前往大山深泽避祸。而现在天下已经安稳，百废待兴，急需劳动力，所以我便派人去寻找他们，让这些老百姓重新回到自己的原住地，并给他们重新补办户籍，恢复他们本来的田产，让他们安心度日。

　　"第四，战乱时期谁最可怜？百姓。那些统治者们为了达到自己的目的，会抢夺老百姓的粮食并随意处置他们（也包括刘邦，只不过他好一些而已），所以我命令中央的官吏亲自前往全国各地给老百姓们讲法律，并告诉他们，我大汉王朝的官员是不准随意鞭打处置老百姓的。

　　"第五，因为之前的战乱，使得很多百姓都无法养活自己，并将自己卖给了有钱人家做奴隶。如今天下大定，我遂恢复了这些奴隶的平民身份，让他们回去种地。当然了，有想继续做奴隶的我也绝不勉强，一切随意。

　　"第六，之前跟随我南征北战的士兵们是我的主要力量和核心，所以必须要封赏，他们没有爵位和有爵位不到大夫（秦二十级爵第五级）的全部都被我封为大夫。至于七大夫（七级）以上的，全都会给他们一定的食邑。

　　"如此几点下来，天下百姓和士兵的人心算是稳定下来了。"

　　我道："照您这么说，现在往上各路王封完了，往下士兵和百姓也已经交代完了，之后是不是就该册封您的功臣了呢？比如说张良、萧何那帮人。"

　　刘邦道："他们是必须要册封的，可这些人都是跟随我多年的兄弟，我一定要谨慎谨慎再谨慎，中间不能出一点儿差错，所以功劳的评定还需要一段时间。而利用这段时间，我便开始大肆搜捕那些危险分子和我当初的仇人。而我首先要处理的便是田横了。"

4.2　危险分子的处置

刘邦道："当初田横逃到了彭越那里，并辅助彭越在后方游击项羽，等到天下大定以后，我封了彭越为梁王，田横害怕我将他弄死，便领着自己五百多名心腹前往黄海附近岛屿避祸。

"你也知道，当初韩信是靠着不光彩的手段才收复的三齐之地，而最后反倒是我替他背了黑锅，天下人都以为这是我的主意，所以齐国有很多人都是心向着田横的。

"而黄海呢，就在齐地以东，如果哪一天田横突然杀回齐地，不说举国响应也差不了多少了，所以我必须第一个处理他。"

我问："怎么处理？杀了他吗？"

刘邦摇头道："不，杀了他只会让天下人在背后戳我脊梁骨，我怎么会那么傻呢？所以我派人前往田横所在的岛屿，并赦免了他的罪过，让他赶紧领着自己的心腹们给我过来洛阳，我会让他一辈子做一个富家翁的。

"可没想到田横却拒绝了我！"

我问："他、他难道是贼心不死，还想造反不成？"

刘邦道："现在天下局势已定，田横早就没有了当初的雄心，他之所以不来洛阳是因为自己当初烹杀了郦食其，而郦食其的弟弟郦商现在为我手下红人之一，他惧怕郦商打击报复，这才没敢前来。

"我听了使者的回话觉得田横的担心很有道理，换谁谁都会担心这一层，便将郦商招来，非常严肃地警告他：'小子，我告诉你，当初你大哥虽然是被齐王和田横烹杀的，但谁才是真正的凶手你比谁都明白。再过一段时间田横就要来洛阳投降了，到时候谁要是敢动他，我就把他一族都给诛了，我这么说你明不明白？'"

我插嘴道："郦商能答应吗？"

刘邦道："他敢不答应！这要是你，你能为一个死去的大哥连整个家族都搭上？"

我赶紧摇头。

刘邦继续道："于是，我再次派遣使者前往田横处，告诉他郦商绝对不会找他麻烦，并且承诺只要他来洛阳，最次我也会给他个侯爵，但他要是不来的话，我便要派大军去讨伐他，到时候他和他手下的那些心腹就没有一个能活命的了。

"在我软硬兼施之下，无奈的田横只能领着两个门客前往洛阳来面见我。

"可让我没想到的是田横的性情如此刚烈，他在即将到达洛阳的时候和身边的两个随从说：'两位，当初我和汉皇帝都是平等身份的人，可当初的汉王如今成了皇帝，我却成了亡国的俘虏，这实在让我无法接受。况且之前我烹杀了郦商的哥哥，如今却要和他在同一个主人手下效力，哪怕是郦商畏惧汉皇帝而不敢动我，难道我就不应该惭愧吗？我知道，汉皇帝之所以要召见我就因为怕我在齐地的影响力，只要我死了，他也就不会再有畏惧。可我实在不想见到汉皇帝，所以劳烦你们将我的人头送给他吧，现在我们距离洛阳只有三十多里了，我相信我的人头到了汉皇帝手中也绝对不会腐烂。'

"说完，这个乱世枭雄便自杀了。

"最后，田横的两个门客将他的首级送给了我。

"说实话，当时我这心里真挺不好受的，你想想，田儋、田荣和田横三兄弟都是以平民的身份起家，后来相继称王，因此不得不说他们三人都非常地有能力。

"于是，我以诸侯王的礼节厚葬了田横，还封他的两个门客为都尉。可没承想这两个忠义之士竟然在埋葬了田横以后在田横墓地左右挖了两个坑，自己跳进去自杀了。

"听到这个消息以后我大为震惊，料定现在东海岛屿那田横的五百手下也必定是这等忠义之士。

"于是，我立马派人前往此岛招安他们，可再次让我没想到的是，这些壮士在听闻田横自杀的消息以后没有一个选择苟活的，全都抹了脖子自杀了。

"唉，想得到的人得不到，不想得到的人却往我怀里送。"

我问："不想得到的人？谁呀？"

刘邦道："可还记得当初差点儿要了我的命的丁固？"

我道："就是那个之前追杀您，被您一句'贤人何苦为难贤人'劝走的丁固？"

刘邦道："是吧，应该是这样的，他来投靠我，我杀了他。杀了丁固以后我才想到这厮还有一个叫季布的大外甥，便悬赏……"

我插嘴："等、等！您等会儿！"

刘邦脸色有些不自然："怎么了？不是告诉过你别插嘴吗？"

我道："不行，这事儿我非要插个嘴，您为什么说丁固这事儿说得这么仓促，您是不是在向我隐瞒些什么？我们那个时代有很多人都猜测您当初其实是被丁固给生擒了，然后您又是磕头求饶又是许愿求生才使得丁固饶了您一命。哦，我知道了，怪不得对别人您都能饶恕，对丁固您就火急火燎地把他弄死了，原来您是……"

砰！没等我说完，刘邦直接过来一个大耳光将我掀翻，然后又补了两脚，最后拽着我的领子凶狠地道："我之前是不是说了，你再插嘴我就教训你。"

我吓得立马闭了嘴。

刘邦松开了我，继续道："咳咳，杀了丁固以后我才想起来，这货还有一个大外甥叫季布，也是项羽手下的重要将领之一，在楚地以侠义闻名（一诺千金说的就是季布）。

"当初我和项羽争夺天下的时候这小子没少给我找麻烦，再加上他是丁固的亲戚，所以我一定要杀了他！乃贴出悬赏令全国通缉季布，承诺只要谁能给我抓住季布，死活不论，赏金千两！要是有谁敢窝藏季布，我直接诛他三族。

"于是，全国大搜索开始了。

"而此时的季布正在濮阳（今河南省濮阳市西南）一周姓家里躲藏，那姓周的一见我贴出的告示，吓得胆战心惊，可他又不敢将季布供出去，因为别看季布现在是只身落难，但却是当世豪侠。

"当时民间有很多黑社会都非常崇拜季布，所以我敢保证，只要他第一天供出季布，第二天一家子就会被人弄死。

"所以，这姓周的直接找到了季布，并和他道：'季大侠，现在全国都在通缉你，濮阳也搜得如火如荼，这眼看就要搜到我们家了，如果这样的话，不管是你还是我，以及我们一家子都得死。我并不是怕死才这么说的，但人不能死得没有意义，如果季大侠肯听我的，我现在就给您想个办法，如果您认为我是怕死才对您说出的这一番话，那我现在就自杀给您看！'

"见此，季布赶紧拦住周姓男人，表示愿意听他的建议。

"于是，在姓周的帮助下，季布被剃光了头发，用铁圈拴住了脖子，还穿上了囚服伪装成了囚犯，被卖给了鲁地一朱姓豪侠家中充当奴隶。

"因为都是当世的大豪侠，所以那姓朱的第一眼就认出了季布，且因为惺惺相惜的缘故，他并没有声张，而是将季布买下以后藏在了农村的房舍里，然后亲自前往洛阳拜见夏侯婴给季布说情。

"这个江湖豪侠的能量可真大呀，那夏侯婴是我身边的红人，岂是平头百姓说见就能见的？可这个姓朱的不但见到了，还得到了夏侯婴的热情招待，所以说当时黑社会的能力根本是你们无法想象的。

"两人入座以后，朱姓豪侠直接便问夏侯婴：'大人知道季布吗？'

"夏侯婴道：'知道，现在正是陛下通缉的危险人物之一（还有钟离眜等人）。'

"朱姓豪侠道：'他犯了什么罪？为什么要全国通缉这么严重？'

"夏侯婴道：'当初陛下和项羽争夺天下的时候季布曾经数次危及陛下的性命，所以现在才要他的项上人头。'

"朱姓豪侠道：'呵呵呵，当初季布作为项羽的臣子，那是各为其主，所以说追杀陛下也是应该的。那项羽的手下何其多，难道陛下要将他们全都杀死吗？如今陛下刚刚平定天下，正是积累人心的时候，可现在反而因为一己私怨以千金去抓一个人，那不就显得陛下的心胸太不宽广了吗？况且现在的匈奴在北方闹得鸡飞狗跳，两国迟早会有一战，如果陛下逼得太紧，一定会将季布逼到匈奴去的，而凭借季布的能力，那不是给我汉朝增加了一个大敌吗？记恨壮士而将其逼迫到敌国，这不是和当初楚国逼走伍子胥是一个道理吗？而楚国最后怎么样大人你也知道，我不好说得太过明白。'

"呵呵，夏侯婴多聪明的一个人哪，听了朱姓豪侠这话就知道他是来给季布说情来了，并且很明显季布现在就在朱姓豪侠的家中。

"可这朱姓豪侠说的也很有道理，于是夏侯婴便将这些话原封不动地转告给我了。

"后来呢，我也觉得很有道理，便赦免了季布的罪过，并且召见季布，封他为侍卫官——郎中。

"可有意思的是，自从季布发达以后，朱姓豪侠就再也不见季布了。呵呵，帮人不买好，雁过不拔毛，这可真是那时候的活雷锋了。"

4.3　人狗理论

我问："那陛下现在是不是应该对那些心腹大臣们进行封赏了呢？"

刘邦道："当然，之前已经拖了那么长时间了，如果现在再不赏的话我的兄弟们该寒心了。

"所以，在'处理'了那些危险分子以后我办的第一件事便是赏赐我那些兄弟们。

"呵呵，还记得那天在朝堂之上，那些老小子们全都摩拳擦掌，一个个兴奋得不得了，可当我公布了第一个要赏赐的人以后这些玩意儿差点没炸锅。"

我问："谁呀？"

刘邦道："还能有谁，张良呗！我对那些大臣们道：'各位都听了，张子房虽然没有战功，但是他运筹帷幄，决胜千里，这是任何一个人都无法反驳的，所以我要封给他齐地三万户作为封邑，还要让他自己选择位置，子房，你说吧，你要什么地方，只要你指出来，我绝无异议。'"

我道："陛下！陛下您疯了？万户侯，那可是至高的荣耀，一万户就已经足以让人千恩万谢了你还赏赐张良三万户，这是不是有点儿过了？还让他自己选地方？陛下您莫不是试探张良的吧？"

刘邦道："不，你不知道张良在我心目中的地位。可以这么说，如果没有张良始终在我身边出谋划策，我刘邦是绝对没有今天的。

"平暴秦、鸿门变、烧栈道、冒死送信与项羽，后来给我定大方针及各种谋略，这些事情哪一样没有张良的功劳，哪一样没成我还能有今天？

"所以，我不管别人怎么想，张良我是赏定了！

"下面那些人虽然不服，但也知道我和张良的关系，也只能干瞪眼不敢说话。

"可我那子房兄却没有答应我的封赏，唉，子房真是聪明人啊。"

我问："为什么？"

刘邦道："因为子房在为他的后代着想。你想想，如果他接受了封赏，那么他的势力是绝对可以和各路诸侯王比肩的，他的忠诚毋庸置疑，所以不管是我还是我的后代都绝对不会对他下手，可子房的后代怎么办？哪个君王能容得下一个有如此势力的侯爵？

"所以张良拒绝道：'陛下，上天垂青我，让我当初在留县遇到了陛下，得以相识。正所谓士为知己者死，陛下从来对我的计谋都是言听计从，这便是对我最大的赏赐了。我老了，不想离开陛下，也没有那么大的花销，所以三万户的事儿还是算了吧。您要是实在怜惜我，就请陛下将咱们初遇之地的留县赐给我，然后再让我一直待在陛下身边，这就是对我最大的赏赐了。'

"说实话，听了张良这掏心窝子的话，我当时鼻子已经酸了，要不是顾及在场众多兄弟，我恨不得直接抱住张良痛哭。

"于是，我答应了张良的请求，只给他留县，并赐予彻侯（秦二十等爵最高爵位）爵位。

"后来，我还想给张良一个官做，可张良还是不愿意，真气死我也！"

我问："他为什么不愿意？"

刘邦道："唉，一是不想再掺和官场这些破事儿，从而明哲保身；二是这老小子修仙成疯，想从此在家修仙，成无上仙道。"

我："……"

刘邦道："不提了，来气，还是继续说吧。

"张良这事儿完了以后我便按照功劳给予大臣们封赏，这第二个要赏的便是萧何了，于是我封他为酇侯，赏食邑八千户。

"哼！因为越靠前的赏的肯定是实惠最多的，所以下面大臣一看我赏的是萧何，直接就炸锅了，就见那曹参偷摸给樊哙一个眼神，樊哙便冲上来对我吼道：'三哥！啊不是，陛下！俺们不服。'

"我冷哼一声：'哪都有你，滚。'

"樊哙道：'行了吧陛下，从咱俩结识到现在多少年了，您让我滚的次数我都记不清了，看我哪次滚了？我就问陛下，我们这些大将从跟着陛下开始就在战场上冲锋陷阵，最多的参加了一百多场战役，最少的也有好几十场，哪一个不是浑身是伤？哪一个不是从死人堆里爬出来的？可萧功曹呢？也就是舞文弄墨动动嘴皮子，哪一次大战有他参与？可最后呢？没有军功的人功劳反倒在我们这些将军之上，这是哪门子道理？'

"说完，他还转头拉拢其他人：'各位，你们说是不是这个道理？'

"众将：'是，是，樊将军说的就是我们想的，还请陛下慎重啊。'

"哼，樊哙说完以后，我冷冷地看了一眼曹参，他竟然把头扭了过去，根本不和我对视。

"好哇，既然他们不客气，那我也没有和他们客气的必要了，于是等樊哙退回去以后我轻蔑地道：'众位将军，可知道打猎呀？'

"众将答：'知道知道。'

我又说："那众位将军知道猎狗吗？"

"众将答：'知道知道。'

"我说：'哦？原来你们知道呀？那就好办了，所谓打猎呢，就是一个猎人带着一条猎狗，看到猎物以后猎人会指示猎狗发动攻击。如果按照这个理论来说的话，你们这帮人就是一群猎狗，而萧何呢，那自不必说，就是猎人了。'

"众将七嘴八舌：'……'

"我说：'都别吵了！再者，你们这帮小子当初都是独自一人跟着我打天下，最多的也不过是一家两三个人从军。而萧何呢？啊？人家全族数十人都跟着我出去打仗了，你们能比得了吗？'

"众人一听我这么说，全都没脾气了。

"之后的封赏就很顺利了，该封的封，该赏的赏，并没有什么意外发生。"

我掰着手指头道："哦，我算算，那现在各路侯王封完了，跟您最亲近的二十来个兄弟也封完了，士兵也赏完了，老百姓也赏完了，还有……啊！对了，还有其他的将领呢，那些跟着曹参、周勃等大将的各路小将们您是怎么赏的？"

刘邦道："别提这事儿，一提我就心烦。

"当时明面上虽然是天下大定，但周围的诸侯王我全都不放心，之前我也说过了，异姓王就没有一个是靠谱的，但碍于之前的承诺和他们的势力，所以当时我不得不屈服，但我早晚都要除掉他们！

"可这就需要那些将领们了，如果在成就大事以前就给他们高官厚禄的话，这些人必定会畏惧死亡，从而使我汉军整体实力大打折扣。

"可现在，他们为了争论谁的功绩高，一天到晚瞎吵，就差动手了，所以急于立功。

"可以说，这时候如果带他们出兵打仗，那就是一群悍不畏死的疯狗，对我汉军的帮助绝对是巨大的。

"所以，现在我是一定不会给他们加官晋爵的。"

我道："可封赏这事儿已经拖得太久了，难道他们就不会有意见吗？"

刘邦道："当然有意见，可那又能怎么样？别忘了我可是有子房的。

"那时候因为迟迟不给他们封赏，所以这些小将们心里没底，很有些怨言，便总会凑在一起说说长短。

"有一次，我和子房溜达，在高处看到几个将军在一起窃窃私语。我很纳闷儿，就问张良他们在聊什么。

"张良故作惊讶地道：'陛下难道不知道吗？他们这是在图谋造反啊。'

"一听这话我当时就愣了，赶紧问：'现在天下刚刚安定，他们为什么要造反呢？'

"张良道：'陛下，您当初是以平民的身份起家的，最后就是靠着这些人才得到的天下。如今陛下做了皇帝，可封赏的全都是萧何、曹参这些老朋友，诛杀的还都是得罪过陛下的人，所以这些将领怕最后自己得不到封赏，更怕陛下会杀了他们，这才聚在一起打算谋反的。我知道陛下有自己的想法，抑或是因为天下土地不够分配才拖到现在都没有赏赐这些人，可他们不知道啊，所以陛下一定要想想办法才行。'

"一听这话，我当时就蒙了，赶紧问他有什么办法。

"呵呵，谁知这子房早就为我谋划好了，便问我道：'这事儿其实也好办，请问陛下现在最憎恨的人是谁？'

"我说：'还能有谁！当初雍齿曾多次陷我于窘境，我本想杀了他，可这小子后来又领着一批人协助我攻打项羽，立了不小的功劳，我这才没借口杀他！'

"张良道：'那就对了，陛下现在可以册封雍齿为侯了。'

"我一愣，然后看着子房哈哈大笑，果然，只有子房才是我真正离不开的人。

"于是，我在皇宫大宴群臣，并且当众宣布雍齿为什邡侯，那些本来惶惶不安的将领们一看我连最恨的雍齿都给封侯了，一个个便都安下心来了。"

我问："那接下来陛下是不是就应该着手消灭那些诸侯王了呢？"

刘邦道："本来我是想这样的，可就在我准备对那些诸侯王下手的时候，一个人找到了我，让我延迟了此项计划。"

我道："谁呀？"

刘邦道："娄敬！"

4.4　迁都长安

刘邦道："娄敬，齐国人，这一年（前202）前往守边（戍卒），可当他路过洛阳的时候却找到了同是齐国人的虞将军，想让他向我引荐自己。

"虞将军应该是早在齐国的时候就和娄敬认识，并知道他的才能，所以答应了他的请求，但因为娄敬的家里很贫穷，所以穿得非常不堪，于是虞将军就想给娄敬一套华服让他来见我。

"可娄敬却和虞将军道：'大可不必，如果我本身穿的是华服，那就以华服相见，可现在我穿的却是布衣，那么我就要以布衣相见，没有必要为此换成华服。'"

我道："这娄敬挺有个性啊。"

刘邦道："嗯，大概有才的人都这样吧。

"因为跟随我打天下的能人十有八九都是贫苦出身，所以我对这些人没有半分歧视，反倒是很重视，再加上有虞将军作保，所以我召见了他，并赏了他饭食。

"呵呵，要说这个娄敬也真不客气，和我拜过礼之后就开吃，好像是多少年都没吃过一顿饱饭一样。

"等到娄敬吃饱喝足以后，我这才问他来见我有什么建议。

"那娄敬单刀直入道：'陛下，您在洛阳定都是想要和周王室比谁更加兴隆吗？'

"我笑了笑说：'是的。'

"娄敬道：'嗯，但陛下有没有想过，您夺取的天下和当初的周王室是不一样的。'

"我疑惑地问：'哪里不一样了？'

"娄敬道：'周的祖先是后稷（尧舜时期掌管农业的大官），其带领族人在封地积善行德几十代。后来公刘为了躲避夏桀而居住到了豳，再后来因为狄人的入侵又迁居至岐，因为声名显赫，所以国中的人全都归附他。等到后来周文王（姬昌）的时候，其美德已经传遍天下，甚至虞人和芮人都因为他而停下了常年的争斗。之后，周文王接受天的任命，吕望和伯夷等人全都来归。最后武王伐纣的时候不期而集于孟津的诸侯便有八百多人，于是响应天下人心，灭了商纣。等周成王继位以后，天下大定，还有周公（武王姬发的弟弟姬旦）辅佐，便定都于洛阳。那么他为什么定都于洛阳呢？因为洛阳为天下中心，所以四方诸侯纳贡路途比较均匀，再就是因为周王室那数十代德望的积累了，所以他们根本就不用依赖地形险阻来保有天下。可陛下则不同，陛下当初于丰、沛起兵，然后一路向前，席卷关中，平定三秦，与项羽多年大战，其中大型战役七十余次，小战役也有四十余次，使天下无数百姓丧命疆场，家破人亡数不胜数，您觉得您的人望能和周王室相提并论吗？'

"'这个……好像是不能。'

"娄敬道：'没错！况且关中地区被山带河，地形险要，如遇突然战事，可以依靠地形防守，然后聚集士兵战斗，且关中素有天府之国的美称，资源丰富，土地肥沃，可以成为绝强之天然府库。如果陛下在关中建都，那么华山以东虽有战乱，秦国旧地依然能够得到保全。如果国都得到保全，那么敌人便无法扼住您的咽喉、打击您的脊梁了。所以，只有定都关中，才是现在真正的王道。'

"我觉得娄敬此话说得极有道理，便召开朝会讨论此事。可结果呢？我那些大臣们几乎清一色地反对，他们全都说洛阳东有成皋，西有崤山、渑池，背靠黄河，面向洛河，其坚固是可以依靠的。"

我道："我是不懂什么地形，不过听起来觉得他们说的也蛮有道理的。"

刘邦道："哼！我还不知道他们吗？因为这帮人都是关东人，而关中距离关东肯定要比洛阳远，这样的话他们想回老家就费劲了，这才劝我不迁都的。最后只有张良，只有他建议我迁都关中！

"他也没管此举会得罪多少人，直接便在朝堂上和我说道：'陛下，各位大人，洛阳虽然有你们所谓的险固地形，但它的境域实在太小，不过几百里而已，且土地贫瘠，敌人更可以从四面八方来进攻，所以此地根本就不是用武之地，一旦有诸侯谋反，那我汉室江山则危在旦夕。可关中则不同！关中地区左有崤山、函谷关，右有陇蜀山脉，及连绵千里的肥沃土地，南有巴蜀的丰富资源，北有草原的畜牧利益，南、北、西三面都有险阻可守，所以只要在东面钳制住各路诸侯便能稳定天下大局。到时候天下安定，可通过黄河、渭河运转天下粮食，并西上供给京都；如果说，我是说如果，诸侯反叛，则可以从此地顺流而下，足以聚集军粮。这就是所谓的'金城千里、天府之国'！所以，刘敬的建议是正确的。'（因为刘邦很喜欢娄敬的建议，便赐其姓刘，可因为大家都习惯于称他为娄敬，所以笔者以后还是以娄敬称呼。）

"张良说得有理有据，所以那些大臣们一个个都没声了，于是迁都关中便定下来了。

"通过关中的地形来看，在当时只有丰镐（咸阳以南）之地最适合建造都城，我便在此地设置长安县，并于此建都，立长乐官。"

我道："厉害了，那您现在是不是就要去长安安家落户了？"

刘邦道："哪儿那么快！长安县刚刚置办，我的长乐官还没建成，我干吗去？当然是在洛阳等着。"

我道："……那陛下现在是不是要一边准备收拾反王，一边着手发展内政了呢？能不能详细地给我介绍一下现在汉朝的政治和军事制度呢？"

刘邦道："介绍政治形态和军事编制还不是时候，你放心，到了该介绍的时候我一定详详细细地向你介绍。咱还是先说处理各路诸侯的事儿吧。"

4.5 扫平异姓王

刘邦道："这一年（前202）的七月，因为我长时间大肆搜捕项羽旧部，使得燕王臧荼极为恐惧，便于此时起兵造反！〔一说刘邦要除掉诸侯王的消息传到了臧荼的耳中，使得臧荼不得不叛变，还有一说刘邦为了找个借口讨伐诸侯王，特意放出风声说自己要杀了臧荼（因为臧荼最弱），所以臧荼才急于造反。还有，赵王张耳也在这一时间病死，其子张敖继承赵王之位，刘邦为安抚张敖，将自己的女儿鲁元公主嫁给了他。）

"而臧荼此举正中我之下怀，我便令千军万马前往燕地平叛。

"呵呵，世人只知道我刘邦是靠人才统一天下，进而低估了我带兵打仗的能力，可我从起兵开始到现在大小战役百余场，那战阵经验哪怕和项羽相比也不遑多让，试问，如果我没有一定的能力怎能抵抗项羽数年之久呢？

"而臧荼呢？他本来只是韩广手下的一名将领而已，能力本身就一般，战阵经验也无法和我相提并论，更别提士兵的数量和质量了，所以很轻易便被我平定。

"但因为我想提拔卢绾，所以只要有好打的战斗或者功劳多的战斗便全都交给他来指挥，这样，他便有了军功。"

我问："您为什么要对卢绾这么好呢？"

刘邦道："知道吗？张良和我亦师亦友，而萧何也只能算是我比较信任的人，只有卢绾！只有他是我真正的哥们，真正的兄弟！我和卢绾是同年同月同日生的，并且这小子从小就特别崇拜我，就好像一个跟屁虫一样整天跟在我的后面，他和我一起读书，一起混社会，一起挨揍，但因为能力有限，所以一直没立过什么太大的军功。

"如今，有这么好的机会，我当然要借着这次机会重用卢绾，然后再封他为燕王！"

我问："什么？封他为燕王？陛下您不是不想再封诸侯王了吗？"

刘邦道："卢绾不一样，他比我的亲兄弟还可靠，我相信他的后代也一定不会对不起我们刘氏。"

我道："好吧，虽然不赞同，但我理解您。"（大概就在刘邦平定臧荼这一时间段前后，汉朝不知道是谁发明了沙漏，此器从此也成为汉朝人的时间计器。）

刘邦道："封卢绾为王之后，我的下一个目标便是最让我魂牵梦绕的韩信了！还记得之前我悬赏季布的事儿吗？"

我道："记得。"

刘邦道："这其中悬赏的不但有季布，还有一个叫钟离眛的。你知道他现在在哪吗？"

我问："在哪？"

刘邦所答非所问："呵呵，次年（前201）十月，我正在处理公文，却有人前来报告说楚王韩信谋反，这可真是刚要睡觉便有人送上了枕头。"

我道："不对吧，据我所知韩信并没有称帝的野心，况且现在天下刚刚大定，他怎么会谋反呢？"

刘邦道："他当然没有谋反，只不过那钟离眛现在就在韩信府中躲藏，再加上韩信这小子不管走到哪都是好大的阵仗，所以有人以为他要造反，便给我写信举报。

"当然了，不管他是不是要真的造反，这都没关系，我只想把危险因素全部消除，仅此而已。

"于是，我借此由头召集众文臣武将，商议对策，想看看他们有没有什么好的办法。

"可我那些狗头大将们一听韩信要造反，一个个跟疯了一样，吵吵着要活埋韩信。我当时真想一砖头拍过去，还活埋韩信，真是不自量力，不让韩信给你们活埋就不错了。

"所以，看着下面一群撸胳膊挽袖子的莽夫，我没有作声，而是习惯性地把目光瞄向张良所站的位置。

"可无奈的是现在那个位置已经换成陈平了。"

我问："这话怎么说的？"

刘邦道："现在张良这身体是每况愈下，到如今甚至都不来上朝了，我还怎么忍心给他增添烦恼呢？所以现在想找个商量的人都没有。便只能将目光瞄向陈平。可你猜陈平这小子怎么着？"

我问："怎么？"

刘邦道："陈平这小子竟然假装没看到我，将头扭到了一边去！

"于是我就怒了，也不管他想不想回答，直接就问他有什么办法。

"可这小子竟然回答说自己没有办法，这我还能说什么呢？所以无奈之下我只能退朝。

"可退朝以后只有陈平一人未走，还请求单独面见我，我问他有什么事，陈平所答非所问地道：'陛下，有人上奏韩信谋反这事儿旁人有知道的吗？'

"我说没有。

"陈平道：'那韩信知道这事儿吗？'

"我说不知道。

"陈平道：'陛下觉得您的士兵比楚卒更精锐吗？'

"我说比不过。

"陈平道：'那陛下觉得我汉朝有谁在统率士兵作战上面能比得上韩信吗？'

"我说：'呵呵，先生说笑了，现在这天下还有谁在这方面能比得上韩信呢？'

"陈平道：'那武力可就行不通喽。'

"我说：'嘻！我也为这事儿犯愁呢，可你说不用武力我该怎么办呢？韩信我必须要治他，这事儿绝对不能再拖了。'

"陈平道：'既如此，我有一法，古时候的天子不是时不时都会去巡察各地吗？咱们也可以玩儿一次这招。这样，陛下现在就发诏书说前往云梦一带巡视，并让云梦周围的诸侯前来陈县拜见，那陈县就在楚国边境，韩信到时候一定会前来此处拜见陛下，如果他来了，哼哼，那就是再会统兵打仗也是没用，一个力士就足以搞定。'

"嗯，你还别说，陈平这话对我的路子，于是我起车驾前往云梦方向，并让此一带诸侯前来拜见。

"而这时候的韩信呢？他果然中计了。

"当时，韩信听说我要前来云梦，非常害怕，既想去拜见我，又怕我把他擒拿。"

我问："他不是不知道有人告他谋反吗？那为什么还要害怕呢？"

刘邦道："第一，韩信猜测我已经知道钟离眛藏在他的府中，所以害怕我兴师问罪。

"第二，前一段时间我平灭了燕王臧荼，再加上之前我和项羽争霸天下的时候这小子曾经两次威胁我，所以猜测我有了平灭诸侯王的心思，便产生了畏惧的心理。

"所以，他害怕了，并找手下商议该如何处理。

"而这时候，有一个谋士劝说韩信将钟离眛的人头交给我，这样我就不会怪罪他了。

"呵呵，韩信这个天真的家伙，竟然听从了此建议，领人前去找钟离眛商议。

"那钟离眛一听韩信的来意大怒，直接对韩信吼道：'你知不知道刘邦为什么到现在都没对你的楚国发动进攻！那是因为我现在还在楚国，有一定的号召力，如果我死了，你也会跟着送命的！'

"而韩信呢？根本没听钟离眛的劝告，满脑子只想着钟离眛的人头，见韩信一脸的冷漠，钟离眛终于绝望了，他哈哈大笑地说：'原来你韩大将军根本就不是一个忠厚的长者，怪不得汉王要杀你，可惜我钟离眛瞎了眼！'

"说罢，这个钟离眛直接就自杀了。

"就这样，韩信拿着钟离眛的人头前来陈县拜见我。可他根本不知道我是醉翁之意不在酒，不管有没有钟离眛的人头，我都肯定会收拾他。

"于是，刚一见面我就命几个力士把他给绑了，然后套上刑具，直接押往洛阳。

"哈！你都不知道当时韩信的表情，直接蒙了，良久才反应过来，还故作悲愤地道：'人说狡兔死，走狗烹，看来果然如此啊。'

"我一听这话就来气了，当着这么多人的面这么说他想干什么？明显是让我下不来台，于是我直接回道：'别说没用的，你以为我愿意抓你？有人说你谋反你知道不？'

"那韩信冷哼一声把头一扭，便再也不言语了，我也再懒得搭理他，就这样回到了洛阳。"

我插嘴道:"您杀死韩信了?"

刘邦道:"当然没有,我不但没杀他,还封他为淮阴侯,一切生活需求国家都给供应,只要他老老实实地在我身边待着就好。"

我问:"既然韩信的威胁如此之大,陛下您为什么不把他杀掉呢?这样不是一了百了吗?"

刘邦道:"首先,如果没有韩信,我是不可能夺得天下的,他绝对是我的大功臣,如果我刚刚统一天下便弄死韩信的话,那么舆论的导向一定是不利于我的。

"其次,我实在是爱惜韩信的统军才能,现在极北之地的冒顿实在是太过强大,我怕有一天和匈奴交战还会用到韩信,这才留着他的性命。

"可让我没想到的是,这韩信自从回到洛阳以后对我怨气很深,竟然装病不上朝,还每天都在府中颇多怨言。你说说,都到这种地步了他还这样,是不是作死?

"所以我再次降低了他的身份,封他为绛侯,意思就是提醒他。

"可他呢?还是我行我素,竟然还去拜访了曾经的老部下樊哙等人。

"你要知道,当时天下的军人没有一个不崇拜韩信的,身为韩信老部下的樊哙更是如此,所以听说韩信前来拜访他,直接便小跑着前来迎接韩信,并且一口一个'臣下'来称呼自己。

"哈!可是韩信呢,出了樊哙的家以后竟然说:'唉,我如今竟然到了和樊哙同等身份的地步。'

"你说说,他还有救吗?"

我道:"好像是没有了。"

刘邦道:"不是好像,就是!但他这种心理我当时还不是很了解,那时我甚至觉得韩信应该老实了,所以便宣他前来宫中闲聊,以探测他的想法。

"当时我问他我能带多少兵。

"他说我能带十万士兵战斗。哈哈,听他这么说我还挺高兴,你要知道,并不是所有的将领都能带十万人战斗的，所以也算是韩信对我的肯定，可当我问他能带多少兵的时候，他差点儿没给我气死了！"

我问："他怎么说的？"

刘邦道："他竟然说自己带兵多多益善，那意思就是说他的统兵能力超出了我许多倍。

"是！我承认他的统兵水平是比我强那么一些，但这实话也不能瞎说吧？"

我："……"

刘邦道："所以我微笑着问他，'哦，越多越好，那你为什么最后被擒住了呢？'

"韩信一听我这样问估计是害怕了，赶紧解释道：'陛下不善于带兵，但是善于驾驭将领，这就是我被陛下捉住的原因所在，况且陛下的权力是上天赐予的，并不是我们这种凡人所能够企及的。'

"听了他这话我没有半点儿表情，呵呵，现在知道挽回了，晚了！所以这以后我对韩信彻底死心，再也不想也不敢用他了，可是我依然没有杀他，只要他不胡来。

"可没想到最后他还是作死了。

"话说自从我冷落韩信以后，他自知这辈子再也不会有什么作为，又联想到以前的功劳，就开始有了反心，哦不，应该说他在很久很久以前就有了。

"一次，我命陈豨为代相国，并监督边境士兵，那陈豨也是个不懂事儿的人，明知道我不中意韩信，他还偏偏要在赴任之前去韩信处辞行。

"当时，韩信紧紧拉着陈豨的手，作仰天长叹状和陈豨道：'能和相国你谈谈吗？我有很多话想要对你说。'

"那陈豨是韩信的"铁粉"，所以一看韩信的眼泪直接就软了，并对韩信承诺不管他说什么都答应。

"于是，陈豨的命运也注定了。

"韩信对陈豨道：'其实也没什么，就是想给你和我留一条后路。代地，为天下精兵聚集之地，身为此地统兵必时刻受陛下关注，是最荣耀同时也是最危险的位置，你是陛下所宠爱的臣子这我承认，如果有人说你在外反叛，陛下是如何都不会相信的，但第二次再有人说你要谋反呢？我想陛下一定会怀疑。然而等到第三次再有人说你谋反的时候陛下一定会杀了你，你觉得我说的对吗？'

"哼！陈豨这白痴，竟然被韩信吓住了，还问他怎么办。

"于是韩信就说给陈豨当内应，一旦我那边要讨伐他，韩信就在京城之内发动叛变。

"而陈豨呢，答应了。"

我问："那您是怎么处理陈豨的呢？"

刘邦道："你别着急，这事儿还要等好几年以后才发生呢，到时候再说，还是先说一下我接下来要处理的事情吧。

"因为现在天下对我有巨大威胁的异姓王已经被处理得差不多了，所以我要开始培养自己的势力了。

"于是，我封我远房堂兄为荆王；

"将砀郡、薛郡、郯郡等三十六县划为楚国，封给我的弟弟刘交；

"将云中、雁门、代郡等五十三县划为代国，封给我的哥哥刘喜；

"把胶东、胶西、临淄、济北、博阳、城阳等七十三县划为齐国，封给我的大儿子刘肥；

"将太原三十一县划为韩国，迁徙韩王信的国都至晋阳。"

我问："您为什么将韩王信的国都迁到晋阳呢？难道您的下一个目标是他？"

刘邦道："呵呵，你这智商可真是有些低了，我想弄韩王信也不会将他弄北边去啊。"

我："那为什么……"

刘邦道："因为韩王信从我讨伐暴秦的时候便开始跟着我南征北战，实力还是没得说的，我将他迁到晋阳附近，为的就是替我防备匈奴人。

"这小子当时还真没得说，非但没领受我给他的地盘，还让我把他派到马邑（今山西省朔州市朔城区）去。"

我："这是为什么？"

刘邦道："因为马邑距离匈奴的势力范围更近，所以韩王信便想在这地方防御匈奴。"

我问："那他防得怎么样？"

闻言，刘邦嘴角一抽抽，有些尴尬地道："这事儿一会儿再说。咱先说说别的，哎，我说小子，你爹对你怎么样？"

4.6 此时汉朝

我道："没说的，对我可好了，从小就给我讲历史故事。"

刘邦道："你爹不错，可和我爹比还是有一些差距的。知道吗？当初项羽将我爹放回来以后我心中有愧（因为我爹就是你爹事件），便隔三岔五地前去跪拜他老人家，就连称帝以后都不曾改变。

"可我爹却说：'三儿啊，正所谓天无二日，士无二主。你虽然是我的儿子，可却是这天下的主人；我虽然是你的父亲，可真实的身份却是你的臣子。所以怎么能让主人拜见臣子呢？这样如何能体现你的权威呢？'

"我当时听了这话也没怎么在意，还是一个头一个头地磕着，可当我下一次再来拜见我爹的时候，他老人家竟然拿着一把扫帚亲自为我扫清大门的尘土，然后像一个最低等的下人一样，在门口退后迎接，还要往下跪！

"我的妈呀！这一出给我吓崩了，也不顾什么皇帝的威仪，直接跳下车去，跑到我爹面前搀扶着他道：'老头子，你这是干什么？'

"可我那老爹还是使劲儿往下跪，并一边往下使劲儿一边说：'皇帝！乃天下人主，怎么能因为我坏了规矩！'

"我一边儿使劲往上拽他，一边大吼道：'陈平！陈平！'

"陈平道：'在，在！'

"我说：'赶紧给我拟诏书，现在就写！'

"陈平道：'是！'

"我说：'写！这天下最亲近的人，没有亲过父亲的，所以，父有天下传之于子，子有天下尊归于父，这是人道的最高准则。过去天下大乱，战火四起，万民遭殃，朕身披铠甲，手持利刃，亲自统率三军救护危难，平定了天下大乱，可这都是老太公教育的功劳。所以，从今日起尊太公为太上皇！记完了没有！'

"陈平道：'记，记完了！'

"就这样，我爹才肯起来，而我那老父亲也成了华夏历史上的第一个活着的太上皇（第一个被封为太上皇的是秦始皇那已经死去的爹）。这之后，我便开始着手处理内政，可有一件事没把我愁死！"

我问："什么？"

刘邦道："礼仪啊礼仪！我手下那帮臣子从我起兵开始就跟着我出生入死，他们什么都好，可就是不懂礼仪，所以每次上朝都弄得和集市似的，你不知道啊，当时我在堂上想哭的心都有了，这皇帝当得跟个山大王似的！"

"那您就弄套礼仪出来不就完了吗？"

刘邦道："弄？我上哪弄？你知道我为什么最讨厌儒生吗？"

我说："之前您说了，讨厌他们啰里啰唆净说些没用的。"

刘邦道："所以呀，要让他们弄那些复杂的礼仪不得烦死我！"

我说："那怎么办？又想弄礼仪，又不想那么烦琐，天下好事儿都围着您转呗？"

刘邦道："嘿！你还真别讽刺我，这天下的好处还真就围着我转了，因为我身边有的是人才！"

我问："怎么说？"

刘邦道："还记得之前忽悠秦二世的那个叔孙通了不？"

我道："当然记得，他怎么了？"

刘邦："他怎么了？就是他帮了我。"

我道："怎么说？"

刘邦道："当初叔孙通离开了秦国以后直接带着他的学生们投奔了项梁，后来项梁被章邯弄死，他便归属了楚怀王。

"再后来，楚怀王被项羽强封为义帝，叔孙通这老家伙看出义帝最后一定不会有好下场，寻思着如果继续跟着义帝混的话最后一定会死于非命，便又留下来归属了项羽。"

我问："不是说儒生们都崇尚忠孝仁义吗？为什么这个叔孙通这么没有气节呢？"

刘邦道："哈哈哈，他要真和其他的儒生一个德行我还不用他呢，可就是因为他懂得时势，懂得变通，我才会用他。

"最后，叔孙通看我汉军发展的趋势很迅猛，便又投靠了我。

"当时跟着他的学生一共有一百来人，可叔孙通统统没有推荐，只给我推荐一些壮士和勇猛的草寇。

"那些跟着他的学生们当然不乐意了，所以都找叔孙通抱怨道：'老师，您现在岁数这么大了才有幸投奔汉王，可为什么不推荐我们这些贤良，反而推荐那些莽夫呢？'

"叔孙通说：'你们懂什么？现在汉王正是以武力争夺天下的时候，这时候向汉王推荐你们能派得上用场吗？你们也不用不服，大家全是我叔孙通的学生，我能忘了你们吗？再说这天下早晚有统一的一天，你们也早晚有出彩的那一天，所以别着急，耐心等待就好。'

"果然，没过多久我统一了天下，叔孙通也被我任命为博士。

"但在一次酒宴上，我那些兄弟们喝高兴了，在大殿之上胡言乱语一通，有的甚至抽出宝剑狠狠敲击皇宫的柱子。这种情况我是习惯了，可脸上难免会有一丝尴尬。

"而这个叔孙通从开席就没吃一口饭，只是不停地盯着我的表情，所以，他捕捉到了我那一瞬间的尴尬。

"于是，他认为自己的机会来了。

"酒席结束以后，大家都散去了，唯有叔孙通一个人还端坐于席中。下人向我禀告了此事，我料想这叔孙通是有事要和我相商，便宣他到内室相见，问他有什么事说。

　　"叔孙通单刀直入地道：'陛下，所谓的书生不能与陛下冲锋陷阵，但当天下统一以后是绝对可以为陛下巩固江山的。就比如现今的朝廷礼仪缺失，这就需要书生的能力了。我愿征集鲁国的优秀书生和我的学生们一起制定朝廷礼仪，为陛下解忧。'

　　"一听这话我这心里就开始矛盾起来了，于是问道：'朝廷是该有些礼仪了，可我听说所谓的礼仪都特别麻烦，你是知道我的，我不喜欢那些复杂的礼仪。'

　　"叔孙通道：'哈哈哈，陛下多虑了，想当初五帝（黄帝、颛顼、帝喾、尧、舜）有不同的乐制，三王（大禹、商汤、姬昌或者姬发）有不同的礼仪，所以礼仪是根据当时的形势、人情和风俗而制定的。所以如果皇帝陛下不喜欢繁杂的礼仪，那么我也能酌情改变。'

　　"一听这话，我放心不少，便让叔孙通主要负责这个事情。

　　"叔孙通得令以后，马上前往鲁国聘请三十多个在当时很有名望的儒生，可有两个人对叔孙通的行为十分愤慨，他们对叔孙通道：'呵呵，叔孙通你现在辅佐过的主人没有十个也有八个了吧？我就纳闷儿了，像你这种人怎么还有脸制定礼仪呢？再者说了，如今天下刚刚平定，死的人还有很多没有埋葬，受伤的人也有很多没有痊愈，这就忙不迭地制定礼仪了？你知道什么叫礼仪吗？那是一个朝代通过百年积累才能创立的事务！所以我们接受不了你要我们做的事，你所说和所做的都不符合古道，所以你走吧，不要玷污了我们的品格。'

　　"这要是一般的儒生听了这种话早就羞愧难当了，可叔孙通非但没有不好意思，反倒是嘲笑这两个儒生道：'哈哈哈，你们真是迂腐不通世事的书呆子，一点儿都不了解时局的变化，对你们这种人我也没什么好说的了，哪怕是求我我也不会再用你们了。'

　　"说罢，叔孙通转身而去。

　　"这之后，叔孙通领着这三十多个儒生和自己一百多个弟子一天到晚地训练大臣们礼仪。

"一个月以后，正好是十月岁首（秦汉时以每年十月为岁首），叔孙通告诉我礼成了，可以开始朝会了。而就在这时候，我的长乐宫也建成了，于是我直接迁都长安，并在长乐宫举行了迁都长安以后的第一次朝会。

"哦对了，那天还是我的生日。

"那一天（公元前200年十月初一）拂晓，长乐宫大门之外站满了文武大臣。

"轰轰轰，就在这时，长乐宫内一片整齐的跑步之声，宫廷中几百车骑、戍卒、卫官各自有条不紊地奔到自己的指定位置，摆放各种兵器和旌旗，然后整齐地站于东西两边。

"当这些卫兵全部站好以后，谒者（皇帝的近侍）便拉长声音道：'趋……'

"话毕，大臣们有序地小跑进入。

"功臣、列侯、诸将、军吏全都面东而站；

"丞相及各路文官全部面西而站。

"当各文臣武将站好以后，九站司仪审视无误，乃宣入殿。

"之后，我乘着龙车入殿，几百卫士和官员们都在地上老实地趴着，当时我这心啊，跳得突突的！

"朝会结束以后，我大宴群臣，其一便是进行年会，其二便是为我庆祝生日了。

"而这次宴会再也没有了胡闹吵吵的莽夫，一个个全都老老实实地按照尊卑给我祝寿敬酒，当酒饮九次以后，谒者直接大声道：'宴会结束。'

"话毕，所有的大臣们都再次趴在了地上，待我走后他们才敢静静离去。

"回到内室以后，我坐在床上久久不能平静，想了想当初第一次看到秦始皇时所说的话，我知道，我的愿望直到现在才真正完成了。

"这之后，我便开始处理政务，制定我汉朝的官职和军事编制。在官职上面，我觉得秦朝那一套就挺好的，于是按照秦时官职不动。"

我道："陛下给我说说呗。"

刘邦道："既然你想知道，那我就简单给你介绍一下比较重要的官职吧。

"一、丞相（三公之一），主要职责为辅助皇帝处理万机。

"二、御史大夫（三公之一），为副丞相，主要职责便是辅助丞相的工作。

"三、太尉（三公之一），总掌我朝军事。

"四、奉常（九卿之一），主管宗庙礼仪。

"五、郎中令（九卿之一），总掌宫廷内事。大夫（大夫主掌论议，有太中大夫、中大夫、谏大夫，汉武帝时改中大夫为光禄大夫）、郎（主掌宫廷门户，出入车骑皆归其节制，分为议郎、中郎、侍郎、郎中，多至千人，其中议郎不负责值卫，只掌顾问应对之事）、谒者（编制为七十人）、期门、羽林皆为其从属。

"六、卫尉（九卿之一），总掌宫廷卫士，为皇帝安全的第一负责人。

"七、太仆（九卿之一），总掌天下马匹。

"八、廷尉，主掌天下刑罚。

"九、典客（九卿之一），主掌天下蛮夷。

"十、典属国，主掌投降的蛮夷，并掌蛮夷派过来的侍子。

"十一、宗正（九卿之一），主掌皇亲国戚。

"十二、治粟内史（九卿之一），主管天下钱粮。

"十三、少府（九卿之一），主管天下山、海、池、泽之税，从属官员甚多。

"十四、中尉，主掌京师保卫。

"十五、将作少府，主管皇宫的装修事宜。

"十六、护军都尉，主要负责选拔武官、监督管制诸武将。

"十七、太傅，太子的老师，位在三公之上，可手无实权，俗称'养老院'。

"十八、将行，掌宫中随从。

"十九、内史，主掌京城事宜。

"二十、主爵中尉，主管列侯事宜。

"至于地方的监御史、郡守、郡尉、县长什么的和之前秦国一样，我就不再重复了。

"至于军事编制方面，则分为四大派系。

"他们分别是京师军、郡国兵、边防军及属国兵。

"在详细说这四大派系之前还是要先介绍一下我汉朝的服役制度，要不然一会儿讲四大派系的时候你就该蒙了。

"要说这服役方式有两大类，分别是正常服役和特别服役。咱先来看第一样：正常服役。

"一、更卒。男子到二十岁的时候便要开始为国家服劳役，就比如说修道修桥啥的，每年给国家或者郡县劳动一个月便可更换。

"二、正卒。所谓正卒便是国家的正规军了，其主要来源于卫士（京师南军兵种之一）和郡国兵，这是国家的真正支柱，所以我非常重视。

"在我汉朝，只要是男的就必须服正卒役，他们会在二十三岁的时候开始服役，首先做一年的卫士，然后换岗，再做一年的材官（步兵，也包括弓兵、弩兵等）和骑士。

"待两年兵役结束以后便可回归田里务农，但只要国家有军事行动，这些正卒便必须随时应征，这样既满足了预备兵的需要，使得全国皆兵，又可让我王宫中的卫士不停替换，将危险减至最低。

"三、戍卒。也叫国家边防军，他们统一从边郡正卒里抽调，守边一年，然后替换。

"以上三点为正常服役，之后便是特别服役。

"一、募兵。这种征兵方式是不管之前你是不是已经服过兵役，直接招来组成战团进行保护或攻击任务，你就比如说以后我那从孙子刘彻吧，他不是因为京师空虚才招的八校尉吗？那就是募兵了。

"二、选募。就是有选择性地征召士兵进行攻击或防守任务，那么什么叫有选择性呢？其实说白了就像是今天的特种兵，都是挑选那些身强力壮的、精通骑马打仗的。待遇自然是不必多说了。

"三、发谪徒。那么什么叫发谪徒呢？其实就是将天下最低等的贱人招入军中，让他们当当炮灰啥的。"

我问："那当时最低等的人都是哪些呢？"

刘邦道："还能有哪些？无外乎就是那些犯罪在押的、有过犯罪记录的、入赘的、当商人的、没有户籍的这类人呗。"

我："哦……"

刘邦道："这便是我汉朝的服役制度了，当然了，还有些人是可以免役的。"

我问："哦？那都是些什么人呢？"

刘邦道："免役也分为复身和复家两种。

"一、复身。什么叫复身呢？就是作为县乡三老的，参与过决定性战役并获胜的，极为擅长耕田的，极为孝顺父母的，身为博士弟子的，精通一经的，爵位高出五大夫的，还有就是到了服役年龄可身高不到六尺二寸的（1.35米左右）。

"以上便是复身了，咱们再看看什么叫复家吧。

"二、复家。说白了就是免除整个一家的赋役，他们分别是我家乡沛县的（以后才决定的事儿，现在直接说了），跟随我入蜀的，七大夫以上的，能生的（因天下动乱八年，再加上项羽、刘邦之流毫无人性的屠城，使得户口虚耗，所以以此激励人们多'劳作'生子），在边塞生活的，宗室有属籍的，家有九十岁以上老人的，身为功臣之后的，还有就是正在服丧的。

"以上便是可以免役的人群了。

"好，咱汉朝的服役制度我都给你说完了，紧接着再说说我之前所说的四大派系吧。首先来看第一个派系，京师军。

"这个京师军便是我的禁卫军了，他们是由全国最精锐者所组成，也分为南军（五万）和北军（五万）。

"首先看南军，其分为兵卫（即卫士）和郎卫。

"所谓兵卫主要由卫尉掌控，分管官员则有卫司马、卫候、主徼巡宿卫，主管宫门及宫中巡逻。

"之后便是郎卫。

"郎卫和兵卫是不一样的，主要是在夜间巡逻站岗，责任非常重大，所谓一时为郎卫便终身为郎卫，没有复员这一说，并且待遇也是所有卫士中最好的，入选标准也是极高的。

"一、必须是两千石以上的子弟（不缺钱，所以不怕因为钱成为内奸或刺客）。

"二、为孝廉（懂得忠孝仁义）。

"三、精通搏击和射击。

"当然了，当初跟随我在战场上战死的将领，他们的子孙后代被国家供养，也可以成为郎卫。

"以上便是南军的编制了，至于北军则没有那么多说道，其主要责任便是维护京师的安全和戒备水火之事（京师遇水灾火灾都需要他们救助）。

"其次，要介绍的派系为郡国兵，这个就简单了，我也不解释了，你小子顾名思义吧，兵种无非就是材官（步兵，也包括弓箭手）、骑士（骑兵）、轻车（战车兵）、楼船（水军）。

"再次，边防军。也叫戍卒，是由边境郡县及属国兵组成的。而边郡的兵制和其他郡县大同小异，唯一的不同是边郡主要负责人不叫郡守，而叫太守，是军政一把抓的第一大员。

"最后，属国兵。什么叫属国兵呢？就是外族蛮夷和游牧民族的投降者，我会单给他们在边境划出一个自治区，每到用他们的时候他们必须给我出去打仗，这便是属国兵了。

"好了，这便是我汉朝现在的制度和军事编制了，你仔细琢磨一下，以后我就不会再对这些详细解释了。"

我道："好的。"

刘邦道："继续往下说吧。说实话，官小子，你知道为什么我会挑在这个时候和你啰唆我朝的各种制度编制吗？"

我："不太了解。"

刘邦道："那是因为这以后是我的阴暗史，我差点儿被北方那个小冒顿弄死！"

我道："这，这是怎么说的？"

刘邦道："唉，不说了，你自己看吧。"

话毕，刘邦又一摆手……

4.7　兵困白登

轰隆隆！

公元前201年九月，轰鸣的马蹄声震动了大地，无数的匈奴骑兵像蝗虫一样涌向了边境的马邑，遂对马邑展开了"凶猛"的攻击。

然而，匈奴对攻城并不在行，马邑的汉军也不在少数，所以没能攻克，再因为匈奴人口稀少（和汉朝比），冒顿也不想做无谓的牺牲，便将马邑团团围住，意图将其饿死。

韩王信见冒顿围而不攻，乃数次遣使往冒顿处求和，至于求和内容史无记载，不过靠猜测大概应该是谈条件，我猜测一下大家看靠不靠谱。

"冒顿，你们匈奴人攻城水平太次，马邑你肯定打不下来，哪怕打下来你也是损失惨重，不如退兵吧，我会给你一点儿财物当作补偿的，财物清单如下：……（很少）"

看到财物清单，冒顿不乐意了，回信："你打发乞丐呢？"

然后再加条件然后再拒绝，如此来往数次，韩王信不再和冒顿谈条件了，直接写信给刘邦请求援军。

可也不知道刘邦是通过什么途径得知了韩王信多次派使者前往冒顿处求和的事儿，乃疑韩王信有畏敌投降的心理，便写信斥责韩王信道："匈奴骑兵虽然众多，但他们长于野战，攻城非其所长，汝凭借马邑之众难道不能坚守吗？韩信啊，你虽身处危难之地，但我希望你能坚持你的忠诚，我这么说你懂吗？"

这封信送回马邑，韩王信冒一身冷汗，他怕的并不是匈奴大军，而是刘邦信中的最后那几句。

通过那几句话，韩王信觉得刘邦是在怀疑他了，再想一想之前的臧荼、韩信，韩王信心一狠，直接向冒顿投了降。

平白得了马邑，冒顿大喜，便接收马邑并重赏了韩王信，还约定和韩王信一起进攻汉朝。

于是，韩王信引兵晋阳，攻下铜鞮（今山西省沁县西南），打算以此为根据地等待匈奴大军一起寇掠河南之境，进而夺下整个中原。

那边刘邦，当他听闻韩王信反汉投匈后大怒异常，遂展开全国总动员，用几个月的时间召集材官、骑士、轻车三十余万（全部都是汉朝正规军），然后亲统大军，领灌婴等大将向北疾攻韩王信。

同时，又命樊哙、周勃、夏侯婴率一部精锐骑兵自代越霍人（今山西省繁峙县），向西至云中（今内蒙古自治区托克托县）、武泉（今内蒙古自治区武川县）前进，歼灭匈奴外围小股游击军，然后向南会师于晋阳。

公元前200年某月，汉军超大集团军直袭铜鞮，并与韩王信统率的军队展开搏杀。

现韩王信手上的士兵为匈汉掺杂，士气很低，再加上能力不如刘邦和兵力等诸多问题，使得战局如同碾压一般。

韩王信无奈，只能率残部向晋阳方向撤退，打算凭借晋阳坚实的城墙拖住汉军，进而等冒顿大军到来后钳击汉军。

可不巧的是此时樊哙骑兵团已经完成了外围大回旋，正向南会师刘邦。正巧在这里看到了狼狈的韩王信部，这还有什么说的，直接打！

于是，樊哙命突骑对韩王信的军队展开了凶猛的突击。韩王信部经过之前的大败已经是士气低落，再加上为躲避刘邦的追兵日行几十里，早已疲惫不堪，怎能挡得住樊哙的冲击，于是又大败。

最后，韩王信只领少数精骑逃回匈奴冒顿处，其他士兵损失殆尽。

冒顿听闻汉皇刘邦出三十多万大军攻伐自己，平静的脸上开始出现了一丝恐惧。但恐惧过后却是极为兴奋的神色，这种神色里带着无尽的野心和疯狂。

是呀，三十万大军，不说是汉朝所有精锐也差不了多少了。既然刘邦敢赌，他挛鞮冒顿有什么不敢赌的呢？

于是，冒顿命韩王信领一部匈奴骑兵驻扎于广武（今山西省代县西南），又派使节分别前往左右贤王处，命左右贤王各领一万精锐轻骑（疑似射雕者）直奔广武增援韩王信，然后自己率主力向后退至代谷（今河北省怀安县一带），并派使者向四面八方奔去。

轰轰轰，一时之间，整个北方草原沸腾了，无数的匈奴骑兵向代谷拥去。

如此，汉匈第一次大决战就要开始了。

公元前200年，在刘邦的率领下，三十多万汉军向北直扑广武。

最开始，韩王信意图率两万精锐匈奴骑兵游击汉军，可刘邦却采用横向一字长蛇阵向前推进，但凡匈奴骑兵所至，直接弓箭伺候。

如此，只能逼迫匈奴骑兵做正面对决，但双方兵力悬殊（汉军三十二万，韩王信军绝对不到五万），如果正面对决的话，匈奴百分百会被刘邦围而全歼，所以，只能向后撤军。

刘邦抓住这个机会，将汉军团分为两部，向西、北两个方向分兵出击，不到一个月便攻破了马邑、楼烦等地。

据《汉书》记载，本次战斗中北方下起了鹅毛大雪，寒风刺骨，汉军冻掉手指的有十之二三，可依然能坚持作战并取胜，由此可见当时汉军之精悍。

之后，汉军再次会师于马邑、广武一带。虽然屡战屡胜，但有多年作战经验的刘邦并没有被胜利冲昏头脑。

原因很简单，这一连串的胜利来得实在太轻松了，正所谓"事出反常必有妖"，所以刘邦断定，匈奴主力根本就没有出现。

为了掌握匈奴的具体军事实力，刘邦双管齐下，暗里连续遣斥候秘密向东北方向窥探冒顿军中实力，明里派遣使者前去冒顿处"谈和"，可实际意图却是探知匈奴的军事实力。

于是，两个奸猾如鬼的老东西在动武之前开始拼计谋了。

刘邦以为自己的密探天衣无缝，一定能成功探察到匈奴部队的虚实，可没想冒顿却料敌于先，他断定刘邦一定会在决战之前派人前来探察自己的实力，便将年轻勇猛的士兵和壮马肥牛全部隐藏起来，摆在明面上的全是老弱残兵。

汉使和密探便将此种情况如实相告。

一开始的时候，刘邦还抱有怀疑态度，遂继续遣人前去探察，可来回十余批全都是此说法。刘邦乃断定匈奴人不堪一击，便决意领三十二万汉军主动出击匈奴，打算一举歼灭这个北方的心腹大患。

可就在刘邦要出动大军和冒顿决战的时候，娄敬突然冲出来道："陛下不可，匈奴部队怎么可能都是老弱残兵？这事儿我绝对不相信，陛下一定要出兵的话，请让我再出使一次匈奴一探究竟，果真如此的话再和匈奴决战也不迟！"

刘邦觉得有那么点儿道理，便派娄敬前往匈奴处探察究竟。可一天过去了，五天过去了，十天过去了，娄敬还没有回来，深知兵贵神速的刘邦已急不可耐，遂未等娄敬归来便要领三十二万汉军向东疾扑冒顿。

御史成见状大恐，慌忙谏道："陛下！您是要和匈奴在野外决战吗？"

刘邦道："对啊，怎么？"

御史成道："陛下不可！！匈奴之战法如兽聚鸟散，与之搏斗如搏影一般，所以必须利用地形抑或骑兵来对战。可现在陛下主力均为步兵，是绝对不能和匈奴在野外决战的！还请陛下三思！"

然此时刘邦一举灭匈的心意已决，根本不管别人如何劝告，便直接领军向东疾奔了。

这还不算，刘邦为了不让匈奴人跑了，还亲自带领全部骑兵（大约十万）打先头部队进逼匈奴军，打算时刻紧盯匈奴军，只要冒顿那边一退，刘邦便会出动全部骑兵拖住冒顿，等主力大军到达以后进而全歼。

可就在刘邦到达平城（今山西省大同市东）之际，却遇到了之前往匈奴探察敌情的娄敬。

娄敬见刘邦亲率大军直奔匈奴方向，大恐，赶紧跑到刘邦面前道："陛下！您干吗去？"

刘邦道："见你多日未回，不想贻误战机，决意与匈奴决战而已！"

娄敬道："陛下万万不可！"

刘邦道："怎么着？你探察到了匈奴军的虚实？"

娄敬道："没，并没有！"

刘邦道："那你叫个什么劲儿，滚开，我要和匈奴决战！"

娄敬道："陛下！两国相互攻击，为了彰显自己的实力而打击敌军士气，定会将本军最强大的实力全都展示出来，而现在，匈奴的士兵全都是老弱病残，军马也全都是皮包骨的老马，您觉得身为北方最强大的游牧民族，匈奴能这样弱吗？那既然他们没有这么弱为什么还要在您这个大敌之前如此做呢？答案很简单，那就是向您示弱，希望您主动攻击他，这样他便能在平原与我汉军决战了！而平原作战，那就是用我们的短处来攻击敌人的长处，必败无疑！所以陛下千万不要再往前行军了！"

听了这话，刘邦大怒，直接对娄敬吼道："胡扯！你一个齐国的俘虏什么军事不懂，只靠一张嘴才取得如今的官位，还想乱我军心？来人呀！"

"在！"

"给我将他押回广武，等我大胜匈奴以后再回来收拾他！"

"是！"

就这样，娄敬被刘邦派人押解到广武，自己则继续领军向匈奴军进逼。越来越近了，越来越近了，当刘邦继续狂奔三十里后已经距离匈奴主力很近了。

可刘邦有多年行军打仗的经验，并不傻，所以没有一头撞向匈奴军，而是命全军登上距离平城三十余里的白登山，准备从高处观察匈奴军阵形以后再行进攻。

可就在这时，整个大地开始摇晃，汹涌的马蹄声震天，如同蝗虫一般的匈奴骑兵铺天盖地地朝白登山拥来，只见这些匈奴骑兵后背骑弓，腰挎胡刀，一个个身强力壮，两眼冒光，哪有半点儿老弱病残的架势，他们的战马膘肥体壮，疾奔如雷，哪里是什么皮包骨的老马。

汉军将士此时也知中计，整个军队被恐慌的情绪所笼罩。但这些恐慌的人中并不包括刘邦。现在摆在刘邦面前只有三条路：

第一，立即整军备战，和匈奴骑兵硬碰硬地决斗，可现在汉军将士已经稍显惊慌，出现了畏战情绪，如果此时让他们全部下山组织决战的话，估计阵形还没成就会被匈奴骑兵冲垮，所以此条可以省略；

第二，马上组织士兵向后方逃亡，等和主力步兵会师之后再和匈奴部队决战。可经过之前不断的疾行，汉军战马早就疲惫不堪，匈奴军则是以逸待劳，战马精力极为充沛，所以可以确定，汉军如果逃亡的话不过多远便会被匈奴轻骑追上，进而全歼。

所以，现在摆在刘邦面前的只有第三条路，那便是死守白登山，等后方二十余万主力大军到达以后钳击匈奴部。

于是，闪电一般地思考了众多对敌之策的刘邦迅速布置，在白登山架起一条又一条壁垒，并令一排汉兵手持冲锋长矛守于壁垒之上，二排汉军则手持长弓于后射击，意图给匈奴人造成毁灭性打击。（注：汉军正卒皆弓马娴熟之精锐，至于原因，刘邦之前也说过了，仔细看过汉朝兵制的朋友都应该知道，笔者就不再重复了）

话说刘邦的布防水平实在是太高超了（和项羽这么多年打仗练出来的，可以这么说，在那个时候，单说布防这一方面，除了韩信以外，没一个人能和刘邦相提并论），没等匈奴大军到来就已经将白登山布置得固若金汤。

匈奴人是什么？马上是英雄，马下是狗熊。（此话绝不夸张，好几百年以后的匈奴人曾席卷整个欧洲，可最后因为长期战争导致战马不足，使得主要攻击方式逐渐转换成了步兵，然后，匈奴人就彻底没落了。还有以后的李陵事件也可以证明匈奴人下马以后绝对不行。）

那冒顿一见刘邦将白登山守得滴水不漏，也不敢派兵强攻此地，因为不管是攻城还是攻山，匈奴人都要下马，可一旦他们下马……估计这三十几万人都不够守山汉军吃的。

基于此，冒顿采用围而不攻的方式，争取在汉军主力到来以前饿死白登山的汉军。

一日、两日……七日。一直到第七天，身在白登山的汉军已饿得无精打采。刘邦无奈，遂遣使往冒顿处求和，并向冒顿保证，只要他能答应撤军，以后他和冒顿便划界而治，汉人永不侵略匈奴，并且还保证将自家公主嫁入匈奴，每年给匈奴不计其数的绢帛财物。

最开始的时候，冒顿轻视了刘邦，他本以为刘邦会直接和匈奴人开战，突入自己的腹地，到时候自己就可以将刘邦围而歼之，只要刘邦一死，整个汉朝的指挥线将会全盘崩溃，到时候天下还不是弹指一挥的事儿吗？

可没想到刘邦甚是谨慎，竟然在进攻前领军登上白登山探察敌情。

当时匈奴军已经改头换面，于代谷以西四面布置骑兵军团，准备等刘邦一来便围而歼之，所以冒顿见刘邦率众登上白登山就知道原来的办法行不通了，便打算以最快的机动力直奔汉军，在他们还未成功布阵以前就将其击杀。

可冒顿千没想到万没想到刘邦的布防速度如此之快，效果如此之高超，便只能围住白登山，以待汉军饿死。

这一天天双方过得都很艰难，冒顿着急汉军为什么还不饿死，汉军着急主力部队为什么还没来到，所以当刘邦的求和使者到来之后冒顿就心动了，他按日程来计算，料想后方汉军主力即将到达白登山，如果到时候被钳击结果就说不准了，所以答应了刘邦的不平等条约，主动撤去了部队。

刘邦，因为自己的谨慎逃过一劫。

写到这，我要和大家解释一下了，因为熟悉汉史的朋友都知道，白登山之围之所以能够解开都是因为陈平的计谋，他让刘邦派使者前往冒顿阏氏（单于夫人）处贿赂阏氏，之后阏氏一顿枕头风，冒顿这才解了白登之围。

这还不算，据《汉书》《史记》记载，当时匈奴并没有马上解除白登之围，而是留下一个口子放汉军出行，等汉军撤离以后他们才撤的。

真的可能吗？反正我认为刘邦肯定是不敢，那不等于拿命来赌吗？要知道，从山下撤退的时候根本就没有阵形，那时候只要匈奴大军一个突击，汉军百分之一千会被分成好几段，进而全歼。好吧，哪怕匈奴人没有行动，那么摆好阵势的七万汉军就能在平原中战胜冒顿时期的三十余万精骑吗？

当时刘邦刚刚统一天下没多久，不管是内忧（梁王彭越、淮南王英布、燕王卢绾、长沙王吴芮等等）还是外患（北匈奴、南越、东北高句丽，东南吴地的摇）都够刘邦喝一壶的，如果此时刘邦被弄死，那么天下必将再次大乱，好不容易统一的大汉将会再次分裂。试想，就凭刘盈这个孺子和吕雉这个老娘们能压得住场子吗？答案应该是不能，而这时候匈奴再趁势而下，那结果我都不敢想象。而凭冒顿的睿智凶残怎么能看不出其中道理？所以如果刘邦就这么下山的话冒顿哪怕赔上老本儿都是要灭了刘邦的。

再说冒顿是什么人？那就是一匹冷血的豺狼，为了匈奴的强大和政权的稳固他是什么都做得出来的。

阏氏？那是什么东西？在冒顿的眼里不过是一个政治工具而已，当初他都能将自己的阏氏送给东胡，怎么可能会听信现任阏氏的枕头风就把刘邦这么一大块香饽饽给送出去呢？

所以，我个人认为，在这一点上，《汉书》和《史记》超过七成的概率是被刘邦伪造的历史所欺骗，这才记录下了如此不合理的一段。

再看刘邦之后对匈奴的政策，所以本人猜测，刘邦绝对是和冒顿签订了不平等条约才能成功捡回一条性命，而陈平只不过是一个给刘邦背锅的存在，仅此而已。

于是，刘邦极为狼狈地回到了广武，而当他回到广武的第一件事便是前去监狱探访娄敬。

刘邦亲自将娄敬扶起，面带惭愧地道："先生，我错了，就是因为我不听您的话才使得被围白登，差一点儿葬送了大汉江山，我已经将之前十多批说可以攻击匈奴的人全都杀死了，也真诚地认识到了自己的错误，希望先生您还能继续用心辅佐我。"

娄敬听了这话，激动地流下眼泪。

这以后，刘邦封娄敬两千户，并赐爵关内侯。

唉，这就是刘邦，知错能改，可以拉下面子，反观以后袁绍是怎么对待田丰的？人和人真是不能比啊。

就在这时，我身边的世界再一次扭曲，我又回到了皇宫之中。

4.8　狂辱大姑爷

很明显，刘邦不想在这个话题上继续扯下去，转而道："我现在是一刻都不想再在广武待着了，便向南返回长安，准备想办法对付匈奴。

"可返回长安就必须经过赵国，赵国又是我那大姑爷管辖的地方，难免相见。我那姑爷对我倒是没的说，又是给我端茶又是给我洗脚的，怕是亲儿子也没有这么孝顺的，可我当时刚逢大败，心情非常不好，这张敖便成了我的出气筒。

"至于侮辱他到什么程度我就不说了，反正你也是挺了解我的。"

我道："……谁当您姑爷都倒了大霉了。"

刘邦道："咳咳，可让我没想到的是，我这一番举动反倒将张敖的两个幕僚给得罪了，这两人一个叫贯高一个叫赵武，见我侮辱张敖，一个个都坐不住，当时就想弄死我，可一是我在赵国待的时间不长；二是张敖一直在我身边伺候我，所以他们也没有下手的机会。

"所以在我离开赵国以后，二人找到张敖道：'大王！当初天下豪强并起，谁有实力谁就称王，先王（张耳）更是闻名天下。可如今，您侍奉汉皇帝非常谨慎恭敬，但他是怎么对您的？我二人也不想再说什么了，请让我们替您将汉皇帝弄死！'

"张敖只是一个窝囊废，只想安度余生而已，所以怎么可能会答应二人的要求呢，所以便道：'你们怎么能说出如此大逆不道的话！先王曾经被陈馀打得差点儿亡了国，多亏得汉皇之助才能复国，所以说，我张家现在的一切都是汉皇给的，我就是被他侮辱一两次又能怎么样呢？你们的话全是大逆不道之言，我希望你们不要再这么说了。'

"那贯高和赵武听了张敖的话以后相互一望，眼神不免有些失落，便和张敖道：'听您这么一说倒是我们的不是了，大王您是忠厚的长者，不忘恩负义，这很好。但是我们二人可不是什么长者，我们的原则就是不受人侮辱！如今汉皇侮辱了我王，所以我们是必须要杀了他的，不过大王您放心，这事儿都是我二人所为，哪怕最后事情败露了也绝对不会牵连到大王您的！'

"说罢，这二人转身便走了，我那大姑爷一开始以为二人只是一时之气，过两天就好了，可没承想，这两人竟然真的找机会刺杀我，要不是我有敏锐的第六感，还就真让这俩小子得逞了！（一说赵王也想弄死刘邦，所以故意放纵）"

我问："怎么说？"

刘邦道："这事儿过几个月再说，咱还是先说别的吧。"

4.9　汉匈第一次和亲

刘邦道："就在我返回长安以后，北方传来了令人震惊的消息。"

我问："什么消息？"

刘邦道："哼！提到北方还能是什么？那就是匈奴人再次起大军攻打我代地边境了。"

我道："陛下已经和他们匈奴签订了不平等条约，他们还想怎样？"

刘邦道："你也别激动，这个不平等条约虽然是签署了，但我并没有执行，你也知道嘛，签和履行并不是一码事，当初我还和项羽也签订了条约呢。"

我道："……怪不得人家打您，原来是您违约了。"

刘邦道："哈哈！我违约又能怎么着？说实话，我早料到会有这一天了，所以在撤离广武以后便在代地给我二哥（代王刘喜）留了二十万正卒！还让樊哙和周勃留下辅佐他，只要这些野蛮人敢过来，我就能让他们有来无回！哈哈哈哈哈。"

猖狂的大笑以后，刘邦又突然没动静了，渐渐地，刘邦的表情变得阴郁，并且恨恨地道："可几天以后，我傻了，我彻底傻了！因为我没想到人竟然可以废物到如此的程度？"

我问："怎么？难道代地被……"

刘邦插话道："没你想的那么糟，但也绝对颠覆了我对人的认知。你知道吗？我汉朝正卒是相当精锐的，虽然比巅峰时期的秦朝锐士差那么一点，但也绝对有限，二十万汉朝正卒，再加上有城墙的守护，你别说三十万匈奴人了，就是一百万我也能吃掉一半！

"可我没想到，万万没想到！

"那天，我正在内殿批阅奏章，忽然跑进来一个小太监说代王刘喜在外求见。

"我一听直接蒙了，'谁？'

"小太监：'回陛下，代王刘喜。'

"我惊异地道：'不是吧，快！让他滚进来见我！'

"就这样，刘喜颠儿颠儿地跑来见我，见到他以后我二话不说，直接拽住他的衣领子，阴狠狠地道：'我的代地呢？'

"刘喜赶紧道：'三儿，啊不陛下，您别这样，您吓到我了。'

"我说：'别废话！告诉我的代地哪儿去了？是不是让你给弄丢了？'

"刘喜道：'我，我不知道，当我看到乌压压的匈奴人朝我们攻过来的时候我吓坏了，直接就弃城跑了，不知道代地怎么样了。'

"哎呀！听了这话我这肝差点儿没气出来，当初我爹总骂我，并且拿我和二哥做比较，说我二哥怎么怎么会耕地，我怎么怎么游手好闲。如今看到了吧？他就是个大废物！

"于是气得哆嗦的我直接将我二哥扔到了监狱里，如果因为他丢失了代地，我第一个要的就是他的命！"

我道："您也太狠了，这可是您二哥啊。"

刘邦道："二哥怎么了？代地！那可是代地！熟悉战国史的你不可能不知道代地对我汉朝意味着什么！那地方既是优秀战马的产地，又是防御匈奴的一大屏障，最重要的是，我二十多万大军都堵在那里呢，而主帅却未战先怯，直接扔下部队跑了！你知道的，主帅为军中之胆，如果主帅跑了，士兵不是四散溃逃便是直接投降。这二十万士兵几乎是我现在的全部家当了，如果把这些全丢了。我汉朝危矣！"

我问："那，那怎么整？"

刘邦道："还好，还好我在临走之前将樊哙和周勃留在了军中各指挥十万正卒。因为这些正卒刚刚到达代地，对于刘喜的归属感还不强，所以刘喜撤退对他们并没有什么太大的影响。

最后，周勃代刘喜防守代地，终于成功地打跑了来犯之匈奴。"

我道："这还好，那您是怎么处理的刘喜呢？"

刘邦道："说实话，当时我真想杀了他，但他一直都是我爹最器重的孩子，我还真就下不去手，所以我直接削了他的王爵，降他为合阳侯，让他以后养老得了，别再给我出去丢人了。

"按理说，我二哥这一系从此应该就没落了，可没想到他有个'好'儿子，最后靠着军功又给他这一系争回了一个王爵。"

我问："刘喜的儿子？谁呀？"

刘邦道："呵呵，他的名字叫刘濞。"

我："……"

刘邦道："先不说他了，我们还是继续往下说吧。

刘邦道："代地，是我汉朝的兵家重地，所以此地不可一日无主。

"于是，我命儿子刘如意前往代地做代王。"

我问："刘如意？您和吕后的儿子吗？"

刘邦道："哈哈哈，非也，我和吕雉只有一个刘盈而已，这刘如意是我和戚姬所生。"

我问："戚姬？这是您什么时候纳的妃子？"

刘邦道："哈哈，这戚姬是我还是汉王的时候弄到手的。当时因为'霸王别姬'太过悲情，所以世人大多数只知道虞姬，并不知戚姬。殊不知，戚姬才是当时最漂亮的一朵鲜花。她不但五官端正，皮肤如玉，还跳得一手好舞，真是把我迷得不行。

"大概是因为子凭母贵吧，因为我太宠爱戚姬了，所以也想让我们的儿子刘如意拥有至高的身份，而代地在当时的作用太大了，所以便将此地封给了他。这么说你明白了吗？"

我道："懂了。"

刘邦道："好，懂了我就继续往下说，这帮鬼子被我汉军打跑以后我便又将侵攻的目标定在了韩王信身上。

"之前冒顿撤兵以后对我汉朝采取以汉治汉的策略，那便是命韩王信领一部分死忠和匈奴骑兵驻守东垣（今河北省正定县南），并令战国时赵国王族后裔赵利为赵王，意图分化我汉朝的统治。

"当时有匈奴在一旁牵制，所以我抽不出空来对付他，可如今匈奴已经被我汉军打跑，韩王信成了无翼之鸟，我便亲率大军出击攻'赵'。

"可就在我行军前往东垣的时候，又出事儿了，并且差点儿要了我的命。更要命的是我对当时的危险竟然毫不知情，直到几年后才发现这个事儿。"

我道："我知道了！是不是之前张敖那两个幕僚来了？"

刘邦道："没错，当时我正率领大军前往东垣，贯高和赵武得悉，便买通了几个刺客躲藏在柏人城内，意图杀掉我。可当我大军行进到柏人之后，我习惯性地问此地叫什么，当听说叫柏人后，我没来由地心里忐忑。

"柏人柏人，这不是受迫于人吗？所以我直接命大军越过此地，向东垣进击，没想到因此而捡回一条命。"

我道："你这第六感也是真准。"

刘邦自顾自地道："呵呵，没有匈奴帮助的韩王信就是个废物，所以我对本次作战是很有信心的，可没想到，万万没想到，东垣的防守能力实在超出我的想象，我也不知道韩王信是怎么动员的，不但城内的守军拼命防守，就连城内的百姓都死命地协助韩王信防守此城。

"最后，我只能无奈率军返回长安了（撤退原因史书上未有记载，可要说一个东垣能抵挡住刘邦的征伐大军有些不可信，因为就算饿也能饿死他们了，所以，我猜测只有两个原因。第一，刘邦不敢在外留太长时间，惧怕长安会有变动。第二，冒顿集结士兵于西方，给刘邦施压）。

"东垣这档子事儿使我大为恼火，可这一路还有更气人的，你知道吗？一路上我见所有的商人全都穿得光鲜亮丽，最卑贱的商人怎么可以如此肆无忌惮，如果长此以往，这天下的人还有什么气节？大家不全都跑去当商人了？到时候谁还会种田？谁还愿意当兵？全都去做那些重利的商人得了！

"所以，这事儿我必须制止。

"于是，还没等到长安我就下达诏书，严令禁止天下商人穿丝绸、戴刘氏冠、带兵器、乘车骑马。

"这还不算，我还令商人只能娶一个媳妇，还给商人加了多倍的赋税，我看他们还如何嚣张！"

我道："陛下，您这么做就不对了，我们现代有很多商人，但也从来没少了老百姓的吃穿啊，这也没有什么不好的呀。"

刘邦道："胡扯！你们有高科技，不管是打仗还是种田都是机械化的，我们这时候可不是这样，不管种田和打仗都是靠人顶，特别是打仗，如果上战场的都是些商人，那还不一触即溃？

"所以，对于商人我是必须要严厉打击了。"

我道："您这么说好像是有些道理。"

刘邦道："什么叫好像？那就是！

"打压了商人以后，我这心里算是舒服了一些，便继续往长安方向行进。可当我到达洛阳的时候，淮南王、梁王、赵王和楚王全都堵在门口等我呢。"

我道："他们要干吗？"

刘道："你别紧张，这不快到我爹的生日了嘛，这些诸侯本来打算直接到长安给我爹拜寿的，但一听我要路过洛阳，所以一个个地便都在洛阳等着我一起回长安了。

"回到长安，我第一件要做的事便是给俺老爹拜寿。

"当天的皇宫非常热闹，几乎所有的当朝权贵都会聚一堂。

"我当然是第一个给老爹敬酒了，那天我兴致大发，便举酒道：'我说爹，当初您总是贬低我，说我一辈子都赶不上我大哥和二哥，现在我想请问问老爹您，我和我大哥二哥谁更有出息啊？'

"'哈哈哈（齐声），陛下万岁！'

"这话说完，整个朝廷哄堂大笑，充斥着万岁之声。

"多么温馨的场景啊，可欢乐的时光总是那么短暂，闹心的事儿却是接踵而来。

"这一年（前199）秋天以后，冒顿改变了对我汉朝的策略。

"原来，冒顿总是出重拳攻击我汉中周边重镇，可自从之前白登之围和围攻代地失败以后，冒顿化整为零，将匈奴骑兵分散布置于整个边塞，时不时便寇掠我边塞村落。

"这群凶残可恶的匈奴畜生，他们到我汉朝边塞村庄从来不留活口，从来都是物资抢光，房屋烧光，男的杀光，女的劫光。我派重兵前去征伐，可等我大军到达指定地点的时候，人家匈奴人早就没有影子了。

"各个郡县倒是组织郡兵前去征伐了，没有一次获胜的，全都被匈奴骑兵杀得精光。你要知道，匈奴人极善于小集团机动作战。

"一时之间，我汉朝边塞损伤惨重，有很多百姓畏惧在边塞生活，全都跑回了中原避难。

"冒顿意图很简单，就是不让我边塞消停，或者让我主动出击，这样他便能在平原将我汉朝有生力量击溃了。

"可是我汉朝现在百废待兴，又有英布、彭越等异姓王虎视眈眈，我怎么敢领大军深入匈奴呢？

"所以，为了此事我成天愁眉不展。

"这时候，娄敬看出了我的烦恼，便奉劝我道：'陛下，现在天下刚刚平定，我汉朝的士兵们已经被拖得筋疲力尽了，所以厌战的情绪很高。在此种背景下，根本就不能用武力来征服匈奴。'

"我说：'那外交呢？我用儒生用仁义道德来征服他们不行吗？'

"娄敬道：'陛下，那冒顿杀了他的父亲而自立为单于，并将他父亲的妻妾们全都纳为自己的妃子，这种畜生您觉得可以用仁义道德来说服吗？（父死纳其妾是匈奴的制度）'

"我说：'那怎么办？就眼睁睁地看着匈奴寇掠我边境我什么都不做？'

"娄敬道：'非也，从长远的角度来考虑，是可以让冒顿的子孙对您称臣的，这样就不必再怕匈奴了，可我就怕陛下不会这么做。'

"我一听这话，高兴啊，赶紧道：'能让匈奴的子孙后代对我大汉称臣我当然是一百个愿意了，为什么不这么做呢？但是有可能成功吗？你要知道，现在匈奴光是专业骑兵就有四十余万啊。'

"娄敬道：'如果能让嫡长公主（张敖他媳妇，鲁元公主）嫁给冒顿为妻，并赐给丰厚的嫁妆，冒顿必立长公主为阏氏，所生的儿子也必为太子，进而等冒顿死后成为单于。如果此事成功，冒顿便成为陛下的女婿。一边是女婿，一边还有老丈人不停地给钱，到时候冒顿是一定不会再攻击汉朝的。而等冒顿死后，您的外孙成为单于，两国就更没事儿了。您听说过外孙子和自己的姥爷互殴的吗？而凭我汉朝先进的文化和科技，不用多长时间便能将匈奴落得越来越远，到时候不是想怎么处理他们就怎么处理吗？'

"听了这话，我是真心动了，可鲁元公主毕竟是我的女儿，还是个有夫之妇，让她前去合适吗？"

我道："当然不合适，更何况他还是张敖的媳妇，如果这样做了，张敖很有可能就会反了。"

刘邦摆了摆手，露出一脸的不屑道："你太高看张敖了，那小子要是有造反的胆量我还能看得起他点儿，可惜这货一点儿胆子都没有，所以我是绝不相信他敢造反的。

"我犹豫的原因不是别的，正是我那夫人吕雉。你也知道，吕雉自从跟随我以后从来都没对不起过我半分，我那边带着豪杰争夺天下，她却帮我照顾太上皇；我那边大鱼大肉，她在家里吃臭糠粗粮；我那边左拥右抱，她却在家里伺候两个孩子独守空房。

"现在，她终于当上皇后了，终于能跟我做一对恩爱夫妻了，可是我呢？又有了戚姬这个新欢。要是你，你还能坦然面对这么一个合格的原配吗？"

我道："哈！合格啥呀，她最后不是也跟审食其……"

刘邦道："闭嘴！哪怕最后真是如你所说，也都是我逼的，知道吗？"

我道："知，知道了。"

刘邦道："娄敬看出了我的犹豫，便赶紧改口道：'陛下如果实在舍不得女儿的话，也可以让宗室女儿或者一宫女假冒成公主前往和亲。'

"我知道娄敬的忌讳，所以直接制止了他，我汉朝的公主岂是那么好伪装的？如果派宫女前去的话很容易暴露，一旦暴露，那对于两国关系破坏可真是不堪设想了。

"所以，我便打算瞒着我媳妇把鲁元公主嫁过去。

"可这么大的事儿肯定是藏不住的。这不，还没等我告诉鲁元公主呢，我媳妇就找过来了。

"我一见她就知道，自己的'阴谋'肯定是要失败了。

"果然，我媳妇见我之后一把鼻涕一把泪地道：'刘三儿！我只有刘盈和鲁元公主这一儿一女，我这么些年之所以能支撑下来全都是因为他们给我的力量，可如今，你竟然要把我的精神寄托给嫁到匈奴去！你究竟是怎么想的？你有多少女人我不管，你想做什么我也不管，但是这事儿，就算是拼了命我也决不答应！'

"唉！我本来就亏欠这媳妇很多，经她这么一闹，我还怎么让鲁元公主嫁过去？所以，无奈之下，我只能派一个宗室的女儿前去匈奴了。"

我道："结果怎么样？不会露馅儿了吧？"

刘邦道："露没露馅儿我是不知道，我只知道这天下让我刘邦佩服的人不多，但冒顿绝对算一个！

"因为自从我将'公主'嫁过去以后，一直到我死冒顿都没侵略过我大汉边疆一次！由此可见，这冒顿绝对是一个好汉！最起码，他比我更守承诺。"

我道："您这么一说还真是。"

刘邦道："就这样，外患算是暂时解决了，现在剩下的便只有内忧了。

"所以，当娄敬出使匈奴回来以后直接问我：'陛下，您可知姜齐最后为什么会灭亡呢？'

"我说：'因为田氏篡权。'

"娄敬道：'没错，那春秋时代最强的楚国为什么到战国以后却比不上秦、齐、赵、魏等强国呢？'

"我说：'那是因为楚国的贵族们手上的权力实在太大。'

"娄敬一笑，然后又问道：'陛下英明，那您可知道楚国本土最强大的贵族都有哪几个呢？'

"我笑笑说：'这可难不倒我，战国时代楚国最强大的贵族是项、昭、屈、景，现在项氏已经没落，所以还剩下三家而已。'

"娄敬笑道：'厉害！既然您知道，那我就继续说了，匈奴白羊王和楼烦王距离长安很近，只有七百余里，凭匈奴骑兵的速度，一日一夜便可奔到关中。如今关中刚刚经过战争的摧残，人口很少，但胜在土地肥沃，人口还会继续增加，如果陛下能将楚国的三大氏族和齐国的田氏，及魏、赵、韩、燕的宗族豪强们全都迁到关中，那么关中很快便会再次繁荣，也会消去陛下的后顾之忧。这些宗室豪强在各国的影响力可是相当巨大的，如果他们串通一气在东方谋反的话，匈奴必定会在那时钳击我大汉，到时候……'

"娄敬没有说完，可是我完全理解了他的良苦用心，所以，我便按照娄敬的谋划，将这些人全都迁到关中去了。"

我道："娄敬真是高瞻远瞩之士啊。"

刘邦道："没错，娄敬是高瞻远瞩，我本以为今后这天下就能消停一点儿了，我也能好好享受一下晚年的快乐，可很明显，老天并不想让我消停，一件又一件让我闹心的事儿接踵而来。"

4.10 好皇帝，劳碌命

刘邦道："还记得之前想要刺杀我的贯高和赵武吗？"

我道："当然记得。"

刘邦道："呵呵，这年（前198）十二月，他俩的仇家不知通过什么手段得知了二人要杀我的事儿，便上报到了长安，我听了此事以后极为震怒，立即命人前往赵国押解张敖进京。

"当时，赵武等十几个和此事有关的人一听长安派人要抓他们进京，一个个都不想被侮辱，便想直接抹脖子一了百了，可贯高却对他们愤怒地咆哮道：'是谁让你们自杀的？你们这群不讲道义的人！还记得吗？当初说好了的，这事儿都是咱们自己的主意，和赵王一点儿关系都没有，如果你们死了，那最后谁替赵王辩白？你们难道想害死赵王不成？'

"这些汉子一听这话，一个个都羞愧地低下了头，便随张敖一起坐上囚车往长安而去了。

"结果倒好，还没等我审这帮犯人呢，吕雉却火急火燎地跑过来为张敖等人开脱了。

"她说道：'陛下，咱女婿多忠厚的人呀，他怎么会谋害陛下呢？再说了，他对咱女儿可是爱得很深的，怎么会想杀了自己的老丈人呢？'

"别的事儿我都能依着她，可这事儿她一说我就火了，直接指着她的鼻子骂道：'你真是白活了这么大岁数，一点儿智商都没有！张敖对咱闺女好根本就不是什么真心，等他有一天真杀了我，进而夺得天下以后你看他还会对咱女儿这么好吗？行了行了，你别再说了，这事儿和你没有关系。'

"吕雉一看我急了，也不敢再啰唆，只能和女儿听天由命了。

"你要知道，我那时候审问犯人可是真的逼供，一般的犯人，主审想让他说什么他就得说什么，因为在那残酷的逼供下简直生不如死。

"可让我没想到的是，贯高和赵武那些人根本就不惧刑法，不管狱吏怎么折磨，他们都一口咬定这事儿和张敖没有关系。

"知道他们最后都受了什么刑法吗？"

我道："这个真不知道。"

刘邦道："呵呵，几千鞭子！

"然而，他们被抽了几千鞭子都说和张敖无关。最后，狱吏扔下了鞭子，直接拿起了小刀一刀一刀地割下他们的肉，直到最后体无完肤，这些人依然说这是自己的谋划，和赵王没有半点儿关系。

"手下当面将这些情况告知了我，我被贯高的气节所震撼，便不打算再折磨他了，并当着众人的面道：'真是条汉子！你们有谁认识贯高吗？'

"这时，中大夫泄公站出来道：'陛下，下官与贯高是老乡，平素有些交情，所以很了解他，这人从小便以义自立，是个绝不受侮辱并重于誓言的人。'

"我点了点头对泄公道：'好，既然如此，我现在就放了他，你有空去看看他，并且侧面试探他一下，问问张敖到底参没参与这事儿。'

"泄公道：'诺！'

"如此，几日以后，泄公到了贯高的家里，明面上是探病，可实际上就是套话。

"两人客气一阵后，泄公便问：'兄弟，你今天跟我说实话，我肯定不会和陛下说，张敖到底有没有参与刺杀陛下的行动？'

"贯高道：'兄弟，以人之常情的角度来说，这天下人谁不爱自己的父母儿女呢？而我现在三族都被定成了死罪，难道我爱赵王更胜过我的亲人吗？我之所以说这都是我一手策划的，实在是因为赵王真的不曾谋反，这真的都是我一人谋划的，赵王是毫不知情的。'

"泄公将这些话原封不动地转告给了我，我也有些相信张敖没参与此事了，便赦免了张敖。

"但我是绝对不会让他再当赵王了。你也知道，对于异姓王我从来都不放心，所以便借着这个事情削去了张敖的王爵，降其为宣平侯，让他在长安养老，并让我儿子刘如意代替其成为赵王。"

我问："那代地怎么办？"

刘邦道："代地自然是要再找一个儿子去当王的，可现在派谁我还要再考察考察这些小子们，毕竟这地方太重要了。可还没等我考察呢，糟心事儿又来了。"

我问："啥事儿？"

刘邦道："我爹死了。"

我："……"

刘邦道："那天我哭得这个伤心哟，你说好好的人怎么说没就没了呢？"

我道："陛下不要伤心了，生老病死乃自然规律，谁都无法违背。"

刘邦道："是呀，人终归一死，日子还得过不是？可还没等我好好给我爹守丧呢，烦心事儿又来了！"

我问："这次又是啥？"

刘邦道："还能是啥？立太子的事儿呗。"

我道："立太子？您不是早在和项羽争夺天下的时候就已经立了刘盈为太子了吗？"

刘邦道："可我现在想换了！"

我道："……您爱换就换呗，我管不着。"

刘邦道："唉，你说得轻巧，这哪是我说换就能换的呀。要知道，刘盈这孩子自小就谨慎善良，办事很少出错，我拿什么做借口废他呢？"

我问："既然刘盈善良又谨慎，那您为什么还要废他呢？"

刘邦道："就因为他太善良了我才不想让他继承我的位置。要知道，身为皇帝，必须要心狠手辣。

"可我那小儿子刘如意就不一样了，这小子很像我，我喜欢得很呀。"

我道："可那时候刘如意才十岁，怎么就像您了？怎么就看出他狠毒了？别把自己说得那么伟大，您哪是喜欢刘如意啊……"

刘邦道："咳咳，所以喽，在立刘如意之前，我不得找大臣们商量一下吗！可我这想法不说还好，一说朝廷直接炸了，因为刘盈的谨慎善良，文臣武将们都喜欢他。于是，我这一说要废掉刘盈大家就全都急了。

"哼！本来我也是跟他们商量，可这帮人竟然敢跟我这玩儿'逼宫'！

"所以我也急了，直接耍起了无赖：'哎，你们反对呗，反对也无效！反正刘盈我是废定了！'所以大臣们都没声了。

"可就在朝中大臣干跺脚，我心中得意的时候，一个让我崩溃的声音出现了，'老，老，老……臣不同意'。

"一听这磕磕巴巴的声音我就知道，我今天的谋划又破产了。

"果然，话音一落，周昌这老东西就站出来道：'臣口、口……吃说不过您，但、但……您要废……太子，我、我是绝、绝……不奉命的，除、除……非您从我……的尸体跨，跨……过去！'

"我知道，我要是继续坚持下去这老头一定会撞死在大殿，所以无奈之下我只能放弃了废太子的计划。

"当时我朝会的时候吕雉也在后面偷听，得知是周昌救了他儿子'一命'之后直接找了个没人的地方给周昌跪下了，并感激涕零地道：'今天要不是您，我儿几乎被废啊！'"

我问："这周昌是谁啊？怎么这么厉害！连您都要给他面子。吕后都要给他下跪。"

刘邦道："你还记得我和项羽争霸天下时候的周苛了吗？"

我道："记得，不就是为您死守荥阳，最后被项羽给烹杀的那个周苛吗？这可是个大忠臣啊。"

刘邦道："是呀，那个周苛正是周昌的哥哥，而这个周昌也和周苛一样忠诚，是从我起兵开始就一直跟随我的大忠臣。

"这还不算，周昌就好像我的一面镜子，只有他敢和我对着干，当我的面说我的缺点。

"还记得我刚刚改革礼制那会儿，萧何、曹参，甚至樊哙都不敢在我面前造次，且谨小慎微，言辞低下，只有周昌不是这样。

"你也知道，我这人随便惯了，有时候就喜欢一边和姬妾亲热一边召见大臣。别人都是敢怒不敢言，只有周昌敢跟我顶撞。

"有一次，我正搂着戚姬，正巧这时候周昌前来拜见，我也没让戚姬暂避，就直接宣周昌觐见了。谁知这老小子一见我这么召见他转身就走，甚至连个招呼都不打。

"我哪能惯他这毛病？便直接冲了过去，一胳膊卡住他的脖子，然后狠狠向后一拉。

"砰的一声，这老小子被我摔倒在地，然后我直接骑在他身上道：'你个老小子敢给我甩脸子？来！你说说我是个什么样的君主？'

"哈哈，那周昌被我气得够呛，直接回头怒道：'陛、陛……下，就，就是个桀纣之主！'

"话毕，我直接放开他笑着走了。

"所以你想想，有这么个又忠心又敢直谏的大臣，我怎么舍得杀了他呢？"

我道："陛下英明。"

刘邦道："英明什么呀！让周昌这么一闹，我的计划全都破产了，我现在已经五十九了，没几年活头了，别人不了解吕雉，我还不了解吗，这老娘们儿心黑手狠，我要是死了，戚姬和刘如意没有一个能活的，所以我必须在有生之年废了刘盈，立刘如意为太子才可。

"可有这个周昌以死相谏，我的如意算盘根本就打不响。所以我整日愁眉苦脸，不知如何是好。

"可你别说，就在我没有办法的时候，赵尧给我出了个非常好的主意。

"这个赵尧一开始是周昌的手下，能力是有的，人缘也不错，所以很多大臣都向周昌推荐，希望周昌退休以后能让赵尧接替周昌御史大夫的位置。

"可周昌并不这么看，我不知道他心里究竟是怎么想的，反正直接当着赵尧的面儿回绝道：'赵、赵……尧还很……年……少，只、只……能做一个刀笔小、小……吏，你们何故如……此抬、抬……高他。'

"这以后，赵尧便对周昌怀恨在心，并且也意识到，周昌一天不倒，自己便永远都做不了御史大夫。

"于是,这小子便总想找时机弄走周昌。

"正巧那时候我因为太子的事情愁眉不展,赵尧便抓住了这个机会向我进言道:'下官最近时常见陛下愁眉不展,是否担心百年以后戚夫人和赵王的人身安全呢?'

"当时能猜透我心思的人很多,但敢给我在这方面出谋划策的人却很少,因为朝中的大臣们都反对我废太子的事儿,所以谁都不愿意因为这事儿得罪当朝权贵,只有赵尧知道富贵靠搏的道理。

"我一见有人想要给我出点子,当然高兴了,于是道:'没错,这正是我担心的,可却没有太好的办法,所以整日忧愁。'

"赵尧道:'呵呵,陛下所忧不过周昌而已,可这世界万物都是轮回的,所以忧愁也会变成惊喜。恕臣直言,现在的周昌不管是陛下还是皇后抑或满朝权贵都非常畏惧,他只要投靠谁谁就会拥有一个坚实的后盾,现在赵王年少,正一个人在赵国支撑,如果能让周昌为赵相,那对赵王便是百利而无一害的。'

"赵尧这话虽然没说完,但暗里的意思我懂,就是说周昌一旦不在,长安就再也没人能阻止我了,所以我当即便命周昌为赵相,前往赵国辅助刘如意。

"那周昌为御史大夫,乃三公之一,命他为赵相实际上是贬了他,这老小子当然不乐意,便直接找到了我诉苦:'陛、陛……下,臣从陛下起兵开、开……始就一直跟随陛下,自、自……认为没犯过什么过错,为、为……什么您别人不派,偏、偏……偏派我去赵国呢?'

"看着老小子如此伤心,我真怕他会一个想不开撞墙去,所以赶紧安慰道:'哎,你不要想多了,我之所以派你去赵国辅助刘如意是对你的信任,想让你帮帮他,别人我还不放心呢。'

"听我这么说,这实心眼子的周昌才算是平衡了不少,便前去赵国赴任了。

"本来我以为这下子没有周昌阻拦,废太子这事儿还不是水到渠成啊,结果,结果我又被人阻止了。"

我问:"还有谁能阻止陛下您的步伐呀?"

刘邦极为无奈地道:"一个比周昌还难搞的人,张良。"

我道："我去，不是吧，张良现在不是在家里修道呢嘛，怎么还知道天下事呢？"

刘邦道："还不是因为吕雉，要不是她，张良怎么可能出山，因为就在我派周昌前往赵国的时候，政治嗅觉极为敏感的吕雉感觉到了危险的信号，便想有所动作。可现在京城唯一能制得住我的周昌走了，她还能依靠谁呢？

"然而就在此时，也不知道是哪个杀千刀的给吕雉出主意道：'皇后何故如此惊慌？别忘了，陛下最信任的留侯（张良）还在京城呢，只要他肯出面，此事还不是挥挥手的事儿吗？'

"吕雉闻言大喜，乃令其兄吕泽前往请张良出山。

"可这事儿是我的家务事，张良这么聪明的人当然不会管，所以一开始他是拒绝的。

"但最后咱也不知道吕泽用了什么手段，张良竟然松口了，还告诉吕泽让刘盈亲自写一封言辞谦卑的信，再配上珠宝玉帛、舒适的车辆、能言善辩的说客去说服商山四皓，然后将商山四皓雪藏在府中，等机会来了就能用上。"

我问："商山四皓来了就能让刘盈巩固太子之位？"

刘邦道："是的。"

我问："为什么？"

刘邦道："唉，因为这商山四皓牛啊，他们分别为唐秉、周术、吴实和崔广，这四个老家伙乃秦始皇时代的博士，后来天下大乱的时候隐居商山，在当时读书人中极有名望，简直就是老神仙级别的。所以谁得到他们，就等于得到了天下读书人的支持。

"所以我在统一天下以后便派人前去请他们进京。可这四个老家伙不知道从哪听说我对读书人非常不礼貌，竟然以此拒绝我的邀请，这也让他们更加声名大噪。最要命的是为了天下舆论，我还不能怎么着他们，真是没地方说理去。

"所以，张良就建议吕雉，让他命太子写信请商山四皓。"

我问："那最后呢？请到了吗？刘盈成功守住太子之位了吗？"

刘邦道："嗯，太子成功请到了商山四皓，也成功守住了太子之位，但这事儿以后再说，我们还是按时间顺序来吧。

"那时候我并不知道太子已经成功请到了商山四皓，所以'赶走了'周昌以后心情大好，感觉这世界的空气都是甜的，可老天就是不想让我消停。

"这不嘛，那边周昌刚走，烦心事儿又来了。

"还记得陈豨吗？"

我道："记得，不就是之前您封的代相陈豨吗？还让他主管代地的军事大权。"

刘邦道："没错，就是这个陈豨，他反了。"

我道："详细说说。"

刘邦道："自从得到韩信的委托以后，这陈豨自以为有了一个大靠山，便嚣张了起来。

"于是，他在代地干尽了不法之事，这还不算，陈豨崇拜战国时候的信陵君，战国四公子之一，门客众多，擅长闪击包夹战，曾两次击溃不可一世的秦国大集团军。竟然也学起了养士，养就养吧，还一养养了一千多人，这不是明摆着要造反吗？

"有一次，他带着这一千多人经过赵国，竟然将邯郸的驿馆住满了，身为赵相的周昌见此，料定陈豨必有反心，乃致信于我，将此情况说明。

"要是一般人说我还真就不信，可周昌一向都是谨慎之人，他说的话我不能不慎重考虑。

"于是，我秘密派人前去代国调查陈豨。结果差点没把我气死，说是陈豨在代国干尽了不法之事，根本就没人敢管，俨然一副土皇帝的架势。

"于是我怒了，便直接让陈豨进京来拜见我。等他来了我再好好收拾他。

"可陈豨警戒性非常高，料想前往长安必定九死一生，竟然拿生病来搪塞我。

"得了，这还有什么可说的，直接武力解决吧。

"可陈豨倒好，没等我发兵呢，这小子先起兵造反了，不知道是什么时候联系上的，他竟然和韩王信与赵利勾结在了一起。

"他们将军队分兵两路，一路由韩王信、曼丘臣率领攻打马邑，另一路则由陈豨和赵利领东垣之兵向南侵袭。

"哈哈，他还真以为自己会点儿什么，我刘邦在战场征战了一辈子，除了项羽、韩信我怕过谁？

"所以，我集结大军以后将部队分为两路进军，西路以张良为参军、周勃为主帅、柴武为副将，自晋阳向北进击；东路由我亲自率领，领樊哙、郦商、夏侯婴、灌婴等越过邯郸向北进击。

"东路方面，我本以为陈豨会全速突袭邯郸，所以便快马加鞭地往邯郸赶，因为只要邯郸一丢，整个赵国将会陷入恐慌之中，进而影响到关中，以及整个汉军的士气。

"可让我没想到的是，陈豨看我大军来到，竟然没有突袭邯郸，而是据漳水守之，打算以逸待劳。

"哈哈，真正中我下怀也，岂不闻大军团作战攻心为上之理？首先出兵的人就是占据了先机，必如破竹一般直攻敌军心脉，如果不攻要地，反而抢占地利守之，必会令军队士气衰败，进而产生投降厌战之心理，再加上陈豨手下之将多为商贾后代，这就更方便我行事了。

"于是，我秘密派遣五间（乡间、内间、反间、死间、生间）潜入陈豨的军队，花重金收买他的手下，并且散播谣言分化陈豨军队。

"当这些都做完以后，我直接领东军对陈豨发动了总攻击。

"结果敌军一触即溃！"

我道："您说的没错，看来真的不能让商人来做将领。"

刘邦道："陈豨失败以后直接向东垣方向撤退，意图再次利用东垣的防守将我拖死，可我怎能再给他机会。便领东军疾奔东垣。

"此时陈豨的主力部队已失十之四五，东垣再也扛不住我的进攻，于是便弃城而逃，打算前往韩王信处会师，然后抵抗我的攻击。

"当我汉军进入东垣以后，那些之前抵抗我的百姓们全都跪在我的面前瑟瑟发抖，他们害怕了，他们畏惧了，可这一切都晚了！早先为韩王信和匈奴人抵抗我的时候怎么没想到会有这一天？

"于是，我将整个东垣屠了个干干净净，并将此地改名为真定，意思是这地方现在真正平定了（一说没有屠城，只杀了几个辱骂刘邦的士兵）。

"之后，我领兵继续进击，并连下卢奴（河北正定）、上曲阳（河北曲阳西）、安国（河北安国南）、安平（河北安平）等地。

"于是，清河、常山两大郡全部被我平定。"

我问："那陈豨呢？他不是跑去和韩王信会师了吗？他怎么样了？"

刘邦道："呵呵，和韩王信会师？韩王信现在也自身难保喽。"

我问"怎么说？"

刘邦道："西路方面，我汉西军很快便与韩王信的军队碰上。西军军师张良出谋，让与韩王信有些私交的柴武给韩王写信劝降，意图不战而屈人之兵。

"其信为：'陛下宽厚仁爱，从来都是以德服人，兄未见前有叛逃之诸侯投降以后继续被委以重任吗？如今你并没有什么太大的过错，只因为误会才叛变的陛下，所以一切还来得及，希望你赶紧投降，和我一起去长安面见陛下，我想陛下一定会既往不咎的。'

"韩王信回信道：'柴兄天真了，你当我真的不想回归大汉吗？现在我每天都在向蛮夷（匈奴）乞讨过活，没有一日不想回到大汉的怀抱，这种渴望就好像瘫痪的人想重新站起来，眼睛瞎了的人想重新看到光明一样。但是我不能啊，真的不能！当初陛下把我从闾巷之中提拔出来，让我当了将军，最后甚至让我当了王，这是对我的信任，也是我无尽的荣耀。可后来，荥阳之战我没有战死，反倒成了项羽的囚徒，使得荥阳南部防线出现了漏洞，这是我的第一条罪过。当初匈奴围攻马邑，我没有抵抗到底，而是将马邑当成了礼物送给匈奴，这是我的第二条罪过。反叛之后我没有立即投降，而是领着本部兵马和匈奴人与陛下作战，这是我的第三条罪过。柴兄应该知道，昔日春秋之时，越国文种和范蠡二人都是中兴之臣，对勾践忠心耿耿，可最后的结果是什么？一死一逃。如今我非但没有任何功劳，反倒有三条大罪，您觉得凭陛下的为人能放过我吗？'

"呵呵，话都已经说到这份儿上了，双方还有什么可说的，直接打吧！

"于是，两方展开了激烈的战斗。

"结果，韩王信军队大溃，向马邑方向溃逃，西军则继续追击，从四面狂攻马邑。

"韩王信见无法守住马邑，遂令亲信突围逃往参合（注：攻占马邑之后周勃直接将此城给屠了个干干净净，至于原因，史书上没有说明，但很有可能是得了刘邦的命令）。

"而此时，陈豨之败军也前来参合与韩王信合兵一处，但周勃和柴武毫不畏惧，直接率领大军攻城。

"可在守军和参合民众的奋力抵抗之下，参合未能被攻下。张良恐久攻不下士气低落，便献策让周勃和柴武将参合团团围住，可并不攻取，直到东路大军彻底扫平常山一带，与本军会师之后再行总攻。

"多日以后，我东路大军很顺利地和西军会师，遂对参合展开了四面猛攻。最后，参合城破，柴武所率领的汉军第一个冲进了城内，然后见人就杀，一个活口不留。参合顿时成为人间地狱。

"此役过后，韩王信集团全军覆没，韩王信也死于乱军之中，陈豨集团除了陈豨本人和有限的一些亲信突围逃走之外也是死得一个都不剩。"

我说："陛下怎么处置陈豨的？难道就这样放过陈豨了吗？"

刘邦道："当然不会，陈豨逃跑以后召集旧部，在本地和我玩儿起了游击战，但他大势已去，时日已不多了，我便命周勃、樊哙等人领一部人马追击陈豨，并在几年以后成功将其斩杀。

"所以，本次北伐取得了全面的胜利，韩王信集团被我一次杀了个干干净净。这两人为什么敢反叛我却值得深思。"

我问："为什么？"

刘邦道："因为匈奴啊。说实话，我汉朝因为之前多年的战争已经人丁凋零，现在和匈奴硬撼是绝对不会讨得任何好处的，正是因为有如此大患，才使得靠近边塞的韩王信与陈豨有一定的本钱造反。"

我说："那也没有办法了，代地本来就靠近匈奴，谁到那里都要面对匈奴人的劫掠，所以这地方很难建立政权。"

刘邦道："所以，我玩儿了一把狠的，在扫平韩王信与陈豨以后，我直接宣布放弃常山（恒山）以北的代郡之地，将代国移到常山以南，将太原属代。

"此举有两点好处。

"第一，给了匈奴人甜头，让他们的地盘又增加了不少，这样的话他们就没有攻击我汉朝的口实了，如果这样还要攻击我的话，那我全国人民必将同仇敌忾！

"第二，因为向后收缩更加贴近中央，所以代地的将领再造反前就要好好考虑一下能不能承受住我的怒火了。"

我说："可您这样做到底还是丧失了自己的利益啊！代地一丢，不但自己的地盘减少了很多，也让优良的代马大幅度减少，这对我汉朝是绝对的损失，绝对的国耻啊。"

刘邦道："是啊，国耻，可现在我除了这样做还能怎么办？我汉朝那时候没有以后的宋朝富有，也没有他们人口众多，而此时的匈奴还是最强盛的时候，我不采用这个办法还能怎么办？"

我道："那陛下这仇就不报了？"

刘邦道："我倒是想报，可如今我已经六十岁了，而我汉朝想要真正地休养生息没有个百年是不够的，所以，时间不允许我报仇了，就让我的后代替我完成这个愿望吧。"

我："……"

刘邦道："新的代国立完了，还需要一个王才行，现在代地虽然已经大大地向后收缩，可与别的地方相比还是距离匈奴很近的，因此依然需要大批的兵马驻守，所以这地方的一把手一定要是我的儿子才行，并且，必须是我孩子中最有实力的。

"于是，在回去以后，我和萧何及其他朝中重臣讨论一下到底让谁当代王更加合适（这是后话先说而已，此时的刘邦还没有回到长安）。

"可让我没想到的是，萧何和三十三个文臣武将全都力荐刘恒为代王。

"呵呵，真没想到我这个毫不起眼的小儿子还挺得人心的。那我还能说什么，就他吧。"

我问："刘恒？他为什么这么得人心？"

刘邦道："要介绍我这个儿子还真要先介绍一下他的母亲，因为就是有这样一个为人谨慎的母亲才能造就刘恒内敛的性格。"

我问："谁呀？能得到您这么高的评价。"

刘邦微笑道："这女人叫薄姬。薄姬的父亲原来是吴县（今江苏省苏州市）人，后来与魏国宗室之女魏媪私通才有了薄姬，所以说她的出身并不光彩，但因为是宗室之后，所以很有些教养，并从小就见了很多的达官显贵。

"后来天下大乱，魏豹成为新的魏王，魏媪见薄姬很有些姿色，便将她送进了王宫之中。

"那时候，王宫有一个许老太太，精通给人看相，她见薄姬生得秀美还不乏端庄大气，便预言薄姬以后一定会生出一个天子（一说薄姬为了上位，花钱买通了许老太太，让她给自己造势）。

"果然，魏豹那白痴信了此言，便整日宠幸薄姬，可她一直都没生出个孩子（一说薄姬和魏豹血缘很近，所以没有孩子；一说薄姬和魏豹有孩子，可史书却将其掩盖）。

"等魏豹死后，魏国被我改成了一个郡，薄姬也被送到了国都纺织厂，当了一名织工。

"你是了解我的，我这人平生没有什么太大的爱好，就是贪财好色而已。所以一听说魏豹的夫人被安排进了纺织厂，便打算去看看这娘们儿长得如何。

"结果你还真别说，这小娘们儿长得还真不错，并且感觉挺高贵的，我便将她安排进了后宫，可我当时也是一时兴起，过后就把她给忘了。"

我："……"

刘邦道："不知不觉这就过去了一年多，其间我一次都没宠幸过薄姬，但是她的好姐妹管夫人和赵子儿都得到了我的宠幸。

"这三个好姐妹曾经在一起说过类似于陈胜'苟富贵，勿相忘'这样的话，所以二女见我冷落薄姬便时不时地向我提起她。

　　"经二女这一提醒，我才想起来还有这么一个人，所以抱着可怜她的心态通知下人，让他告诉薄姬，说我那天晚上去临幸她。

　　"入夜以后，我遵守承诺前往临幸薄姬，这薄姬见我来了，并没有像别的女子一样对我百般诱惑，而是羞涩中带着兴奋地和我道：'陛下，昨天我梦见一条龙趴在我的胸口上，你说这是什么意思呢？'

　　"呵呵，这小娘们儿，还在这和我玩心眼儿呢，我还不知道她什么意思？不就是想要一个龙种吗？这愿望我自然要满足她，也没揭穿她。

　　"于是，一夜耕耘。

　　"可让我万万没想到的是，这一弄还真弄出一个龙种来，并且这龙种的血脉还真不错，连续出了好几代的明君，这可真是天佑我大汉啊。当然了，这是后话。

　　"而自从这以后我再也没有宠幸过薄姬，她也没有试图接近我，这女子的智商相当高，只想要一个龙种而已，其他的奢望一概没有，更不想卷入内宫的那些血腥斗争中。

　　"并且，刘恒这小子也继承了他母亲的优秀基因，小小年纪就知道凡事与人为善，所以才有这么好的人缘。

　　"你要知道，当时我让他当代王的时候这小子才八岁啊。这么点儿的小孩儿就有如此的心计，你说他以后还能了得吗（一说薄姬才是真正的幕后推手，和刘恒的人缘并没有什么太大的关系）？"

　　我说："陛下说的是，可有一件事儿我还是挺疑惑的，不是说之前韩信要给陈豨当内应吗？如今陈豨都已经被平定了，他那边怎么还没有动作呢？"

　　刘邦道："怎么没有动作，没有动作才怪！只不过是让吕雉给识破了而已。"

　　我问："这怎么说？"

　　刘邦道："在开始我刚刚起兵攻打陈豨和韩王信的时候本来想带韩信一起去的，用意便是想让他当我的随军参谋，可韩信说他病重不想跟随，我那时候以为韩信还在跟我怄气，也没搭理他，便领军出发了。

　　"可当我那边和陈豨对上以后，韩信便和自己的家臣伪造我的诏书，暗中赦免了很多的罪犯和奴隶，并将他们秘密集中起来，准备次日突袭长乐宫，直接将吕雉和刘盈全部斩杀，然后控制京城卫队，配合韩王信与陈豨突袭我军身后。

"如果韩信此计成功，我必死无疑，因为这天下没有谁能挡得住韩信的谋略，哪怕他率领的只是一群绵羊，也能打出狮群的效果。

"可天佑我大汉，韩信百密一疏，就在他即将起兵的时候，韩信的一个家臣不知道因为什么原因得罪了韩信（一说劝阻韩信不要造反），韩信便将此人收押起来，准备造反的时候祭旗。

"这家臣的弟弟一见大事不妙，便连夜前往长乐宫将此事通知了吕雉。

"我那媳妇真是我的贤内助，听闻韩信要造反以后没有半分慌张，而是急速转动脑筋开始想应对的办法。

"然而那时韩信大势已成，除了弄死他没有什么再好的办法了。

"于是，吕雉打算以陈豨已死为由（这时候陈豨还没死）召韩信进宫庆贺（一说是萧何出的主意）。要知道，韩信敢造反主要是因为陈豨在外充当挡箭牌，如果陈豨死了，韩信是肯定没有胆量造反了。

"可计谋虽好，但吕雉怕韩信对她表示怀疑，便将此事告知萧何，让他前去请韩信进宫。

"萧何乃是韩信人生中的第一恩人，二人的交往一直都不错，所以吕雉认为让萧何前去劝韩信，韩信是一定会听的。

"果不其然，萧何见到韩信以后道：'将军，现在陈豨已伏诛，皇后让所有人都前往祝贺，您身为开国功臣，不去实在是不合适，现在虽然是病重之身，但也还是去看看吧，哪怕对付几句再走也不迟啊。'

"韩信信以为真，以为陈豨真的被我杀死，再加上他做事隐秘，也没想到这么快便暴露了阴谋，便跟萧何前往宫中了。

"结果，到了宫中以后，吕雉二话不说，直接命一队卫士将韩信给捆了起来，然后拖往钟室。

"这时候，韩信再傻也知道自己上当受骗了。

"到了钟室，力士一脚将韩信踹跪在地上，举刀就要砍，韩信趁此时大

吼道：'我韩信没能听信蒯通之言，最后反被一妇人所欺，这难道就是天意吗……'

"噗的一声，韩信就这样魂归西天了，真是'成也萧何，败也萧何'啊！"

"就这样，麻烦都解决了，可我这心里一点儿都不开心。想我汉朝开国三大支柱（韩信、张良、萧何），一个被杀了，一个成了病秧子，只剩下一个四肢健全的萧何还不让我省心。"

我说："萧何？萧何不是挺好的吗？他怎么还不让您省心了呢？"

刘邦道："因为萧何实在是太得人心了。知道吗？这老东西自从为我大汉丞相以后从来没犯过一丁点儿的错误，并且经常为民谋福利，老百姓都把他当亲爹供着，这置我于何地？他想学春秋战国的田氏吗？所以，当我在外面听闻韩信被萧何和吕雉弄死以后我便开始防起了萧何，不但拜其为相国，还给他添置五千户，让他的地位超越了万户侯。这叫什么？这叫捧杀！

"这还不算，我还亲自派给他五百人的护卫队，表面上是负责他的安全，可实际上却是监视他的一举一动。可以说，我当时已经对萧何起了杀心了。

"可让我没想到的是，萧何的手下看出了我的意图，并劝萧何不要接受我的封赏。而此时的萧何也想起了我当初和项羽争霸天下时怀疑他的事儿，便谢绝了我对他的封赏，并且将家中所有的钱财全都捐献给了军队。

"钱财是什么？钱财是起兵造反的根本，如果你连钱都没有的话还怎么组建军队呢？萧何正是以此断绝了我的怀疑之心。

"就这样，我高高兴兴地回到了长安，萧何也因此保住了一条性命。

"那萧何的事儿结束了，我下一个要处理的就是蒯通了。"

我问："为什么要处理他呢？"

刘邦道："刚才我不是说了吗？韩信在临死之前已经把蒯通供出来了，我不杀他杀谁？"

我说："韩信也真是有才。"

刘邦道："于是，我命人满天下寻找蒯通，结果没过多久，这蒯通就被我押到了长安。

　　"那天，我在宫中准备了一口大锅，锅里面全都是沸腾的油，明眼人一看就知道，我这是要烹杀蒯通了。

　　"那蒯通穿着囚服进入了皇宫，也不装疯了，冷冷地看了一眼沸腾的油锅，脸上不见半点儿惧色，然后对我行跪拜礼。

　　"我本来不想再和他废话，直接烹了他得了，可见蒯通没有丝毫惧色，还对我行臣子礼，我便对他有了兴趣，于是问道：'你就是蒯通？你为什么要唆使韩信反叛我呢？'

　　"蒯通再次对我行一礼，然后从容道：'狗，总是要对自己主人以外的人狂吠的，而那时候我是跟随齐王（韩信）的，我所说的计谋也都是为了齐王着想。当时天下大乱，想做天下之主的人何其多，现在天下虽然统一，可陛下您还能将当时得罪过您的人全都杀死吗？'

　　"说完，默而不语。

　　"简短而精练！简短而精练啊！蒯通说的不多，但字字精辟，我见他如此有能力和胆魄，便不忍杀他，所以便放了他一条生路，希望这小子以后能为汉朝做一些贡献。

　　"可真没想到，我这个举动真的影响了汉朝。这之后，蒯通成为曹参的宾客，并且给曹参出谋划策，帮助了他很多。可以这么说，曹参无为而治的中心思想也有蒯通的一份功劳，如果没有他的建议，就凭曹参那个莽夫怎么可能有如此的智商？

　　"现在蒯通也处理完了，接下来要处理的就是彭越了。"

　　我惊奇地问道："彭越？彭越怎么了？您为什么要处理他呢？"

　　刘邦道："我当初出兵讨伐韩王信和陈豨的时候曾让他亲自带领梁地士兵前来支援我，可这老东西却以有病为由，只派一个部将领兵前来支援，他为什么不来？那是因为他害怕了！他为什么害怕？不做亏心事他怕什么鬼敲门？

　　"当时我正在出兵攻击韩王信和陈豨，也就没搭理他，现在我回来了，所以必须处理他。

　　"于是，我派人将我的信交到彭越手中，至于信中写的什么我就不和你说了，反正就是给他一顿臭骂。

　　"彭越这老小子一看我动真格了，便想亲自来长安给我赔礼道歉。本来他要是来长安的话兴许我一个心情好就能放了他，可不怕没好事就怕没好人。

　　"彭越刚要往长安赶，他手下的一个叫扈辄的狗头军师便进谗言道：'大王您不能去面见陛下啊，当初陛下让您亲自去前线您不去，现在受责后前往必会步韩信之后尘，不如就此发兵造反得了。'

　　"此话深深地打动了彭越，可现在我汉朝天下归心，他梁地又深处天下中心，没有匈奴给他当后盾，他拿什么造反？他怎么敢造反？

　　"但因为被扈辄所蛊惑，他也不敢再去长安了，便依然以自己生病为借口拒绝前往长安。

　　"正巧这时候彭越的太仆犯了罪，害怕彭越杀他，就前往我这里告发彭越，说他和扈辄打算起兵谋反。

　　"对于这些异姓王我是什么态度你是知道的，所以当我听说这件事以后也不管三七二十一，直接便遣一队使者突然袭击了彭越的王宫，并将他擒获押至洛阳。

　　"最后经由审讯得知，彭越虽然没有谋反，也没答应扈辄的建议，但是他屡次以病抗命且没有举报反贼扈辄，这已经构成了犯罪的动机，所以我直接贬他为平民，让他即日滚到蜀地待着去。

　　"就这样，彭越被朝廷官员押解往蜀地。如果按此来说，彭越以后虽然会像老百姓一样活一辈子，但好歹也能活着，可巧的是他在前往蜀地的路途上碰见了吕雉（《汉书》记载表吕后此时正在前往洛阳的路上，具体干什么不得而知）。

　　"这不知死活的彭越不知道吕雉比我还狠，竟然还向她哭诉，说自己是无罪的，希望吕雉向我求求情，把他流放到自己的故乡昌邑去，别流放到荒芜的蜀地去。

　　"而吕雉呢，当着彭越的面儿乐呵呵地答应了他，可见到我之后立马换了一副面孔，她阴狠狠地和我道：'陛下，我把彭越给你带回来了。'

　　"我一听这话直接愣住了，再看她一脸的杀气，非常疑惑地道：'你把他带回来干啥？'

"吕雉说：'陛下糊涂啊，那彭越南征北战数年，是一个战场经验丰富的枭雄，你把他弄到蜀地去，那不就等于给我大汉埋下祸患了吗？不如直接弄死，一了百了。'

"该狠的时候还是要狠，我觉得吕雉说得很有些道理，便准了此建议，以谋反的罪名将彭越满族诛杀了。"

听到这，我实在忍不住了："陛下，您这么做实在是太残忍了，当初楚汉争霸的时候彭越帮了您这么多，您为什么就不能给人家一条生路呢？人家现在已经是一个平民了，再闹腾还能闹腾出什么来？"

刘邦道："你懂什么！彭越现在虽然落魄，但是他的关系和名望依然存在，如果他在蜀地真的造起反来怎么办？你别说没人拥护他，这世界唯恐天下不乱的人太多了，到时候肯定会有土豪巨富资助他起兵造反的。现在我活着兴许他不敢动，可等我死了以后怎么办？谁能治得了他？我那窝囊儿子刘盈吗？

"所以，这件事上我选择听从吕雉的安排，将彭越全族诛杀。"

我："……"

刘邦道："这还不算，我杀了彭越以后，将他的头颅挂到了城门之上，并放出话来，有敢给彭越祭拜的，便要和彭越一个下场！我还将彭越的身体剁成了肉酱，并用他的肉酱做成好几大碗肉羹赏给了各地诸侯王，意思就是告诉他们，谁要是敢谋反的话，下场就和彭越一样。

"嘿！你还别说，我此举不但没有起到什么良好的效果，反倒是刺激了不少诸侯王，其中英布就是受刺激最大的一个。

"那天，这小子正在田间狩猎，正碰上我的使者前去送肉羹。英布见到肉羹以后吓得是魂飞魄散，又想想同为异姓王的臧荼、韩王信、韩信等下场，这身上就唰唰往下掉冷汗。

"为了以防万一，英布从此不断招兵买马，做最坏的打算。"

我问："那您是怎么处理英布的呢？"

刘邦道："哈！我处理个啥？现在我还不知道英布想要造反呢，我正忙着处理栾布和南方的赵佗呢。"

我疑惑地问道："栾布？赵佗？他们是何许人也？"

刘邦道："栾布，梁地人（今河南省商丘市西南），在彭越还是农民的时候便与其有很深的交往。

"最开始的时候，栾布因为家里很穷，所以靠出卖劳动力来养家糊口，可几年以后天下大乱，栾布这样长得五大三粗的必然是香饽饽，便被抓到燕国充当了奴隶。

"后来，栾布杀了自己主人的仇人，便被推荐到臧荼处成了都尉。

"再后来，臧荼反叛失败，栾布也被生擒活捉，彭越因为和栾布有很深的私交，便为之求情。

"如此，栾布就成了彭越的大夫。

"到彭越被我杀死的时候栾布还在齐国执行邦交任务，可当他回来以后，听闻彭越已经被我杀掉，便赶紧前往长安。

"结果，在长安城大门前出现了这么一幕，一个一身白服的人在彭越的人头下面哭天喊地，那可是大白天！长安城大门下面都是人！这是干什么？这明显是打我的脸呢！

"我怒了，我真的怒了，便又命人将一口煮得沸腾的大锅搬到了大殿之上，然后凶狠地质问栾布：'栾布！我之前已经有命令禁止任何人前去祭拜彭越的首级，可你却拿我的话当耳边风，依然我行我素，这说明你和彭越一样有造反意图！我今天就要烹死你！'

"说罢，我就要命人烹了栾布，可栾布却道：'陛下可让我说句话再烹？'

"说话？这点儿风范我还是有的，可当栾布说完之后我却再也没有了下手的理由。"

我问："栾布说什么了？"

刘邦道："栾布说：'当年陛下被困于彭城，兵败于荥阳、成皋，可以说败势已定，但最后陛下为什么能获胜？那是因为梁王（彭越）据守梁地，始终骚扰楚军大后方。现在天下平定了，太平了，梁王也没有什么其他的野心，就是想永保富贵，传宗接代而已。可陛下您呢？就因为梁王没有亲自带领士兵前去相助便怀疑他要造反，没有看到反叛的事实便将其诛杀，您这么做，让那些当初随您南征北战的人怎么想？我恐怕以后汉朝的官员们人人都要自危了。我的话说完了，如今梁王已经被陛下杀死，我活着也没什么意思了，还请陛下把我烹杀吧！'

当着满朝文武把话说到这种地步了，我还怎么杀他？杀了他我不真成了桀纣之君了？再加上我最喜欢这样有气节没实权的人才，所以便赦免了他，并封他为都尉。"

我说："哦，原来是这样，那赵佗又是怎么回事儿呢？"

听到这话，刘邦的表情明显有些阴郁："赵佗可不是区区栾布可以比较的，栾布只能算是给我添堵，可赵佗，那是真正能威胁我的存在。"

我疑惑地道："怎么说？"

刘邦道："可还记得秦始皇当初派往南越那四十多万秦军吗？"

我说："记得。"

刘邦道："嗯，这赵佗是恒山郡真定人（今河北省正定县），原来是秦国的将领，随秦二路军主帅任嚣前往平定了百越之地之后便留在了那里。

"后来，秦始皇死了，由于秦二世的昏庸无道激起了陈胜吴广之乱，之后天下大乱，中原陷入了无休止的战乱。

"而身处极南的赵佗，便就这样崛起了。

"公元前208年（此时正是章邯横扫天下反王的时候），任嚣不知道得了什么病，反正就是治不好了，他在临死前把心腹赵佗召来，告诉他现在天下大乱，秦朝即将灭亡，让他依靠南海郡的险恶地形（山水）来建立新的政权，并当即向赵佗颁布任命文书，让他代行南海郡尉的职务。

"赵佗洞悉此地防御要领，为了防止北方战乱南延，遂加强对岭南的控制，严封五岭的四关——横浦关、诓浦关、阳山关、湟溪关。

"而北兵要想逾五岭攻南越，不破这几道防线是到不了番禺的。

"当这些都布置完毕以后任嚣含笑九泉，赵佗便向南岭各关口的军队传达了据险防守的指令，并借机杀了秦朝安置在南海郡的官吏们，全部换上自己的亲信。

"公元前206年（此时正是刘邦暗度陈仓定三秦的时间段），赵佗趁着天下新乱之时起兵兼并桂林郡和象郡，在当地士民的拥戴下，建立了以番禺为王都，占地千里的南越国，并自称南越武王。

"当时南越国的疆土与秦设三郡辖区相当。北、东、西三面分别与长沙、闽越、夜郎三国交界，东及南面濒临南海，是幅员千里的广大地域。

"这还不算什么，赵佗最厉害的地方在于他的行政能力，这小子自从当上南越王以后励精图治，南越在他的带领下飞速发展。"

我问："赵佗的行政能力到底怎么厉害了？为什么会让您这种高眼光的人都如此高看呢？"

刘邦道："在政治上，赵佗总结了秦始皇的经验教训，来了一个折中处理，实行和我大汉一样的郡国并行制，并实施中央官制和地方官制，确保政治上的有效控制和实际统治。

"最开始的时候，赵佗后来主要是用中原人来领导越人。但不管南越土著有多么拥护赵佗，他身上总是会有一个外来者的标签，这种标签没有个几代是无法摘下来的，所以赵佗深知长此下去，必定会与当地的越人发生冲突，这对他在南越的统治绝对是一种威胁。

"所以，赵佗后来在用人的时候海纳百川，不但用中原的汉人，还用很多在南越本地有些威望的族长来做官（效仿千年前楚国建国时的做法），凡事做到了一碗水端平，这就使得南越本地人平衡了。

"在军事上，赵佗设立的军事体系非常简单有效，主要采用将军、左将军和校尉制度，兵种主要为步兵、水军和骑兵。

"经济上南越也不比我那时候的中原差多少，因为赵佗是中原人，中原在当时不管是从经济上还是科技上来讲都要比南越发达，所以赵佗积极招纳中原科技型人才，因为当时正天下大乱，所以很多中原人都来到了南越，并且将中原先进的耕作技术、打井灌溉技术和冶金、纺织技术带到了南越，使此地得到飞一般的发展。

"但我汉朝呢？现在才刚刚进入正轨，实在不想再树外敌，再加上赵佗也是中原人，所以我就想招降他，让他的南越从属我大汉。"

我插嘴道："您这想法是好的，可之前您也说了，现在的南越在赵佗的带领下已经很强大了，人家完全可以独自生活，为什么还要当您的从属国呢？"

刘邦："不，他这个从属国和我中原的从属国不一样，中原这些从属国是全都要受我节制的，我的命令谁都无法违抗，每年需要向中央缴纳的赋税一分也不能少，可这个南越不一样。说白了，我只是想要一个安稳的南方和一个面子而已，所以南越只要对外宣布从属我大汉，并且每年象征性地给我上供一些贡品就可以了，实际上他赵佗干什么我是不会管的。

"所以，我命手下当红说客陆贾前往南越说服赵佗，并给他南越王印，封赵佗为合法的南越王。"

我插嘴道："陆贾是谁？您为什么派他来实行一个如此艰巨的任务？"

刘邦道："呵呵，这陆贾可不一般，在我和项羽争霸天下的时候便开始跟着我了，要不是起步比较晚，他的名声绝对不会低于'汉初第一说客'郦食其。"

我问："这么强？"

刘邦道："对，就是这么强，可当陆贾到达南越的都城番禺以后，赵佗虽然接待了他，可是那架势简直就是老子天下第一的德行。不但于大殿之上轻蔑地看着陆贾，还穿着一身南越本地的衣服，又着个腿，真是要多嚣张有多嚣张。

"看着赵佗一言不合就要动刀的德行，陆贾毫无畏惧，直接冷漠地道：'呵呵，足下您是中原人，家族坟墓都在真定，可如今却忘本至此，不但不穿中原的服装，甚至还妄想凭借四郡之地来抗衡汉朝，我想请问，您哪里来的这么大的自信？我还想请问问南越王，您与项羽相比如何啊？'

"项羽，那是天下武将心目中的神，有谁敢说自己的能力会超越项羽？

"所以，赵佗沉默了。

"陆贾接着道：'当初秦朝被我汉王消灭，项羽背信弃义而得到天下，全天下的诸侯王都唯项羽马首是瞻，可以说他的势力在当时是最强大的了，后来汉皇从巴蜀出兵，进而制服诸侯，杀死了项羽，五年之间使得乱成一锅粥的天下再次平定，这难道不是上天都在帮助汉皇吗？如今，我大汉皇帝听说您在南越称王，本来想率兵杀死你，可汉皇有菩萨心肠，怜悯百姓刚刚得到安定，不想再让他们经历战乱，这才派我承认大王的合法地位。我觉得现在大王您需要做的就是接受汉皇的好意，向北跪拜称臣，然后和我大汉互通使节，这对双方都有好处，可如果您想要以南越这四郡之地反抗我大汉的话，恕我直言，我家汉皇定会在第一时间掘了你赵氏祖坟，然后让一个副将率领十万大军攻击南越。您南越现在刚刚建国，根基与民心都不稳定，如果此时与我大汉开战的话，我敢保证，这些土著们肯定畏战，然后从内反抗您，如此，在内忧外患的情况下，您还能像现在一样嚣张吗？'

"这话说完，赵佗也意识到了问题的严重性，马上站起来换了一副嘴脸，带些献媚地道：'哎，先生多心了，我这不是在野蛮人堆中待得太久了，才忘记了礼仪嘛，并不是刻意为之，还请先生不要见怪。'

"话毕，赵佗马上换上了汉服，并以中原的礼仪接待陆贾。

"于是，两人的二次对话开始了。

"赵佗问陆贾：'我在南越便久闻汉朝萧何、曹参和韩信的大名，我想请问先生，我和他们相比谁更贤能一些呢？'

"也许是由于刚刚强硬的缘故，陆贾不好把赵佗给得罪彻底了，便给了赵佗一个台阶下，道：'如果是和他们相比的话，我想还是大王您更贤能一些。'

"赵佗哈哈一笑，继续问：'那我要是和汉皇比较，谁更贤能呢？'

"这话问得可就有一定的侵略性了，可陆贾岂能接招？便硬邦邦地回答：'我汉皇在丰沛起兵讨伐暴秦，之后消灭了楚军，统一了天下。而中原的人口数以亿计，地方万里，还让汉皇治理得国富民强，这是自开天辟地以来都没有过的伟大事业。然如今大王您的南越人口不过数万，还大都是蛮夷人，身处之地又是崎岖贫瘠的山海之间，大王怎么能够和我家汉皇相比呢？'

"陆贾说得不客气，赵佗也没有在意，只是呵呵一笑道：'是呀，我承认我现在的实力比不上汉朝，可当初如果我不是在南越之地，而是在中原起兵的话，又怎么可能不如汉呢？'

"这之后，陆贾又和赵佗展开了新一轮的谈话，二人一天到晚都在一起，整整谈了一个月。这期间，通过陆贾的描述，赵佗深深地了解了汉朝的恐怖

（这其中绝对有陆贾夸大的成分），这才决定臣服于汉朝，并在陆贾回去以后派人跟随陆贾带了很多的财宝及南越的土特产献给我，以表示他对我的臣服。

"至于臣服的'程度'嘛，我二人心照不宣。

"由于此件事，陆贾为我大汉立了大功，所以拜其为太中大夫，让他参与政事。

"可这陆贾自从当了太中大夫以后天天跟个苍蝇一样在我面前嗡嗡地乱叫，讨论什么《诗经》《尚书》之类的，气得我指着他的鼻子骂道：'我是在马上得的天下，你一天到晚和我说什么云山雾罩的东西，赶紧给我滚！'

"这要是一般人早就吓得屁滚尿流了，可陆贾没有，他非常镇定地道：'陛下说笑了，我知道您是在马上得的天下，可难道陛下您也能在马上治理天下吗？当初商汤和姬发都是靠武力夺取的天下，可后来却是靠仁义才守住的天下。所以，文武并重才是长久的治国之道。而反观春秋时代的夫差和智伯，当初他们都曾经横行天下，可最后呢？还不是因为穷兵黩武才导致的灭亡。往近了说，秦国为什么最后灭亡了呢？不也是因为一味地使用残酷的刑法而不知改变才亡了国嘛。假使秦国统一天下以后采用仁义来治国的话，陛下您觉得您还有机会得到天下吗？而这些治国真理都在哪呢？当然是在书籍之中，所以我才让陛下多研究一下《诗经》和《尚书》的。'

"听了陆贾的一番大道理以后我觉得挺惭愧，但依然很不高兴，就和陆贾道：'不看不看就不看，你要是这么厉害你就给我写一下自古以来国家的成败之道，如果你能写出来我就看！'

"嘿！要不说这陆贾是个能人呢，我这话说出来以后他还真就回去奋笔疾书了，最后写出了十二篇文章献给我，当时我这个头痛啊，可是已经答应了的事儿又不好反悔，便只能硬着头皮看陆贾的文章。

"可我这一看竟然看进去了，因为陆贾的文章实在太精辟了，上面所写的全是治国精髓和亡国之因。

"我一口气看完了十二篇文章后大为赞赏，亲自为这些文章取名为《新语》并列为皇室子弟必学学科之一。"

我插道嘴："看来这陆贾不但是一个出色的说客，还是一个合格的教育家啊。"

刘邦挥了挥手道："好了，不说他了，还是说说我吧，这一年我已经六十了，到了花甲之年，这身体也越来越不好了，大病偶有，小病不断。

"正巧这一年（前196）六月，我又来大病了，心情不好，所以讨厌见人，只让太监照顾我，其他的官员统统不准入内。

"可赵高之事相距不远，我这些个大臣们全都火急火燎的，生怕再出来一个'赵高'把这些功臣辛辛苦苦打拼下来的汉朝给祸害了。

"可我已经严令禁止大臣入宫，谁要是敢不服从我的命令只有死路一条。

"所以，这些大臣们虽然在宫门外急得和热锅上的蚂蚁一样，但依然不敢入内。

"可就在这时，不知道谁喊了一句：'这事儿应该找樊哙啊！'

"大臣们一想有理，便都去找樊哙帮忙。

"樊哙听闻了大臣们的忧虑以后直接急了，带着大臣们就往皇宫闯。

"那些守门卫士本来想拦，但一看樊哙对他们吹胡子瞪眼的就都厌了。

"而这时候我正躺在一个宦官的大腿上休息，听到外面吵吵闹闹的就感觉事情不对，心想难不成有人逼宫？

"可见来人是樊哙我就放心了，但依然愤怒，正想大声斥责，就见樊哙哐当一下跪在我的面前，号啕大哭着道：'想当年，陛下与我，我们一同在，在丰、沛起，起事，之后平定了天下，这是何等的雄壮！现在天下已经疲惫不堪，您怎么能倒下呢？心痛！我，我们这群老兄弟为陛下心痛啊！陛下，有什么话不能对我们这些老兄弟说？我们这些老兄弟都想陪着陛下在一起啊！难道陛下就打算死在一名宦官身边吗？陛下难道忘了当年赵高之事了吗？'

"本来看樊哙硬闯皇宫我是很生气的，可看着这个已经逐渐老去的莽汉在我面前哭成了泪人儿一般，我这心里好受了很多，也感受到了我这些老兄弟们对我的关心和对汉朝的担心，便笑了笑起来了。

"可就在这时，宫门外一声大吼：'报！报！淮南王（英布）反了！淮南王反了！'"

"当时我身体非常不好，这一声大吼差点儿给我吓虚脱了。

"樊哙直接急了，一把抓住这卫士，直接给他扔了出去，并且愤怒地吼道：'吵什么，天大的事儿有陛下命重要？'

"我止住了樊哙，对那名卫士道：'淮南王好好的怎么就谋反了？你给我速速道来！'

"卫士道：'陛，陛下，我不知道具体是怎么回事儿，但现在门口跪着一个叫贲赫的，他说他是淮南王手下的中大夫，就是他告发淮南王要造反的。'

"我说：'好，我知道了，你去把这个叫贲赫的给我带上来。'

"'是。'

"过了一会儿，一个长相还算不错的男子跪在我的面前，哆哆嗦嗦地道：'陛，陛下天恩，陛下万岁，陛下……'

"你是知道的，我烦的就是这个，便直接怒道：'赶紧说重点！'

"贲赫：'是，是！陛下，淮南王英布这些年来不断增加军事编制，并将军队部署在东北方向，这是有造反的迹象了，还请大王先下手为强，前往讨伐英布。'

"听了这话我一时不敢相信，因为现在天下大定，英布不可能敢凭借一个小小的淮南之地便起兵反我，关键是他没有外援帮助啊。

"所以我看向萧何，想问问他的想法，萧何于是道：'陛下，英布虽外表勇猛，但实际上并不是一个有大志的人，您说他有防备您的心思我还是信的，可要说他谋反却有些不可能，我恐怕是这个叫贲赫的得罪了淮南王，怕淮南王将其斩杀，这才前来诬陷淮南王，不如将这小子先收押至监狱，然后派人前往探查淮南王的虚实，如果是假的，就直接把这小子送到淮南王手中。如果是真的，就让这个熟悉淮南地形的贲赫做咱们的向导，然后将淮南国一举灭掉。'

"我觉得萧何说得很有道理，便依计行事。

"果然，一切都让萧何猜中了，你知道这个贲赫为什么会来告发英布吗？"

我问："为什么？"

刘邦道："之前，英布有一个爱妾生病了，便前往医师家中看病，而这个叫贲赫的正好住在医师家的对门，听说英布的爱妾过来看病，便拿了很多贵重礼物前往贿赂这女子，希望他能在英布面前给自己说说好话，让自己的官职再往上走走。

"这女子收了钱财当然为人办事儿，于是便在英布的面前夸赞贲赫是一个忠厚老实的人。

"可英布这人极为多疑，自己爱妾大门不出二门不迈，怎么可能认识贲赫呢？便以为自己的爱妾背着自己和贲赫私通，给这女子一顿训斥，并于次日派人前去召见贲赫。

"贲赫听闻此事以后极为恐慌，便称病说自己去不了王宫。听了这话，英布大怒，更断定了贲赫和自己的爱妾有私情，就想命人前去将其缉拿。

"然而贲赫却在第一时间得知了此消息（一说宫中有熟人），便策马扬鞭地逃到了长安。这便有了上述之事。"（注：关于贲赫事件还有一种说法，便是贲赫与英布的爱妾是真有私通情节，因为身为王妃，如果想要看病是根本不必亲自前去的，宫中自有医师为其诊断，那么英布爱妾前往医师家里看病就只有一个原因了，那便是借故前去私会贲赫）

我道："哦，原来是这样，那英布究竟有没有造反呢？"

刘邦道："本来没有，可正如萧何所言，因为之前我接连斩杀异姓王，使得英布对我极为警戒，但始终没有造反的意图，不过等我的使者一到，却触动了英布最紧张的神经，他料想贲赫一定是前往长安把他给诬陷了，便断定我要讨伐他，乃斩贲赫一家，后宣布起兵造反。

"起初，淮南国那些文臣武将们都非常害怕，认为英布一定会失败，英布为了鼓舞人心，便对众人吼道：'如今汉皇已经垂垂老矣，再也上不了战场了，而汉军中除了汉皇和韩信以外，谁是我英布的对手？所以大家只管跟我闯出一番天地，别的什么都不要管！'

"呵呵，是呀，韩信已经死了，我也垂垂老矣，这英布真是打得好算盘啊。"

我插嘴道："那陛下您是怎么应对的呢？"

刘邦道："你自己看吧。"

说完，刘邦的大手再次一挥……

时间：公元前196年七月。

地点：长安长乐宫。

此时，刘邦坐于大殿之中道："各位，如今英布在淮南国起兵造反，你们有什么好的对策就速速道来吧。"

话毕，下面的武将一个个杀气十足地道："陛下言重了，英布算个什么东西，凭他也配起兵造反？我看直接出兵就能活埋了他！"

这话一说，刘邦郁闷了，懒得再和这些人废话。是呀，在当时，那些当世名将都已经死去，整个天下除了刘邦以外谁还能是英布的对手？

所以，当这些人说完了以后刘邦也就当左耳朵进，右耳朵出了，场面一时陷入沉默之中。

这时候，夏侯婴突然站出来道："陛下，前一段时间我曾和薛公讨论英布造反这个事儿，您猜他怎么说的？"

刘邦问："哦？怎么说的？"

夏侯婴道："薛公和我说：'英布当然要反，这是意料之中的事儿。'我就奇怪地问，'这话说得不对吧，皇帝不但赐给英布领土，还封他做淮南王，他有什么理由反叛呢？'薛公说：'陛下不久前杀了彭越，再早些还杀了韩信，而英布和他们两个都是功劳相同的异姓王，现在别人都死了，只剩下他一个，你说他能不害怕吗？而当害怕达到一个临界点以后就会演变成疯狂，所以我才说他一定会起兵反叛。'陛下，我觉得薛公说得很有道理，但是那天他并没有将话说完，所以料想心中一定有抗英布之大计，不如请薛公前来一叙，看看他究竟有什么好办法。"

听罢，刘邦双眼一亮，遂命人前往召薛公觐见。

薛公到了大殿以后，刘邦直接问他有什么好办法，薛公微笑着道："陛下，如果英布采用上策的话，那么崤山以东以后便都不是陛下能够拥有的了；如果他采用中策的话，那么两方谁胜谁负还难以预料；可他如果采用下策的话，呵呵，那么陛下就可以高枕无忧了。"

刘邦奇怪地问："先生说得我云里雾里，还请问先生，什么叫上策？"

薛公道："上策就是向东攻取吴地，然后急速向西北攻取楚地，之后以此为据点狂攻齐地，之后占据鲁地，这样的话，整个东边重镇就全都会被英布掌握，如此，必会造成天下恐慌。然后，英布命人前往燕赵二地鼓动当地人起兵作乱，那时候人心思变，燕赵当地人必会响应，进而重新造成天下大乱的局面，所以我说那时候崤山以东就都不是陛下的了。"

刘邦面色阴沉地道："先生说得有理，那么中策又是什么呢？"

薛公道："中策就是向东攻取吴地，然后向西北夺取楚地，再向西攻取魏地和韩地，占三晋（魏、赵、韩）之二，进而夺取敖仓之储粮，堵住荥阳、成皋防线，和陛下展开拉锯战，这样的话，最后天下到底是谁的可就难以预料了。"

刘邦问："那下策呢？"

薛公道："下策便是向东攻取吴地，然后向西攻取下蔡，之后将所有的辎重粮草全都运往后方，采取守势抵抗汉军，如此的话，陛下便可安枕无忧矣。"

刘邦表情凝重地道："那先生认为英布会采用上、中、下哪个策略呢？"

薛公道："我想英布一定会采取下策，所以陛下可以安心地进攻英布了。"

刘邦疑惑地道："为什么先生这么确定英布会采用下策呢？"

薛公道："英布这人原本只是一个骊山的囚徒而已，之后直接成为万人之上王，所以这种暴富的人是最不会体会他人的族群，同时也没有什么远见，所以我说他一定会采用下策。"

话毕，刘邦大悦，便赏薛公一千户封地，之后准备讨伐英布。

可在讨伐英布之前，刘邦首先要做的就是废除英布淮南王的合法性，在舆论上给予英布致命一击。

于是，刘邦昭告天下，痛骂英布并废其淮南王爵位，改皇子刘长为淮南王。

而舆论战之后要打的就是真正的硬仗了。按道理来说，刘邦是应该亲自率领大军上阵杀敌的，可他废太子之心一直不死，便打算效仿春秋时晋献公之谋，以自己有病为由命太子刘盈代自己出兵攻英布，待他失败以后便可名正言顺地废掉他了。

可刘邦此谋却被现正在刘盈府中的商山四皓看破，四人便和吕后的哥哥吕泽道："大人，太子现在的身份已经无法再得到提高，所以本次出征就是胜利了也不会有任何封赏，但如果失败的话，太子必会被陛下所废，所以大人不管用什么办法都要阻止此事促成才行！"

吕泽面色苦闷地道："可现在陛下已经下令了，我有什么办法来阻止呢？"

商山四皓道："这事儿很简单，只要派吕后前往定可成事。"

吕泽道："我妹妹？她去又能怎么样？到时候说什么啊？"

四个老头相视一笑，然后齐声道："一哭二闹三上吊。"

次日，吕后气势汹汹地前往刘邦处，刘邦一看吕后来者不善，心里没由来的就是一阵惊慌道："你，你来干什么？"

吕后阴着脸道："听说陛下要派太子前往平定英布？"

刘邦道："是！"

见刘邦承认了，吕后"哇"地一下便痛哭起来。

刘邦何曾见过自己强悍的媳妇这个样子？一下慌了，结果没等刘邦哄，吕后便一边哭泣一边道："陛下啊，英布是天下闻名的勇将，极擅长用兵，而我方的将领又全是过去和陛下平起平坐的兄弟，您让太子指挥这些人，那不等于用一头羊去指挥群狼吗？陛下觉得这些'狼'会听命于太子吗？所以臣妾料定，太子定不是英布的对手，而一旦太子失败，天下必会动荡，导致人心思变。那时候，英布便会击鼓向西，进而直取长安，我汉军就再无希望了。所以，哪怕是陛下您有病，也必须要勉强地支撑起来，亲自带兵前往讨伐英布，这样的话，三军将士就不敢不用命。陛下您哪怕是为了……"

听了这话，刘邦气得直哆嗦，没等吕后说完便怒骂道："行了！我就知道这小子不配做一名合格的统帅，我自己去行了吧！"

于是，刘邦亲自披挂上阵，乃用张良之谋，一面征集上郡、北地、陇西之精锐骑兵，还有巴蜀之精锐步兵向东挺进；一面派遣使者前往齐国，命齐王刘肥与齐相曹参亲自领齐国精锐南下钳击英布，进而会师于蕲。

那一天，灞上，浩浩荡荡的汉朝大军即将开拔，两名白发苍苍的老人却单独立于高地之上。

其中一名老人对另一名老人深深一拜，然后道："陛下，良本应随您出征，可我现在的病实在是太过严重，还请陛下恕罪。良没有别的建议，只有一点，希望陛下能够听取。"

这两个老头不是别人，正是张良和刘邦了。

刘邦听了张良一番话，差点儿没流下眼泪，于是哽咽地道："子房但说无妨。"

张良道："陛下记住，那英布所率领的士兵彪悍凶猛，希望陛下不要和他硬拼，采用最擅长的防守反击方能取胜。"

刘邦道："嗯，我心里有数，子房就别在这待着了，快回去休息吧。"

就这样，刘邦带领着大军出发了（刘邦具体兵力史无记载，不过通过分析应该在十万出头），准备彻底解决这个曾经的淮南王。

那英布怎么样了呢？这些天他都干什么呢？让我们将时间推前至英布刚刚起兵造反之时。

话说英布造反以后，在第一时间突袭了荆地，并以闪击战的战术直袭荆国（当时的吴地亦为荆王管辖）首都临淮（今江苏省盱眙县东北六十里），打算整合东南以后再向西北至楚地用兵（如此来看，薛公的猜测并不准确，因为英布并未采取下策）。

结果，荆王刘贾不知英布已反，被英布杀了个措手不及，直到兵临临淮之时才知道英布已反。

于是，临淮城破，荆王刘贾也被追杀于富陵（临淮西二十里）。

国都沦陷，国王已死，荆国指挥系统失灵，英布遂四面出击，全定荆国土地。

之后，英布全收荆国之兵，然后毫不懈怠，直领三军挥师北上，打算一举灭掉楚国。

楚王刘交不想放英布进入楚国腹地，乃领楚军主动迎击英布于徐僮之间（今安徽省泗县和宿县之间），并将大军分为三部，打算合而歼之。

其手下一名将领见刘交如此布兵，赶紧劝谏道："大王不可！那英布极善用兵，领导突击能力除项羽之外无人能与之匹敌，大王如果将军团分为三部，军力就分散了，到时候英布一旦灭掉其中一部，另外两部定然畏惧，进而四散溃逃，还请大王斟酌。"

刘交没和项羽及英布这种极善突击的将领交过手，所以根本不知道他们的恐怖，竟全然模仿韩信当初垓下之战的模式来应对英布。

可他不知道的是，当初韩信之所以能够在垓下打败项羽，一是当时的楚军已经疲惫不堪；二是韩信的兵力为项羽的三倍有余；三是韩信之所以厉害是因为他叫韩信，而刘交并不叫韩信。

那么现在刘交和英布的兵力对比是多少呢？双方具体兵力均无记载，但齐军为十二万，刘邦征四郡之兵大概为十万出头，如此算下来，英布征淮南之兵外加刘贾的荆国残部应该在十万左右。

所以，楚军的数量也绝对不会超过英布。

那么刘交最后的下场又会是怎么样呢？呵呵，果然和那名将领预料的一个样。

双方交兵以后，英布将全军整合为一，对楚军一部发动了疯狂的突击。刘交见楚军"进坑"了，遂命其余两部大军对英布围而歼之。

可尴尬的是，还没等这两部军队到地方呢，英布就已经将其中一部杀得大败亏输了。另外两部一见三部损其一，士气大跌。英布便抓住此战机，将大军一分为二，对楚军再次发动突击。

现在楚军士气已尽，所以几乎是一触即溃，楚王刘交见大事不妙，乃领残军退守薛邑。

英布当然不会放过他，便领大军紧随其后，然后狂攻薛邑。

可别看刘交野战水平不怎么样，打防守战还是有可圈可点的地方的，竟然让英布短期之内无法攻占此地。

英布见此地无法即刻攻下，便将薛邑围了起来，打算困死刘交。

可就在此时，北方的曹参（主帅虽为刘肥，但也就是个摆设，实际领兵的还是曹参）领兵南下，西面的刘邦也已经领兵东来了，英布不敢大意，乃领兵向西直扑刘邦，意图先灭了刘邦，彻底摧毁汉军的士气。

可刘邦是那么好灭的吗？如果刘邦真是个行军打仗的废物的话，那么项羽也不会那么多年都没能拿下刘邦了。

时间：公元前195年十月。

地点：蕲地以西刘邦军营。

"报……"

随着传令兵的报告之声，刘邦停止了自己的军事会议，而是问传令兵道："前方有什么动向？"

传令兵道："启禀陛下，英布大军已提前占据蕲地，军容甚盛！"

刘邦道："郦商何在？"

郦商道："在！"

刘邦道："迅速传令下去，命三军立即修建防御壁垒，没有我命令，任何人不得出击！"

郦商道："是！"

刘邦道："夏侯婴！"

夏侯婴道："在！"

刘邦道："给我连夜派出使者疾往齐军方向，告诉曹参，让他迅速抢占蕲地以北的有利地形，没有我的命令不得出击！"

夏侯婴道："是！"

刘邦道："灌婴！"

灌婴道："在！"

刘邦道："现命你领我军一部精锐骑兵速往齐军方向，一旦英布对我发动攻击，你就和曹参一起从北方给我往死里打击英布侧翼！"

灌婴道："是！"

如此，刘邦打算再次以防守反击的战略战术给英布予以打击。

几日以后，英布见刘邦毫无主动出击的动静，又见北方齐军频繁调动，还怕后方楚军与其余二军形成合围之势，便决意主动出击攻打刘邦。

于是，伴随着轰隆隆的马蹄声，英布大军直扑刘邦大营。

当两军对峙以后，刘邦于壁垒之上遥遥望见英布的行军布阵和当初的项羽一模一样，这心里恶心得不行，便命手下将士喊道："英布，陛下说了，这活得好好的，何苦要造反呢？"

不一会儿，英布军中也跑出一名将领吼道："我家大王说了，你刘邦当皇帝也有好一段时间了，是不是也应该换我家大王来做做了？"

这话一说，刘邦气得直哆嗦，这还有什么说的，只有动真格的了。

于是，英布对刘邦壁垒展开了疯狂的攻击，可刘邦乃是当今打防守战的第一行家，布防行云流水，岂是那些庸人所能及的？

于是，两方便陷入了僵持。

然而，就在英布和刘邦对峙于蕲西的时候，处于蕲北部的曹参和灌婴早就合兵一处了。二人见一切如刘邦所料，乃出兵向南急速推进，并对英布的北侧翼展开猛烈攻势。

那灌婴为汉军第一骑将，统率骑兵的本事根本不用多说，而曹参也是汉军中最善于统率步兵的将领，所以二将骑步合为一处，简直可以用奔雷来形容。

于是，英布的北侧翼遭殃了，他们的布防被灌婴和曹参一层又一层攻破，死于乱军之中的将领瞬时之间就达到了三个。

英布见势不妙，急令本军上国柱及大司马各统一部前往救援。

可二人岂是灌婴和曹参的对手？所以战事未进行多久便有溃败之势。

经验丰富的"老统帅"刘邦见英布主力部队不断向北救援，士气渐渐低落，阵容也有些许混乱，便抓住了这千载难逢的战机，令郦商率军中精锐对英布发动绝猛突击。

如此，在刘邦和曹参、灌婴的两面夹击下，英布军一溃再溃，最后，溃不成军的英布只能带领仅有的残兵败将向南逃亡。

刘邦当然不会让英布再活下去，便命一别将统率一军前往追击英布。

当时，英布与长沙王为通婚亲家，所以就打算往长沙方向跑。

长沙王吴芮听闻此事以后信誓旦旦地说要帮助英布，并且和他一起逃往南越，可当英布逃到长沙以后，吴芮连见都没见英布一面，便命人将英布给弄死了。

如此，一代猛将英布也跟着韩信、彭越去了。

直到现在，还剩下的异姓王便只有燕王卢绾和长沙王吴芮了。

而就在此时，我周边的世界再一次扭曲，我不出意外地返回了王宫之中。

4.11　日落西山终得归，一代雄主尘归土

刘邦看我笑了笑，然后道："扫除了英布这个大患，我接下来自然是要返回长安了，可当我路过沛县的时候，我这心里感慨良多。

"曾几何时，这个小小的沛中之地也是生我养我几十年的地方啊。

"于是，抱着一点儿'衣锦还乡'的情结，我令大军驻扎于沛县之外，自己领几百亲卫前往沛县去见我那些乡亲父老们。

"而这时候，我终于明白我项老弟当初那句'富贵不还乡，如锦衣夜行'的真正含义了。

"原来，衣锦还乡的感觉是那么美妙。

"当我回到沛县以后，整个沛县都轰动了，乡亲父老们在县令和三老的带领下手捧着各种食物出城前来拜见。

"我让他们不必多礼，并都遣散回去，独自带着自己的亲卫们前往我当初起事时所修建的小小宫殿中居住。

"看着那依然没有变样的小地方，我的心仿佛又回到了当初还是一个小亭长的时候；回到了和兄弟们一起歃血为盟的一刻；回到了天下大乱之时；回到

了楚汉争霸之时……

"所以，我心潮澎湃，一首壮歌在我心中酝酿着。

"当天，我让县令召来一百二十个儿童，将我创作的《大风歌》交给他们，并告诉他们什么时候吟唱。

"之后，我命县令将曾经我在沛县所认识的乡亲父老以及他们的家人都请到宫中，没的说，我邀请他们喝酒！

"那天喝得真高兴啊，所有的人都以我为中心，极尽夸赞之言，当初那些瞧不起我的，和我是仇敌的以及和我关系很要好的全都如此。我敢说这顿酒是我这辈子喝得最爽的一次。

"于是，我站了起来，独自击筑唱起了我所创作的《大风歌》：

"'大风起兮云飞扬，威加海内兮归故乡，安得猛士兮守四方！'

"那些儿童一见我有所动作，便也跟着我一起吟唱，使得整个'临时行宫'充斥着壮志豪情，以及那一丝丝晚年的悲哀。

"配合着这些儿童的吟唱，我抽出腰间宝剑翩翩起舞！

"痴了，场中所有的乡亲父老全都痴了。

"良久，舞止，歌毕。

"看着那些痴痴的乡亲父老们，我不自觉地流下泪来，然后大声说道：'各位乡亲父老！朕虽然统一了天下，定都关中，但！我！刘三儿！死后的魂魄一定会因为思念而回到我的故乡。况且，当初起兵的时候我便是为沛公，靠着沛县的乡亲们才有了今日。所以，我现在宣布，沛县从今天开始，便是我刘邦的汤沐邑，沛县的百姓世世代代都不必向国家缴纳赋税！'

"话毕，在场的沛县父老们欢声雷动，一个个都跪下高呼万岁。

"如此，在这种欢快的背景下，我和这些父老乡亲们豪饮了十余日。

"喝够了，开心了，我也该回去了，可就在我要启程回京的时候，我的父兄却拉着我的手道：'陛下，请不要回去这么早，再留几天吧。'

"看着这个白发苍苍、步履蹒跚的老人，我的眼睛湿润了。我紧紧地握住他的手，柔声道：'我手下人数众多，再待下去父兄可管不起饭喽。'

"于是，我撇下父兄的手转身便去了。

"可我让不敢相信的是，就在我大军刚要启程的时候，整个沛县都沸腾了，所有沛县的百姓全都自发地将自家所有的粮食扛了出来劳军，并且跪在我的面前，希望我再留几日。

"看着下面黑压压的人群，我被震撼了，我手下的士兵也全都被震撼了，他们从来没见过一个人可以被爱戴到这种程度。

"于是，我含泪答应了沛县父老的请求，又在此地与他们痛饮了三日。

"这期间，父兄曾经对我叩头道：'陛下，沛县有幸能得到您免赋的恩赐，我们十分满足，可丰邑也是您的故乡，还请陛下哀怜，也将他们的赋税免了吧。'

"我赶紧将父兄拉起来，叹息地道：'唉，父兄所说我又岂能不知？按说丰邑是我的生长之地，是最不能忘怀的，可他们当初却跟随雍齿投降了魏国，并极力抵抗我的军队，差一点让我没有翻身的机会，所以我到现在都憎恨他们，也不想让他们享受和沛县一样的待遇。'

"我那父兄一听我如此说，也不敢再反驳，苍白的老脸上遍布着无奈。

"是呀，人总要为自己的所作所为付出代价。可我不忍心看着这个老人如此伤心，便紧接着道：'可父兄既然这样说了，我也不能驳了您的面子，既然如此，那我就免除他们的赋税吧！让他们享受沛县同等的待遇！'

"这话说完，父兄原本苍白的老脸乐开了花。

"就这样，我回到了长安，回来以后我要做的第一件事便是封赏本次讨伐英布的功臣了。

"除去跟随我作战的那些将军以外，我着重赏赐了长沙王吴芮。

"之后，因为吴地之前一直都是荆王兼有，而现在荆王已死，并无后人，所以此地现正处于无主的状态。

"于是，我便想要另立吴王管理此地，那么立谁合适呢？这就需要和大臣们一起商讨了。

"这时候，长沙王吴芮建议我道：'陛下，沛侯刘濞一向稳重厚道，并且

在此次讨伐英布的作战中立功不小，我推荐他为吴王，不知陛下可否恩准。'

"这刘濞乃是我二哥刘喜的儿子，之前刘喜因为守代怯战之故，我将他贬为合阳侯，但我这心里一直都有一个疙瘩，如今他有一个好儿子比他有胆略，比他熟悉军事，所以用刘濞为吴王最合适不过了。

"于是，我将刘濞召了过来。

"刘濞入宫以后，跪在我面前大气都不敢喘一口，我看着比较满意，但吴地地处东南，距离京都很远，所以该敲打我还是要敲打一下。

"于是我让他抬起头来，并眯着眼睛细细地看着他，然后在刘濞毫无防范下咣当来一句：'你小子长得一脸反相啊。'

"这话一说，刘濞那小子一激灵，冷汗遍布全身，却一声不敢反驳。

"我微微一笑，然后慢慢地走到了堂下正在跪着的刘濞身旁，并蹲下来轻轻抚摸着他的后背。

"那刘濞本来就畏惧至极，在我的手抚摸他后背的时候更是吓得颤抖不已。

"我轻声道：'昨天有人夜观天象，他和我说五十年后东南将有一场大乱，这大乱的源头该不是你吧？'

"这话说完，刘濞再也忍受不了心中的恐惧，连连叩头道：'不敢！小臣不敢！'

"我呵呵笑道：'不敢就好，不过你要记住，这天下都是咱们姓刘的，所以你做事之前可一定要想个清楚，要不然当心死无全尸啊。'

"话毕，那刘濞一个劲儿地叩头，连称不敢。

"我感觉敲打得已经差不多了，就没有再吓唬这小子，放他离去了。

"可没承想我这衰嘴真的一语成谶，刘濞真的在四十年以后整了一出'七国之乱'，差点儿毁了我大汉的江山。"

我问："怎么说？"

刘邦道："这是后话，还是留给我的后人去给你叙说吧，我还是干好我的本职工作，接着往下说就好。"

我："……"

刘邦道："这之后，为了防止战国七雄的后代以后再次造反，我免去他们终身赋税，只希望这天下不要再动乱了。让我消停地活几年吧。

"可无奈的就是有人要气我，都快气死我了！"

我疑惑地道："现在谁还敢气您啊？"

刘邦气呼呼地道："还能有谁，萧何呗！"

我问："啊？萧大丞相？他不是一直兢兢业业干活吗？怎么就气到您了呢？"

刘邦道："就是因为他太兢兢业业做事，这才气到我的！"

我道："这，这怎么说的？陛下您当时不会是老年痴呆了吧？"

刘邦道："你懂什么，我之前都说了，我对现在的太子非常不满意，除去我喜欢戚姬的原因以外还有一点非常地重要，就是因为这小子太仁慈、太善良！

"而萧何呢？因为爱民如子，现在的百姓都快把他当爹供着了！我就问问你，我百年之后如果萧何要造反的话，我那傻儿子刘盈能玩儿得过萧何吗？"

我道："萧何能玩儿死他。"

刘邦道："就是！所以，我一直都防范着萧何，如果可能的话，我都想在死的时候把他也捎带手带走得了。

"所以我在之前讨伐英布的时候就有事儿没事儿地派人回长安监视萧何现在的一举一动。"

我："……"

刘邦道："我现在都有这种心情了，他萧何这么聪明一个人按理说应该消停了吧？"

我道："是呀，再不消停就被您带走了。"

刘邦道："对呀！可这小子还往火坑里面跳，你说他这不是作死是什么？"

我道："还请陛下明示。"

刘邦道："咱先说之前我讨伐英布的时候吧。

"当时萧何还是像之前我讨伐陈豨时候一样舍弃家中钱财来资助军队。可他也不想想，我现在担忧的和那时候还能一样了吗？我那时候害怕的是他造我的反，现在害怕的是他造我儿子的反。

"幸好啊，他府中还真有明白人，那明白人就和萧何说：'丞相，您离灭族之祸已经不远了。'

"萧何听这话吓了一跳，忙问为什么。

"明白人继续道：'丞相现在的身份已经到了一人之下万人之上的地步，百姓对您的爱戴更是到了极点，陛下为什么总要让人监视您呢？就是怕您太得人心，进而动摇汉室。可您呢？并没有看出陛下的意图，依然孜孜不倦地为百姓办事，您说您这不是找死是什么？'

"萧何听了这话，吓了一大跳，赶紧问明白人怎么办。

"明白人道：'这事也好办，陛下不就是怕您得人心吗？您把这人心失去了就好。不如从今天开始丞相您就多多强买田地，从而失去人心，这样汉皇就会高兴，从而也能保全您的身家性命。'

"萧何信了，从这以后便开始强买长安老百姓的土地。等我平定英布之乱回京以后，长安好多老百姓都堵在门口状告萧何强买强卖，人数竟然达到千人之多。

"可我听说这消息以后非但没有生气，反而哈哈大笑，并对这些百姓说我一定会给你们讨一个公道。

"于是，我召见萧何，并'提点'道：'萧丞相啊，我看你如今才是真正地为百姓做实事儿啊。'

"然后，我将老百姓状告萧何的状书往地上一扔，装作严肃地道：'你看看这都干的什么好事儿，赶紧把强买了百姓的土地还回去，然后和百姓道个歉，别的我就不追究你了。'

"你说说你说说，我都把话说到这个份儿上了，按说有点儿智商的人就知道该怎么办了，可是他呢？依然如故！"

我道："怎么个依然如故法？"

刘邦道："这老小子是一心想为百姓干事儿，竟然以为通过强卖土地事件我就对他彻底放心了。

"那时候，老百姓都在开垦自己的土地，大片肥沃的土地都被占用了，可依然还显得有些不够，而长安城附近有一个上林苑，那是我平时休闲打猎的地方，有很多空着没用的地方，而萧何呢？竟然上书请我将这大片的土地都给百姓，让他们在此开垦种地。

"我当时就急了。你不用这么看着我，我不是心疼这点儿地方，咱也不是桀纣之君，有什么舍不得的？我急的是，他萧何用我的地方来收买我的百姓，他要干什么？他还有什么不敢干的？

"之前和项羽争霸天下的时候我怀疑他，但没有动手杀他；讨伐陈豨的时候我怀疑他，但依然没动手杀他；讨伐英布的时候我也怀疑他，可还是没动手杀他。

"可是他呢？依然不断触碰我的底线！

"所以，是到了杀他的时候了。

"于是，我大怒道：'大胆萧何！你到底是多么贪恋钱财啊。说！那些奸商们到底给了你多少好处让你帮他们索取我的上林苑！'

"当时，萧何直接蒙了，我也没让他有还口的机会，直接将他弄监狱里去了，并让廷尉给我好好审理这个不知死活的东西。可……"

我插嘴道："我终于知道这世界上为什么有那么多坏人了。"

刘邦道："为什么？你小子要说什么？"

我道："呵呵，因为当好人要比坏人难多了。"

刘邦道："你个阴阳怪气的死德行，我最后不还是没杀萧何吗？"

我道："可是您刚才不是说……"

刘邦道："是的，我当时确实想杀死他了（一说敲打，而不是死），我之所以没直接把他杀了，就是因为萧何的功劳太大，人民对他太过爱戴，如果我一声不吭地就把他杀死，那天下人该怎么看我？后世的史书又该怎么写我？我想哪怕是你们现代人也不想被后代痛骂吧？"

我赶紧道："那是，谁不想青史留名啊？"

刘邦道："是的，所以我想等廷尉'审理'完萧何之后再杀了他，顺便看看当时朝廷这些官员对我此举有没有什么激烈的反应。

"然而审理几日以后，却有一个姓王的卫尉对我说：'陛下，请问丞相到底犯了什么罪？陛下为什么要这么严厉地对待他呢？'

"一听这话我就火了，可我还不好直接辱骂他（手上没有证据），便非常生硬地回答道：'哼！当初秦朝丞相李斯有了好事便将利益分给秦始皇，有了不好的事情就全都由自己兜着，而我们今天的萧大丞相呢？他竟然收了奸商的好处，想为他们讨得上林苑，还妄想用我的地方来提升他自己的贤名？我就问问你了，有这理由难道还不应该杀了他吗？'

"那姓王的卫尉道：'什么样的丞相算一个好丞相呢？什么样的官又算作好官呢？那就是什么都为百姓着想。从此来看，萧丞相不但是一个好丞相，同样也是一名好官，陛下怎么能在没有证据的情况下就说萧丞相收受了商人的钱财呢？陛下曾经在荥阳抗击楚军数年，之后连续转战韩王信、陈豨以及英布。那时候萧丞相镇守关中，我敢这么说，只要萧丞相当时跺一跺脚，关中便会尽归其所有。而萧丞相在那个时候不谋如此大利，反倒现在来贪图商人的几个小钱，您觉得萧丞相会这么愚蠢吗？再说秦始皇他就是因为听不到自己的过错才使得盛极一时的秦朝最终走向了灭亡。而这个过错的源头是谁呢？就是李斯！所以说，李斯的这种做法不但不对，反而蒙住了帝王的双眼，使得帝王看不清前方要走的道路，您觉得他这种做法是值得效仿的吗？所以说，萧丞相做的一切都是为了大汉，都是为了陛下啊！您又何故将他看得如此浅薄呢？'

"这一番大义凛然说得我哑口无言，我还能怎么办？手中也没有证据，还弄得自己成了暴君，不放了萧何我还能怎么办？

"所以，我哪怕是心里不快，依然释放了萧何。

"而萧何呢？经历了这次磨难后也学乖了，他没有马上回家，而是在第一时间穿着囚服，赤脚到宫中向我谢罪。

"说实话，萧何是我的老朋友，当初在沛县的时候也总照顾我，如果没有必要我是真的不想杀他，如今看这老家伙这副模样我更是心疼，可又能怎样？

之前那姓王的卫尉那么反驳我，我这心里的怒气还没消呢，再加上萧何本来就不该这么受百姓的爱戴！所以我不阴不阳地道："呵呵，萧丞相你还是算了吧，你有什么罪啊！你是为了百姓求的上林苑，你是大贤者，而我拒绝了你的请求，还把你弄监狱去了，我是夏桀，我是纣王。好了，现在全天下的人更加讨厌我了，都知道我是什么样的人了，只有你萧丞相是好人。行了，别说了，你回去继续做你的贤相吧，就让我这个桀纣之君继续丢人现眼吧。'

"我这番话说完以后，萧何吓得冷汗都浸湿了衣服。

"哈！你还别说，这以后萧还真是再也不敢为民请命了，所以我也就没再动杀他的心思。"

我道："好官都是被这么祸害没的啊！"

刘邦道："哼！可也就是通过这件事，我更加急于废掉太子了，我那儿子实在太过软弱，根本没有办法震慑这些老谋深算的家伙。

"所以，这一次我也不想和他们共同商议了，到时候直接废了了事。

"可这事儿不知道怎么泄露了风声，竟然让子房听得了消息。得知此消息以后，他拖着病重的身体前来对我进行劝谏，可现在我已决意废掉太子，谁说都没用了。

"所以，我生平第一次没听张良的劝告。

"张良也被我的行为惹怒了，直接拂袖而去，我二人第一次闹了一个不愉快。"

我问："陛下那时候难道觉得张良老糊涂了？"

刘邦道："并没有！"

我道："那陛下那时候觉得张良说得不对？"

刘邦道："并没有。"

我道："呵呵，怪不得了，所谓自己的儿子太善良什么的也只不过是给自己找了一个冠冕堂皇的理由而已，在您内心中还不是因为宠爱戚姬，害怕自己死了以后吕后会将其母子害死罢了。"

刘邦道："有些事情烂在肚子里就得了。"

我："哼！"

刘邦道："当时，我召开了一次大型国宴，把京城所有的达官贵人全都请到了宫中饮宴，其目的便是通过这次宴会当众宣布废掉太子的决议。

"可最后，我的计划又破产了。"

我一愣，然后疑问道："为什么这样说呢？"

刘邦道："那天，高朋满座，太子刘盈也在我的身边伺候着，这本是正常，没有什么可惊异的，可我突然看到太子身边站着四个老头。

"这几个老头一个个长得和大仙儿似的，贼有气场，我料定四人不是凡人，便冲他们问道：'四位先生是什么人啊？'

"这四个老头一个个上前报上名号。

"我当时直接愣住了，这不是商山四皓吗？当初我费了好大的劲儿都没将他们请来，这怎么现在都跑太子身边来了？

"于是我就依所想而问之。

"那四人其中之一微笑着道：'陛下勿怪，我们四人之所以不想投靠您便是因为您非常轻慢文人，动辄辱骂，我们不想受辱，这才拒绝您的邀请，可如今太子仁厚孝顺、尊敬文人的名声遍传天下，这天下所有的文人无不期望为太子效死命，所以我四人便全来投靠太子了，还请陛下不要怪罪。'

"我当时特尴尬，只能愣愣地道：'哦，哦，好，好，不怪罪不怪罪。'

"酒席之间，我想了很多很多，最后才无奈地发现，看来这太子真不是我想废就能废得了的。

"于是，在酒席即将结束的时候，我对四人柔和地道：'还劳烦诸位以后能善始善终地教导保护太子。'

"之后，酒席结束了，商山四皓围着太子有条不紊地离开了大殿，我叫来戚姬指着他们的背影道：'看到那四个人了吗？现在辅佐太子的大臣已成，太子的名声也已遍及全国，他的羽翼已经丰满，再也不是我能无缘无故撼动得了的，吕雉这次真的成为你的主人了。'

"这话说完，我那戚夫人痛哭了起来，看着如此悲伤的她，我也再给不出

什么承诺了，只能默默地道：'你给我跳一支楚舞吧，我来给你唱楚歌。'

"于是，我闭上双眼开始高歌：'鸿鹄高飞，一举千里。羽翼已就，横绝四海。横绝四海，又可奈何！虽有矰缴，尚安所施！'

"我一连唱了几遍，后来实在忍不住再看戚姬那满含着泪水的双眼，便只得拂袖而去。

"结果，戚姬的悲惨命运也就在此时注定了。"

我道："我可以预见到了。"

刘邦道："也许是因为这事儿让我太过伤心，也许是因为我凡尘之事已经都做完了，我得了一场大病，并且卧床不起，然就在此时，又一件事成了我的催命符，让我本来就已经不堪的身体更加恶化。"（注：一说刘邦在讨伐英布的时候被流矢所中，后来宫里的医生说能治，但刘邦不治，这才导致的伤病恶化。我对此说法抱怀疑态度。第一，当时弓箭的有效杀伤射程是多少？多说70米而已，试问刘邦怎么可能被敌人突入到如此距离呢？好吧，就当刘邦防守的时候拖着老迈的身体在最前线指挥好了。第二，刘邦讨伐英布的时候身体状况已经是日落西山，他怎么可能在这种情况下中了一箭以后还拖着如此身躯前往沛县狂饮十三天呢？第三，人家医师都已经说能治好病了，他刘邦为什么不治？按汉书的说法是"听天由命"，那当初鸿沟对峙的时候他被楚军射中胸口怎么不听天由命呢？所以，基于以上几点，笔者不太相信此事为真！所以也就没在正文中提）

我道："您现在都这样了，谁还敢惹您啊。"

刘邦恨恨地道："谁？卢绾。"

我顿时瞪大了双眼，不可置信地道："谁？卢绾？"

刘邦道："就是他！"

我问："他不是您最信任的人吗？"

刘邦道："他小子竟然反了！"

我问："这，这怎么说的？"

刘邦道："说实话，谁反我都相信，但只有卢绾，我是打死都不相信他会反我，但他真的反了。

"记得之前我讨伐陈豨的时候，卢绾这小子也从燕地配合我的军事行动，亲自率军攻击陈豨的东北部。

"当陈豨败退以后，已经无力再抵抗我军的侵攻，乃令使者前往匈奴寻求援救，而卢绾不知是通过什么渠道得知这一消息，也派遣一个叫张胜的手下前往匈奴，意思就是告诉冒顿现在陈豨已经兵败，让他打消援助陈豨的心思。

"可事儿就坏在这了，还记得之前的臧荼不？"

我道："记得，最先造反的那个异姓王。"

刘邦道："没错，就是他，他被我灭亡以后，有一个叫臧衍的儿子逃到了匈奴，并在此生存了下来，这小子听说卢绾的使臣到了匈奴王庭，便前来拜见，并对张胜说：'阁下，您之所以在燕国会受到尊重，那就是因为您熟悉匈奴的情况。而燕国之所以能够生存，原因便在于天下的异姓诸侯王接连叛变，只有燕王绾是汉皇最信任的人。可哪怕是最信任的，燕王绾也不姓刘，这是不争的事实！我想，等到陈豨死后，下一个该轮到的目标便是燕王绾了吧。您为什么不让燕王放过陈豨而与匈奴联合呢？这样不管是您还是燕王都多了一条退路，燕国也就能够长远地发展下去了。'

"那张胜感觉有理，便'代表'卢绾秘密和冒顿达成了联盟，还擅自让匈奴士兵象征性地攻击燕国，其目的便是表明自己的价值和给卢绾找了一个不去攻打陈豨的理由。

"而卢绾呢，没派出使者以前燕国和匈奴相安无事，怎么派出使者以后匈奴就风风火火地来攻打自己了呢？

"因此，卢绾怀疑张胜背叛了自己投靠了匈奴，就上书到长安请求灭了张胜的全族。

"可等张胜回来把事情的原委说明以后，卢绾竟恍然大悟，弄虚作假地整死一个死囚以后，将张胜的罪名推脱得干干净净。

"这傻子也不好好想想，我为什么会在干掉陈豨以后还立他这个不姓刘的做燕王，那不就是因为我对他的信任吗？

"他难道不知道我和他的关系有多铁吗？他难道不知道这样做会让我伤透了心吗？"

我插嘴道："陛下别动怒，我估计卢绾之所以这样并不是怕您把他怎么样，而是怕您百年以后吕后把他杀了。"

刘邦道："胡说！如果我媳妇真的那么狠的话，为什么长沙王吴芮活得好好的？为什么他的子孙后代活得好好的？为什么长沙国到吴氏第五代才因为没有后代而绝的封国？还不是因为他们遵守汉朝的规矩，老老实实做人的缘故吗？心里没有鬼，你怕什么！

"这还不算，卢绾不但秘密和匈奴结盟，还派遣密使前往陈豨的驻地（那时候陈豨正在和周勃打游击），时刻报告汉军的动向，让汉军抓不着陈豨。意图无尽拖延陈豨的灭亡之日，让自己得以保全。

"就是因为这样，本应该几个月便灭亡的陈豨硬是多活了两年多，其间消耗的粮草军费简直可以用天文数字来形容。

"他卢绾也不想一想，跑得了和尚跑不了庙，那陈豨还能真跑得了不成？等陈豨被灭亡以后，他卢绾的所作所为还能藏得住吗？

"果然，等陈豨被我消灭以后，陈豨的一个副将将卢绾这些年的所作所为全都供了出来。

"当听到了这消息以后我简直不敢相信自己的耳朵。

"卢绾！那可是卢绾！是我最信任的心腹！和我的亲密关系更胜亲兄弟，他怎么可能背叛我？他怎么可能干出这等事？

"于是，不甘心的我让人前去燕国召卢绾进宫，只要这小子来，我就绝对会放他回去，我只是想看看，这个多年的兄弟到底是不是背叛我而已。

"可是，可让我崩溃的是卢绾竟然称病没有来！这一消息让我本来就多病的身体更加糟糕，可我依然不放弃，我相信卢绾是真的生病了，他不可能背叛我，不可能！

"于是，我过了一段时间又派辟阳侯审食其、御史大夫赵尧（赵尧弄走周昌以后果然当上了御史大夫）前去请卢绾进京，顺便再调查一下这小子是不是真的背叛我了。

"这回规格够大了吧？可卢绾呢，他竟然关起门来，连这两个人都不见，还对他手下的大臣们说：'不是刘姓而称王的，现在只剩下我和长沙王了，之前杀彭越和韩信都是吕后的图谋。如今汉皇病重了，大权都交给了吕后，而吕后是绝对不会放过我的。'

"于是，这小子继续装病，就是打死也不来长安。

"赵尧和审食其回来以后将事情的经过对我如实叙述，我这心凉得透透的，我当时目光呆泄，看着前面愣愣地道：'卢绾真的反了，真的反了。樊哙，樊哙！'

"樊哙说：'三哥！我在这儿呢！怎么办？您知会一声！'

"我说：'去！领本部兵马给我杀了卢绾，现在就去！'

"'是！'

"就这样，樊哙走了。

"自从得知我最信任的卢绾背叛我以后，我心灰意冷，病情更是急剧加重，我知道，自己活不了几天了。

"吕后也看出了我时日无多，便在我床前拉着我的手道：'陛下，等萧何死后谁能担任丞相的职位呢？'

"我微笑地道：'曹参可以。'

"吕后道：'那等曹参死了以后呢？'

"我说：'王陵可以，可以让陈平帮助他。'

"吕后道：'那为什么不让陈平做丞相呢？'

"我说：'陈平虽智谋有余，但实难独当一面，所以他做不了我大汉的丞相。还有，周勃这人憨厚，但不善言辞，将来能安定我大汉天下的一定是此人，所以，可以让他做太尉来总管天下军事。'

"听了这话，吕后依然追问：'那等王陵和陈平都死了以后谁能做丞相呢？'

"这话一说都给我气乐了，便笑着道：'到那时候你都下去陪我了，天下

大事还能轮到你操心？别问了，我现在很累，要休息了。'

"就这样，吕后走了。

"可就在她走了之后，有一个官员却走到我的近前献谗言道（一说是事实，并非谗言，毕竟樊哙是吕雉的妹夫，与吕氏走得很近）：'陛下，那樊哙与吕氏结党，只等陛下百年之后便要杀尽赵王刘如意一家，还请陛下早做提防。'

"那时的我经过卢绾背叛之后已心灰意冷，谁都不再信任，而这时又听这么一说，顿时勃然大怒，便命陈平携周勃前往追击樊哙，只要见到他，什么都不要说，直接斩首了事。

"陈平不敢违背，便只能和周勃前去追击，后……"

"就在这时，刘邦的身影渐渐虚幻，我明白，这老家伙看来是驾崩了，于是我赶紧问："陛下！陛下！你先别走，樊哙和卢绾最后到底怎么了你还没说呢，说完再走也不迟啊！"

刘邦道："公元前195年四月十一日，我驾崩长乐宫，这一辈子我经历过贫穷，经历过绝望，经历过富贵，也经历过背叛，够了，真的……"

我道："陛下！樊哙和卢……"

一代雄主就这样消失了，可我现在还在宫中，周围的环境也没有改变，这是怎么回事？难道我被困死在这皇宫之中了吗？

然而，就在我凌乱慌张之时，我后面突然传出一个女人的声音："小子，你慌什么？"

闻言我一激灵，赶紧回身观看。

在我身后正站着一个大美人，不过这美人和我平时所接触的稍有不同，她五官端正，一身凤袍，举止投足间显得无比贵气。

然而，就在我看得出神的时候，这个贵气的美人突然一声大喝："看什么？再看本官挖了你的眼！"